山东省重点研发计划(软科学)项目(2020RKB20012)

山东省城市社区“十五分钟健身圈”标准化建设研究

主　编　李琳琳
副主编　谢惠蓉　孙　妍

山东大学出版社
SHANDONG UNIVERSITY PRESS
·济南·

图书在版编目(CIP)数据

山东省城市社区"十五分钟健身圈"标准化建设研究/李琳琳主编.—济南:山东大学出版社,2023.8
ISBN 978-7-5607-7888-4

Ⅰ.①山… Ⅱ.①李… Ⅲ.①社区—体育工作—研究—山东 Ⅳ.①G812.4

中国国家版本馆 CIP 数据核字(2023)第 146102 号

策划编辑 武迎新
责任编辑 傅 侃
文案编辑 谭婧棽
封面设计 王秋忆

山东省城市社区"十五分钟健身圈"标准化建设研究
SHANDONG SHENG CHENGSHI SHEQU "SHIWU FENZHONG JIANSHENQUAN"BIAOZHUNHUA JIANSHE YANJIU

出版发行 山东大学出版社
社　　址 山东省济南市山大南路 20 号
邮政编码 250100
发行热线 (0531)88363008
经　　销 新华书店
印　　刷 济南华林彩印有限公司
规　　格 720 毫米×1000 毫米 1/16
　　　　 13 印张 220 千字
版　　次 2023 年 8 月第 1 版
印　　次 2023 年 8 月第 1 次印刷
定　　价 49.00 元

前　言

党的十八大以来，习近平总书记高度重视体育事业发展和人民健康工作，针对体育强国、健康中国建设等方面作出了一系列重要论述。党的二十大报告明确指出，要“促进群众体育和竞技体育全面发展，加快建设体育强国”，要“推进健康中国建设”，“把保障人民健康放在优先发展的战略地位”。毫无疑问，全民健身是实现全民健康的重要途径，是实现“两个一百年”奋斗目标、实现中国梦的健康基础。

回顾近年来，在建设健康中国、全民健身等国家战略和建成体育强国的战略目标的推动下，各级部门相继出台了《关于加快发展体育产业促进体育消费的若干意见》《“十四五”体育发展规划》《全民健身计划（2021—2025）》《“十四五”城乡社区服务体系建设规划》《山东省“十四五”体育发展规划》《山东省全民健身实施计划（2021—2025）》等政策文件，均明确提出建设城市社区“十五分钟健身圈”的目标与要求，这既是体育产业优化升级的突破口，也是政府主导、部门协调、社会共同参与“大群体”格局形成的关键点。

2019年底，自新冠疫情暴发以来，保障和改善民生成为我国亟待解决的社会问题，并逐渐成为实现健康中国、小康社会所关注的中心话题之一。随着城市经济实力的持续增强，城市居民人均收入、城市综合实力不断提高，市民的健身需求不断增加，建设“十五分钟体育健身圈”是构建公共体育服务体系的核心内容，也是改善民生、提高人民幸福指数的重要举措之一。山东省城市社区“十五分钟健身圈”标准化建设是我省全民健身工程推进的重要路径，是人民通往美好生活的幸福之路，是造福百姓、服务民生的实事、要事和急事，也是衡量一个国家综合实力、社会文明进步和体育强国建设的重要标志。如今，“十五分钟健身圈”已成为全民健身发展的主要趋势和潮流，但标准如何制定、如何评价始终是当前全民健身工作推进的重点与难点。

基于此，2020 年 12 月，山东体育学院运动休闲学院休闲体育教研室主任李琳琳副教授作为主持人，以“山东省城市社区‘十五分钟健身圈’标准化建设研究”为题带领团队获批山东省重点研发计划（软科学）项目立项，并于 2022 年 6 月经过专家评审成功结项，成果鉴定为“优秀”。不仅如此，本项目部分研究成果于 2021 年 10 月通过山东省市场监督管理局组织的现场答辩、专家评议等环节，于 2021 年 11 月以山东省体育局作为牵头单位，以山东省地方标准的形式向社会予以正式公布，并在全省范围内推广使用。①

本书由山东体育学院李琳琳副教授担任主编，谢惠蓉教授、孙妍副教授担任副主编。全书共有八章内容，具体分工如下：第一章由李琳琳、马起元编写，第二章由李琳琳、孙玮扬编写，第三章由谢惠蓉、王雪梅编写，第四章由谢惠蓉、周琛涵编写，第五章由孙妍、李腾龙编写，第六章由李琳琳、孙妍、王善栋编写，第七章由李琳琳、孙妍、田孝慈编写，第八章由李琳琳、孙妍、梁天、张译予、明恒亮编写。李琳琳承担了全书的策划、编审与统稿工作，谢惠蓉、孙妍分别承担了第一至四章、第五至八章的编审工作。另外，研究生马起元、孙玮扬、王雪梅、周琛涵、李腾龙、王善栋、田孝慈、梁天、张译予、明恒亮承担了大量的文献查阅和调研工作。

本书在写作过程中引用和参阅了国内外大量研究文献，在此向原作者表示诚挚的谢意。

编　者

2022 年 12 月

① 标准名称为《城市社区 15 分钟健身圈建设规范》，标准编号为 DB37/T 4438—2021。

目　录

第一章　绪　论

2014 年，国家将全民健身上升为国家战略，并提出构建城市社区“十五分钟健身圈”设想，“十五分钟健身圈”建设就此提上议事日程，作为实现全民健身公共服务体系的具体路径，打造生活化、便捷化的居民锻炼场所，成为全国各地各级政府现阶段具体推行的重要的体育民生工程。

改革开放后，随着经济的发展，山东省各地市，人民的生活水平有了极大的提高，各地政府也出台了许多保障民生的积极政策，在完善体育场地设施、建设符合当地特色的体育公共服务体系方面进行了大量的探索，取得了较好成绩，但还未形成层次分明、城乡多元互补的休闲体育互动环境，体育产业的发展还不充分，难以满足大众不断增长的休闲体育需求，体育产业对经济增长的拉动作用不明显，亟须更新发展方式，在此背景下，山东省体育局主持的山东省城市社区“十五分钟健身圈”的规划建设课题应运而生，本书即是该课题研究成果的汇总。

本章通过对研究背景、目的、意义与价值的阐述，运用圈层结构、互动论、冲突论等科学理论，采用适当的研究方法对山东省城市社区“十五分钟健身圈”建设标准进行研究，旨在帮助政府扫除本省体育民生工程建设过程中的理论障碍，保障本省体育民生工程更好地落实。

第一节　研究背景、目的、意义与价值

体育运动是提高人民健康水平的重要手段，是提高人民生活质量的评判标准，也是实现中国梦的重要内容。改革开放后，随着我国经济社会的稳步发展，人民生活水平大幅度提高，人们对体育活动的热情不断高涨，全国各地的全民健身活动如火如荼地发展起来，以城市为中心的体育公共服务体系基本建立，并迎来构建更高水平全民健身公共服务体系的崭新发展阶段。目前，山东省的体育公共服务亟须解决体育场地设施和体育服务分布不均、体育产业发展欠缺对拉动居民消费的作用相当有限、受社会关注度不够等发展难题。自国家提出健康中国战略后，全国各地都结合自身的实际情况，开始探索实现“健康中国”的具体路径，采取了多种方法，成效显著。我们认识到“十五分钟健身圈”标准化建设是适合山东省推动全民健身发展的重要举措，它有助于建设一个可以自我成长的体育生态环境，助推全民健身工作上一个新台阶，因此本书将山东省城市社区“十五分钟健身圈”的建设标准和评价标准作为核心研究内容。

一、研究背景

（一）实现中华民族伟大复兴的重要路径

改革开放以来，党提出建设中国特色社会主义的奋斗目标，在党的带领下，全国各族人民团结一心，经过长期的艰苦奋斗，我国经济总量跃居世界第二，逐步由“中国制造”向“中国智造”转型，国家实力大大增强，在经济增长的同时，我国政府努力提高人民的生活质量，着力进行文化领域的建设，增强人民的幸福指数，致力于提高我国的“软实力”。

目前，中国特色社会主义进入新时代，社会的主要矛盾已转化为人民日益增长的美好生活需要和不平衡不充分的发展之间的矛盾。为解决这个矛盾，就要努力发展经济，在更高层次上丰富人民的物质文化生活和精神文化生活，让每个人都享受到经济和社会发展的红利。我国现阶段已基本消除了绝对贫困，人民的生活水平普遍有了很大提高，对休闲娱乐、体育活动和健康也提出了新的要求，为回应人民对美好生活的向往，党中央提出了"健康中国"发展战略，要实现这个战略目标，其中一个重要措施就是要推动全民健身公共服务体系工作落实，大力促进体育产业发展，使其成为国民经济发展的支柱性产业，满足人民群众对体育活动的多样化需求，使体育活动成为人们日常生活不可缺少的有机组成部分，发挥体育活动在提高人们生活质量、增强体质和维持健康等方面的积极作用，是实现中华民族伟大复兴的重要路径之一。

（二）实现国内国际双循环战略的重要手段

2020年初突如其来的新冠肺炎疫情①，一下给世界按下了暂停键。病毒在世界各地肆虐，打乱了人们正常的工作和生活节奏，各行各业都受到沉重打击，严重阻碍了世界各国经济的发展。党和国家带领全国各族人民在付出了巨大的努力和牺牲后，很快控制住了疫情，中国成为全球最先最快恢复正常生活秩序和发展经济的国家。中国也成为世界经济复苏和发展的重要引擎、全球制造业产业链供应的主要保障基地，极大彰显了保障人民健康的重要性和战略价值。

中华民族正面临全面崛起的民族复兴的关键时期和重要历史机遇，世界形势风云变幻，危机和机遇并存，风险和挑战不断，面对全球百年未有之大变局，练好"内功"，是民族复兴的必要前提。《中共中央关于制定国民经济和社会发展第十四个五年规划和二〇三五年远景目标的建议》中提出，要"构建以国内大循环为主体、国内国际双循环相互促进的新发展格局"，这是我们应对危机的不二之选，体现了中华民族应对当前国际国内困难局面的高超智慧。我们要坚持向改革要活力、向创新要动力、向开放要潜力，加快培育更高水平的产业链、供应链、价值链体系和更广阔的国内外市场体系；更加注重要素循环，深化关键领域重点环节改革攻坚，构建更加完善的要素市场化配置体制机制，打通影响国内大循环的堵点，加快构建完整的全国统一市场；更加注重供需循环，深化供给侧结构性改革，提高经济供给质量，构建完整的内需体系，深化收入分配制度改革，扩大"两新一重"建设的新型投资需求，积极培育新的消费热点。

① 2022年12月26日，国家卫健委发布公告，将新型冠状病毒性肺炎更名为新型冠状病毒感染。

我国在积极应对疫情恢复和发展经济的同时，在国际形势动荡不安、外向经济受阻的困难情况下，努力实现国内和国外双循环战略，采取多种措施保障就业，督促金融行业脱虚向实，重点促进经济的稳定发展，大力扩大中等收入人群的比例，精准扶贫，保障人们的收入水平有了较大提高，使全体国民都能享受到国家的发展成果，走共同富裕的发展道路。我们向改革要活力，向创新要动力，向开放要潜力，加快培育更高水平的产业链、供应链、价值链体系和更广阔的国内外市场体系，注重增加体育消费需求，促进人们生活方式的转变，改善和提高居民的生活质量，为体育产业的发展创造了条件，而这些因素正是我们提出构建城市社区“十五分钟健身圈”的前提条件和基本动力。

疫情的持续蔓延彻底扰乱了人们的生活节奏，使传统正常的生活被彻底改写，也使人们更加深刻认识到生命健康的重要性。在这多重因素的影响下，中国人民的体育意识被彻底激发，人们参与体育活动的积极性和主动性更强，为大众体育和体育产业的蓬勃发展创造了契机。尤其是通过成功举办2022年北京冬奥会，冰雪运动的魅力被国人充分领略，全国掀起了冰雪运动的热潮，近3亿人热情地投入冰雪运动中，带动了我国冰雪体育产业从无到有，获得了空前的发展，体育的社会价值和经济价值也越来越得到社会肯定。通过冬奥会和疫情的影响，体育的价值和社会影响力也得到了极大的提升，体育是综合国力和国家软实力的重要体现，是实现中国梦的重要内容，这成为全社会的共识。

（三）推动体育经济成为国民经济的新支柱

为充分发挥体育产业在促进国民经济发展中的作用，国务院在《关于加快发展体育产业促进体育消费的若干意见》中明确提出要“在城市社区建设15分钟健身圈”，该文件的出台激发了体育消费成为新的消费动力，并逐步成长为国民经济增长的新引擎。体育经济作为国民经济发展的新支柱，需要利用体育产业的全要素生产率提升带动居民消费升级，吸纳社会资金进入体育消费市场，依托互联网与体育消费深度融合，破除体育消费市场的时空壁垒，逐步形成体育产业的创新、升级、投资、生产一体化的体育消费新形式，最大限度地激发体育经济在国民经济增长中的内生动力。体育公共服务是培育居民良好体育习惯、增加体育消费、培育体育产业的基础性工作，是现代社会的基本公共服务之一。城市社区"十五分钟健身圈"作为实施全民健身公共服务体系的具体路径,目的是要培育居民的健身习惯和体育消费意识,更贴近居民的日常生活,满足居民多层次、多样化的体育需求,带动体育产业的发展,是当前最有效、最经济的改善城市居民的宜居环境、发掘乡村丰富的体育资源、共建城乡体育生态圈的有效手段。为此,全国各地都积极进行了探索,积累了众多的先进经验。山东省作为全国经济水平领先的省份,也把城市社区"十五分钟健身圈"标准化建设工作作为推进全民健身公共服务体系的重要路径来抓,以期建立能在全省推广的统一指标体系,指导全省各地的全民健身公共服务体系的具体实施,为此成立了专门的研究团队,通过对本省全民健身实际情况的调查分析,借鉴国内外的先进经验,力求制定出符合本省实际情况的建设标准和评价标准,作为在全省推广"十五分钟健身圈"建设工作的依据。

二、研究目的

(一)构建"十五分钟健身圈"服务指标体系,提供可操作性的具体方法

根据马斯洛需求层次理论,生理需求是人最基本的需求,其次是安全需求,这些最基本的需求随着我国改革开放、经济的持续发展已得到彻底满足,人们普遍解决了温饱问题,并消除了绝对贫困,人们开始追求更深层次的需求,而体育休闲娱乐是实现这些更深层次需求的重要手段。目前我国的经济发展水平已经处于世界前列,收入水平不断提高,物质财富极大增长,汽车、各种家用电器进入千家万户。然而,随之而来的是营养过剩、肥胖、糖尿病、心血管病等现代文明病的困扰,人们向往和追求的是健康、休闲、娱乐的高层次生活,对体育公共服务提出了更高的要求:不仅要有基本的体育公共服务,还需要个性化、娱乐化、休闲化、刺激性的多元化体育服务。面对新时代经济和社会发展的新形势,国家将全民健身上升为国家战略,就是要从经济的结构转型和产业升级的角度出发,以国家的力量推动体育产业的发展,以满足人民日益增长的美好生活需要以及对更高生活质量的追求。

现阶段,我国的经济建设取得了巨大的成效,人们的收入水平有了极大的提高,追求高质量的生活成为大众的迫切需要,而体育活动是高质量生活

方式的有机组成部分。当前,体育产业发展不充分、不平衡的矛盾已经成为制约提高大众生活质量的瓶颈。国务院办公厅颁布的《体育强国建设纲要》提出,到2035年,体育产业要成为国民经济的支柱性产业。体育产业的发展将推动体育事业在竞技体育、大众体育、体育教育、体育文化等方面的全面提升。体育产业发展的前提是全民健身工程的实施,只有当社会上出现了大量旺盛的体育需求,才能拥有推动体育产业发展和完善的有效动力。当前山东省建设的城市社区"十五分钟健身圈"工程,是落实全民健身工程的有效路径,能有效解决山东省长期遗留的大众体育发展滞后的历史问题,对健身设施、场地器材、体育服务、体育社区宣传、体育社会治理、体质监测等相关体育公共服务体系进行评估、指导,并提出建设的具体指标体系和建设措施,使全省各地在建设和评价全民健身公共服务体系的过程中有具体的指标指导,在布局健身场地设施、引导健身企业加入、提供体育健身的各项服务时具备科学性和提供可操作性的具体方法,使其更贴近大众并能有效运转,切实解决大众健身难的问题,逐步培养居民的健身习惯,在此基础上满足居民高层次的体育需求,为体育产业的发展打下基础。因而山东省城市社区"十五分钟健身圈"的建设,将有助于推动体育产业政策的细分和落实以及"体育+"、体育文化等蓬勃发展,推动体育产业逐步成为国民经济的支柱性产业,助推国民经济持续健康发展。

(二)构建更高水平的全民健身公共服务体系,促进社区体育服务的完善

2016年,国务院颁布的《全民健身计划(2016—2020)》提出,要完善与小康社会相适应的政府主导、部门协同、全社会共同参与的全民健身公共服务体系及全民健身事业的发展格局。中共中央、国务院印发的《"健康中国2030"规划纲要》也指出,要"完善全民健身公共服务体系"。党的十九大报告提出,"广泛开展全民健身活动","打造共建共治共享的社会治理格局"。2022年3月,中共中央办公厅、国务院办公厅印发的《关于构建更高水平的全民健身公共服务体系的意见》指出,"构建更高水平的全民健身公共服务体系,是加快体育强国建设的重要基石,是顺应人民对高品质生活期待的内在要求,是推动全体人民共同富裕取得更为明显的实质性进展的重要内容"。这一系列政策措施已明确将构建全民健身公共服务体系放在重要位置,并指

出了全民健身公共服务体系建设发展的价值导向、目标及多元供给的治理逻辑。在全民健身、健康中国作为国家战略的发展态势下，将全民健身与全民健康深度融合势在必行。基层社区已经从最初单位制向现代社区制转变，社区担负的全民健身公共服务供给模式也相应地由政府纵向供给的单一主体向社会网络供给的多元主体转变。

全民健身公共服务体系是我国体育公共服务体系的重要组成部分之一，而体育公共服务体系又是我国基本公共服务体系的重要组成部分之一，是改善民生、提高人民幸福指数、满足人民日益增长的体育需求的基本保障。全民健身公共服务体系建设质量的好坏，直接关系到我国全面建设社会主义现代化国家的战略进程。当前，我国全民健身公共服务体系普遍存在着城市间与城乡间的地域差异较大、大众体育工作保障措施不力、多元投资主体机制未建立、软硬件建设错位、重硬件建设但场地设施建设仍相对匮乏、体育项目开发不充分、体育服务非均等化等一系列问题，进而导致城市社区全民健身公共服务供给体系无法满足当前居民日益增长的多样化的健身需求，这已成为制约我国体育事业发展的重要瓶颈之一。

党和国家高度重视全民健身公共服务体系建设工作，在国务院办公厅颁布的《体育强国建设纲要》任务中明确提出要构建更高水平的全民健身公共服务体系。山东省城市社区"十五分钟健身圈"标准化建设就是政府实施城市社区全民健身公共服务供给的有效抓手，是推动完善全省基本公共服务体系的动力。

当前我国经济发展处于转型期，要扩大内需，实现经济发展的双循环战略，需要使基本公共服务体系中的服务内容和服务方式向大众多元化生活需求转变。"十五分钟健身圈"构建的社区大众体育模式，是实现基层社区治理体系转型的有效手段，通过合理规划体育场地、体育设施、体育组织和体育服务，引导居民积极参与社区体育活动，促进社区居民间的相互了解和沟通，协调邻里关系，构建社会主义和谐社会。通过引导多元主体参与到体育公共服务治理中，共建共享共治，使政府、市场、社会体育组织、基层体育自组织和个人各负其责，各享其利，和谐共生，共同促进全民健身工作的开展。

政府在管理体育公共事务中是"掌舵手"，可以为社区体育工作提供政策指导和财政支持，通过直接或购买服务形式给社区居民提供体育服务，并利用政策引导市场和社会体育组织的参与来弥补政府体育公共服务的不足，满足民众多样化的体育服务需求。社区是“十五分钟健身圈”的基层管理机构，是沟通主客体的桥梁与纽带。通常城市社区体育公共服务供给主体应包括政府、企业、社会体育组织、基层体育自组织和居民个人等多元主体的协同参与，它们都将被有效纳入城市社区“十五分钟健身圈”的管理体系。居民作为城市社区“十五分钟健身圈”服务客体，对体育服务质量与满意程度有充分的发言权，他们可以通过社区平台反馈给各服务供给主体，从而实现服务供给主体与需求客体之间的双向互动，和谐共生。

山东省城市社区“十五分钟健身圈”建设要保障各多元主体在整个现代化社区治理模式中的权益，需要做好以下四项工作。

第一，创造体育供给多元主体自由平等参与的条件。将政府、企业、社会体育组织、基层体育自组织等放在平等的位置，政府提供政策指导和基本体育公共服务，其他中、高层次的多元化体育服务由企业和社会体育组织、体育自组织等提供，使居民有选择多种层次、多种体育项目的健身自由，提高居民参与活动的积极性。

第二，创造协商民主的环境。社区全民健身公共服务治理体系现代化必须关注服务接受者——居民，必须在治理过程中为居民真正民主参与体育设施建设和体育管理提供便捷途径。在城市社区“十五分钟健身圈”的建设中，体育场地设施、体育项目规划、开放时间、体育服务方式等事项都应与社区居民协商处理，充分听取广大居民的意见，确保大多数居民受益和满意。

第三，保障行动协同，即体育服务供给主体和居民需求客体的目标和行动一致。社区居民目标是要享受充分便捷的健身资源，因此城市社区“十五分钟健身圈”的建设必须保障提供社区多元体育服务目标的政府、健身企业在场地建设和规划、项目开发、服务保障等方面要充分尊重和满足居民的健身需求，保障行动协同，协商解决矛盾和困难，确保体育服务提供方和居民在体育目标和行为上的一致，即共同推动社区大众体育蓬勃开展。

第四，明确权责。在治理体系与治理能力现代化背景下，政府职能与角色的转变是社区全民健身公共服务供给的根本点。明确各体育服务供给主体间的权责和定位，实现政府权力下放，解决企业市场和社区体育组织的边缘化参与角色、健身场所不足、体育服务不完善等一系列问题。

（三）构建全新的健身服务模式，解决系统应用和推广问题

2014年10月，国务院发布《关于加快发展体育产业促进体育消费的若干意见》表明，体育产业的发展将全面融入国家经济发展战略和城市发展战略。只有居民出现旺盛的体育需求，才能推动体育产业的长足发展。全民健身公共服务体系的实质是破解我国长期存在的重竞技体育、轻大众体育的发展桎梏，是培育居民体育意识和体育习惯的基础工程，凭借城市社区的服务载体功能，围绕居民居住区的不同距离，进行场地设施、体育服务、体育产业市场的重新科学布局，并建立与之相匹配的建设标准和评价标准，在保障体育公共服务均等化的同时，给社会资本和体育企业更多的空间，不断创新体育服务产品，在不同地域为居民提供个性化的体育服务，充分发挥休闲体育娱乐性、休闲性、时尚性的功能，引导而非强制居民积极参与体育活动，培养居民的体育习惯，提振体育消费，将“十五分钟健身圈”打造为科学健身的试验田，推出全新的健身服务模式。这样体育企业在拥有了足够的消费者群体后，便会形成一定规模的体育消费市场。随着消费者的消费能力和消费欲望不断高涨，企业将在体育产品研发和服务上进行更多投入与探索，进而促进体育市场的良性互动与发展，最终建立与休闲文化、旅游文化相适应的休闲体育市场体系，促进体育产业加速发展，进而使人们的生活质量得到极大的改善和提高。因此，山东省城市社区“十五分钟健身圈”的服务模式就是撬动全民健身公共服务体系良性运转的杠杆，如能真正做好由点到面的示范推广工作，将有助于全面推动大众体育的勃兴，推动体育产业市场的形成，使全民健身公共服务体系更好地服务于国家战略。

三、研究意义

（一）推进智慧体育建设，促使体育产业转型升级

智慧城市和智慧体育是信息化时代城市管理和体育发展的必由之路，是科技发展的必然趋势，是国家竞争实力的综合表现。国家体育总局早在2011年印发的《体育事业发展“十二五”规划》中就明确提出，“努力提高群众体育发展水平，为改善民生服务”，“建设科学健身的知识普及、咨询、科研成果转化为一体的群众体育科学健身服务平台”，“进一步促进科学健身成果的转化”，这是推动体育事业发展的重要依据。山东省城市社区“十五分钟健身

圈"的标准化建设是山东省实现大众全民健身目标的重要措施，也是促进山东省体育产业向智慧体育发展、实现转型升级的重要动力。一方面，只有大众体育需求迅猛发展、消费欲望不断增长、消费层次不断提高，才能形成庞大的体育消费市场，调动体育企业和资本参与的积极性，促进体育产业的转型升级；另一方面，当今以5G通信技术、区块链、移动互联网、大数据等为代表的新兴数字技术迅猛发展，为智慧体育的发展和体育科技成果的转化创造了有利条件，"互联网＋体育"正在成为资本关注的焦点。"十五分钟健身圈"建设正需要借助数字化技术发展的契机，其场地设施布局、圈层的衔接、体育信息的沟通和宣传、体育管理和体育服务的升级等都需要借助数字技术形成市场服务主体和需求客体的有效沟通，促使提供体育服务的相关部门和企业必须尽快解决体育产业转型升级的问题，为全民健身提供更多的产品和更好的服务。

党的十九大报告指出，大力发展数字经济，推动人工智能、互联网、大数据与实体经济深度融合。很多学者开始探索数字经济对体育产业数字化的作用机理，很多人都认识到数字经济在降低市场交易成本、促进产业跨界融合、提高产业效率、培育增长新动能等方面有着显著优势，很多企业正在积极探讨互联网与体育相结合的恰当方式，并已经进行了诸多尝试。[①] 2020年暴发的新冠疫情给全世界经济带来了严重的危机，国际竞技体育和大众休闲体育的发展也深受其害，奥运会被迫延期，大型国际赛事被取消或暂停，观众锐减，赞助商取消了对体育赛事的支持，国内体育产业也遭遇前所未有的危机和挑战，但同时也为数字经济与体育产业的结合带来了契机。很多体育企业抓住机遇，利用新一代数字技术顺势而上，开展线上健身指导、线上体育培训与教学、线上体育用品销售等活动，推动体育产业与新兴数字技术快速融合。可以预见，随着科技的不断进步，未来体育产业数字化发展会不断加速，以体育消费需求为中心的新模式和新业态将逐渐形成，以数据为核心生产要素的服务和管理会成为主流。体育界也要化"危"为"机"，积极拥抱数字技术，把握新科技、新需求和新机遇，加快科技研发和理论转化，让数字经济为体育产业高质量发展赋能。

① 参见彭大松：《群众体育发展的机遇抑或挑战：基于我国人口结构转变的一项探索》，《武汉体育学院学报》2011年第2期。

体育产业快速转型和数字化的作用机理可分为以下三点。

第一，提高生产要素的组合效率。体育产业数字化即发挥数据这一新要素功能，对传统生产要素进行重新组合，实现资源与要素的协作化开发、集约化整合和高效化利用，提高生产要素生产率。例如，体育用品制造企业追求生产高效率，要在研发、设计、采购、生产、销售、服务等诸多环节具备快速的市场反应能力，这就需要企业具有大数据思维，依托互联网平台，通过大数据技术研究消费者的消费习惯和爱好，对传统生产资源进行配置，以最少的资本、土地、劳动力等要素的投入获得最大的产出，推进体育产业数字化打破传统要素配置方式，提高产业创新效率。企业通过数据这一核心生产要素驱动其他生产要素快速对接，借数字化网络平台将服务企业与消费者联系起来，提供多元化的线上和线下体育服务和产品，提升消费者的选择性和主动性，吸引更多的体育消费者。同时，体育产业数字化还可通过数据这一新要素激活闲置生产要素，通过数字化合作与信息共享，将闲置的资源如场馆、人力资本等生产要素进行时段、空间、地理位置的重新调度，为企业创造更多效益，降低体育企业在发展中所面临的不确定性。

第二，提高产业创新效率。在体育产业发展中，把数据作为新兴要素，充分发挥大数据对其他要素效率的倍增作用，推动体育服务生产方和体育消费者方的细分领域的变革，改变体育消费模式和体育产品供给方式，促使体育产品由服务共享向生产能力共享演进。创新驱动是战略导向和引领体育产业发展的第一动力，体育产业只有与大数据、区块链、人工智能等数字技术相融合，才能提高创新效率。从目前世界经济发展看，数字化已经在不断改变着人们的生产、生活方式，线上体育服务与体育消费活动日益频繁，大量体育资源在全球范围内被重新配置，数字化已经成为一种新常态。在世界职业体育领域，数字化技术促进职业体育创新商业模式，使体育竞赛表演业获得更大的全球性收益且成本更低；而在大众体育领域，数字化技术也使体育服务企业可以精准推送适合个人的体育服务产品，为体育企业的发展寻找到另外的路径，促进赛事 IP 经营、智慧体育预定、互动体育消费、运动社交娱乐、移动体育培训、垂直社群群体构建、第三方服务、创新协同组织等的发展，形成体育产业发展的新业态。推动体育行业与数字技术有机结合，将使大众充分享受个性化的体育服务，使娱乐性、休闲性、高端化的体育方式得以共享和普及。

第三，加强政府统筹。伴随着“小政府，大社会”改革理念的推行，政府逐步放权已成为大势所趋。政府放权并不意味政府什么都不管，而是要改革管理模式，着重管理社会和市场管不好的事。目前我国体育产业的发展仍面临结构有待优化、要素资源错配和供给不足等问题，需在政府层面进行宏观调控、加强政策供给，可以借助大数据实现政府管理的现代化。数字经济使数据共享成为可能，政府可制定宏观的发展战略和具体的政策措施，通过互联网平台，基于强大的数据支撑进行宏观调控，提高决策效率；市场也可搜集与分析海量数据，合理进行资源配置，提高体育产业全要素生产率。[①] 政府以数字化思维加强对体育市场的管理，即推进“数字化＋监管”，为体育消费者提供消费投诉平台，促进体育服务企业与相关政府部门之间的沟通与协作，有利于对体育市场进行事中、事后监管，满足公众的信息需求，提高公众参与政府管理的能力和监督的积极性，推动决策科学化和民主化，提升政府的公信力。

（二）搞好社区文明治理，创新社区治理模式

社区是居民日常生活的集聚地，是政府行为和所有政策的最后落脚点，社区治理是各级政府进行社会管理的工作重点。习近平总书记在党的十九届四中全会第二次全体会议上明确指出：“坚持和完善中国特色社会主义制度、推进国家治理体系和治理能力现代化，是关系党和国家事业兴旺发达、国家长治久安、人民幸福安康的重大问题。”[②] 作为国家治理体系的重要内容，社会治理尤其是基层社区治理是政府管理的“最后一公里”。通过社区体育参与，社区居民逐步培养并具备了相互尊重、相互合作等软性文化特质，并在社区治理中占据着不可或缺的重要地位。这具体表现在以下三个方面。

1.突出居民治理地位

以往政府在社区治理方面有着得天独厚的优势，包含合法的强制性、公共事务专业和经验等，社区体育治理呈现出政府包揽的局面。[③] 新时代我国社会主要矛盾已转化为人民日益增长的美好生活需要和不平衡不充分的发

---

① 参见李国、孙庆祝：《新世纪以来我国体育场地发展变化的实证研究——基于第5次与第6次全国体育场地普查数据的统计分析》，《西安体育学院学报》2016年第2期。

② 习近平：《坚持和完善中国特色社会主义制度　推进国家治理体系和治理能力现代化》，《求是》2020年第1期。

③ 参见刘文臣：《对国外群众体育发展的研究探索》，《哈尔滨体育学院学报》2006年第3期。

展之间的矛盾，政府在社区体育治理方面需协调多方面的社会力量参与才能解决这个矛盾。公民是社区的主人，社区居民对社区环境和体育公共服务的需求成为政府部门管理和提供体育服务的主要考虑内容，因此社区居民作为社区体育公共服务决策参与者的地位日渐显著。

社区居民作为社区体育公共服务的参与者、受益者，是社区体育公共服务的核心受益主体。政府和社区居民是体育公共服务的供给侧和需求侧的两大主体，但在以往社区体育公共服务的实际运行中，社区居民只能作为服务客体被动享受体育公共服务，没有参与决策的权利。新型社区体育治理中的"十五分钟健身圈"建设，就是将建设智慧体育以大数据为媒介，将居民个体以社区为单位组织起来，表达自己对参与社区体育社会事务的愿望，突出居民的主体地位，提高社区居民主动获取体育公共服务的意识和享受社区体育公共服务的自治能力，实现政府供给侧和社区居民需求侧的有效对接，提高政府的服务效率。新时代社区体育治理的主体不再是单一的政府，而是在突出居民社区治理主体地位的基础上，由政府、市场、社会公益组织、社区体育自治组织与居民个人共同参与的更高层次的治理体系。

2.优化社区治理模式

城市社区"十五分钟健身圈"的建设目标是将政府、社区自治体育组织、企业、个人联系起来，充分发挥各自的优势，建立平衡、协调、良好的多向互动关系。其中，政府是体育公共服务治理体系的核心，居民是参与决策者和需求者，企业、社区体育自治组织则为连接两端的中心轴。

政府是公共服务供给的核心主体。公共服务可以根据内容和形式分为基础公共服务、经济公共服务、公共安全服务、社会公共服务。公共服务供给是国家的基本职能，是维护社会基本公平的基础，发挥着社会矛盾"缓冲器"的作用。体育公共服务属于政府的社会公共服务的范畴，城市社区"十五分钟健身圈"的建设，就是强化政府在体育公共服务方面的职能，克服市场的失灵，为居民创造平等的参与体育运动的机会，实现人人参与、人人共享的体育乐趣。如果只让资本介入体育服务，就排斥部分社会弱势群体的体育需求，损害他们的体育利益，这是违背社会主义体育事业发展方向的，因此鼓励社会各种民间体育组织或体育社团以公益或政府购买服务的方式参与社区体育公共服务治理，这样可以更好地满足低收入群体和老年群体的体育服务需求，也能更好地贴近社区居民，满足他们日常的休闲体育生活需要，能够迅速地获取社区居民的体育需求信息，促进政府与居民之间的互动交流和信任合作，提高政府的威望和社会治理水平。

充分发挥社会力量办体育，就是将以体育社团、社区体育服务组织和体育俱乐部为代表的社会组织提供的公益性体育公共服务作为对“政府市场失灵”的有效补充，提高城市社区体育公共服务的效率，对推进和谐社会建设具有重要意义。特别要调动社区体育自治组织的积极性，使社区居民通过协商民主的办事流程，成为参与体育事务管理的核心主体。一方面，社区体育组织、企业是居民体育权益的代表者，是居民多元化体育需求的表达渠道，要接受政府的指导和支持，协同政府开展治理工作，确保社区体育公共服务自上而下地有序开展；另一方面，联系社区居民，确保政府的政策真正使居民受益，打通社会体育公共服务治理体系的“最后一公里”，真正做到人民有所需、政府有所应，创造新时代社会主义社会体育公共服务治理体系、治理模式的新格局。

市场反映竞争导向，经济实体通过市场配置资源实现私人利益最大化，满足居民的个性化健身需求。在城市社区“十五分钟健身圈”建设规划中的圈层结构给市场留足了位置，可以充分发挥市场的积极作用。市场参与社区体育服务供给，可以弥补政府治理的失灵，培育体育消费市场，以市场来满足居民的体育个性化需求。通过市场化的运作方式调节社区体育公共服务的供需平衡，提高资源配置效率，实现政府和市场的双向互补。

3.激活社区治理机制

社区是构成社会的基本单位，是社会治理的基础。良好的社区自治能够维持社会安全稳定，增进民生福祉，推进社会发展进步。可以说，社区治理程度决定着居民生活环境和文明生活的水平。城市社区“十五分钟健身圈”的社区治理机制是让人们享受到完善的体育公共服务，自己享有选择体育活动的权利，带动人们生活方式的根本改变，引导人们善度余暇时间，提高生活质量，形成人人参与、人人表达、人人受益的良好社区风气，进而推动社区治理机制向政策嵌入、理念嵌入、各人相互嵌套的社区治理机制转变。

一方面，“十五分钟健身圈”社区治理机制把社区居民的体育权益与公共体育政策、公共体育目标和政府体育公共服务治理职能转变联系起来，由居民自己组织体育活动，满足居民群聚性的体育需求，有利于社区居民建立和谐的人际关系，使其更加热爱社区环境，积极为社区的发展出谋划策；另一方面，“十五分钟健身圈”社区治理机制将收集到的社区体育公共服务开展情况的一手资料和意见，传递给上级体育公共服务治理的枢纽，共同解决问题，共同谋划社区发展。

全民健身以城市社区“十五分钟健身圈”的方式，形成以居民为中心的社区体育公共服务体系，要充分激活社区体育管理的调控机制、社区体育企业间的竞争机制、体育企业发展与经济效益挂钩的动力机制、协调体育服务的供求机制等，使社区体育治理机制更具科学性，为居民提供更好的参与体育的环境，形成居民和谐共享、协商民主处理社区事务的氛围，以有效助力社会治理新格局的建立，提高政府的服务水平。

（三）倡导科学健康的生活方式，创建和谐健身环境

世界卫生组织专家认为，在影响人体健康的诸多因素中，排在首位的是科学健康的生活方式。现代科学研究表明，现代医疗技术手段和遗传因素对人体健康的影响约占 30%，而剩余 70%的影响则是生活方式造成的。健康生活方式中的重要因素就是体育锻炼和体育休闲生活，这说明人体的健康取决于个人的努力。可以说，现代人没有体育生活不仅生活会缺少乐趣，而且身体健康也会难以维系。

改革开放 40 多年来，中国取得了经济体量跃居世界第二、经济购买能力位列世界第一、平均寿命不断提高等成就，但居民由于收入水平的提高，从过去以蔬菜粗粮摄入为主的饮食习惯转变为以动物肉类和奶制品等高蛋白摄入为主的饮食结构和饮食习惯，从体力劳动为主的工作转变为无体力劳动和久坐、宅家的生活状态，进而引发肥胖、高血压、心脑血管疾病、癌症等诸多现代文明病，导致居民身体素质不断下降。近年来，我国公布的健康大数据表明，疾病、肥胖呈现年轻化趋势，心脑血管疾病、癌症、帕金森症成为中国人寿命的三大“杀手”。满足人民基本健康的需求，需要转变人们的生活方式。积极参与体育活动，让体育活动成为日常生活的有机组成部分，这是被现代临床医学证明的预防现代文明病的有效手段。

没有全民健康就没有全面小康。居民健康不仅关系到个人的幸福生活指数，更与民族的振兴息息相关。2016 年 10 月 25 日，《“健康中国 2030”规划

纲要》的颁布为健康中国的具体建设指明方向，明确将健康教育、身体素质、健康产业等内容包含进全民健身计划中。2017 年 10 月 23 日，习近平总书记在十九大报告中进一步提出了“实施健康中国战略”，它不仅明确了实施健康中国战略的核心要义和基本思路，还将实施健康中国战略各项重点任务落到实处；健康中国战略的推出，为全民健身工程提出了具体任务和要求，明确了全民健身在健康中国建设中的具体地位与作用。

山东省全民健身战略将建设任务锁定在健康教育、产业、设施、途径等方面，进入“十四五”各项建设任务已迫在眉睫。城市社区“十五分钟健身圈”建设是山东省落实全民健身战略的重要途径，是实现山东省健康中国战略的有效路径。它以相互递进且交叉的三个圈层为基础，将山东的山、河、湖、海等特色资源充分利用起来，将城乡的体育资源相互衔接，相互补充，构建起具有山东特色的和谐健身环境，有效促进了居民幸福生活指数的提升。

现代健康的概念不仅包含身体健康，还包括心理健康和良好的社会适应性。积极参与体育运动，不仅可以促进身体健康，还可以促进个体的群体融入，保持个体的心理健康和良好的社会适应性，在生命的全周期、全人群实现对人体健康的保障。现代科学已经从多方面证明，从生命全周期角度，婴儿免疫力、抗病能力的增强，学龄前儿童身体活动准确性、灵活性和协调性的提高，学龄儿童及青少年各种身体素质的提高，青年人和成年人健康的维持，老年人抗衰老、抗病能力的增强等，都离不开体育锻炼；从全人群角度，健康人群身体健康的促进和维持、亚健康人群身体状况的调整和改善、不健康人群疾病的治疗与康复等方面，体育锻炼都是一种有效的、科学的手段。此外，从社会心理学角度来讲，体育锻炼不仅可以改善现代生活、工作压力大引起的一系列心理问题，帮助人们扩展社交面，给予人快乐的体验，还可以提高心脑血管功能，使人工作和生活精力充沛，同时还能促进大脑发育，刺激大脑释放多巴胺，让人心情愉悦。科学研究证实，体育锻炼是治愈心理疾病的有效方法之一，在治疗强迫症、自闭症、网络成瘾、抑郁症等方面成效显著。不仅如此，体育锻炼还可以增强人们的社会适应能力，帮助人们调整生活节奏，扩展人际交往圈子，学习如何与人交往、合作与竞争。

健康是人类全面发展的必然要求，是人类文明进步的终极目标。而现代社会民众的身体健康正在随着生活方式的改变而发生变化。在现代社会，要想既享受现代文明又维护健康的唯一条件就是健康生活，其核心内容就是参与体育活动。健康生活方式的定义是个体依据其生活环境所采取的与健康相关的生活行为集合的模式，详言之，健康生活方式就是在一定社会条件和一定价值观指导下，包含体育活动的一种日常生活方式，始于自愿参与，是人们以预防疾病、促进健康为目的所采取的一种长期的行为方式。因此，体育活动应是很生活化的事情，应成为日常生活的有机组成部分。城市社区“十五分钟健身圈”的建设目的就是要构建居民参与体育活动的有利环境，将居民潜在的体育需求激发出来，通过环境优化、周围群体带动、榜样示范等积极效应，转变居民的休闲观念，将休闲体育生活转化为居民的内在需求，促使居民普遍形成健康的生活方式。

我们依据国情进一步提出“中国式健康生活方式”概念，它是以我国传统养生文化为指导，以科学合理养生为特色，以预防疾病、增进健康为目的的各种健康生活的活动形式，已经被现代科学证明是合理的、适合中国人特点的、易于被接受的生活方式。中国式健康生活方式的具体内容包括饮食有节、起居有常、心理平衡、运动适当等多种涵盖日常生活方方面面的养生方式。其中，饮食有节包括节制饮食、四时应季、饮食禁忌等原则；起居有常包括起居规律、顺应四时、环境适宜、禁绝烟酒等原则；心理平衡是要保持心态平和，不攀比，修身养性，保持平静、淡泊的心理状态；运动适当是指通过适当的体育运动锻炼形体，强调锻炼要适中，既不能不动，也不能过劳。此外，还可以通过针灸、按摩、药物之类的保健措施保持健康，可以通过德行的修养来获得别人的赞同和肯定，从而增强社会交往能力。它具有以下四个特征。其一，生活化。健康的生活方式是社会经济发展到较高水平后人们追求高质量生活的必然选择。随着生活水平不断提高，人们有更多能力关注自身健康，也有更多的精力放在丰富的闲暇生活上。其二，个性化。健康的生活方式是将人作为认知对象，依据个体的年龄、性别、喜好、身体机能、心理等方面情况，在冒险型、休闲型、时尚型、养生型、调养型等多元运动方式的基础上进行自我选择，以满足大众个性化的健身需求。其三，长期性。预防疾病、增进健康是人们生活中长期的目标，所以健康的生活方式不是一时的选择，而必须是贯穿一生的生活习惯的养成，以此达成终身健康的理想化目标。其四，普遍性。健康的生活方式是每一位公民都应该享有的权利，是现代人必须具备的基本素质,因此倡导健康生活方式是要使每个人都受益,使体育活动成为每个人生活方式的有机组成部分,从整体上提高国民的身体素质和生活质量。

四、研究价值

本书是开展山东省城市社区"十五分钟健身圈"标准化建设的任务需要。本书以圈层结构理论、互动理论和冲突理论为基础,结合标准化学科基础知识,以城市社区"十五分钟健身圈"标准化建设为研究对象,站在"两个一百年"奋斗目标的历史交汇期,着眼于山东省长期发展战略规划和现实情况开展深度调研。从历史视野、比较视野、现实视野,与时俱进嵌入研究内容,系统梳理国内全民健身建设阶段性成果,积极探索山东省城市社区"十五分钟健身圈"标准化建设思路、原则、方法、体系与路径,将产业化思维融入健身圈建设中,将"十五分钟健身圈"作为山东省保民生、促发展的又一重大举措,作为山东省立足于伟大时代和战略转型发展时期的重要战略部署。

本书对实现"十四五"山东省体育事业发展规划任务即山东省城市社区"十五分钟健身圈"全覆盖具有重要的指导作用,是打造体育生态圈的重要途径和手段。本书是在制定山东省城市社区"十五分钟健身圈"建设标准规范过程中总结出的研究成果,可应用于山东省城市社区"十五分钟健身圈"建设工作规范建设标准,有助于推进县(市、区)、乡镇(街道)、行政村(社区)三级公共健身设施、体育健身组织、体育赛事活动全覆盖,推进城市社区智慧健康驿站和体质监测服务网络、体育服务配送等全覆盖。本书对于满足人民群众日益增长的体育需求,实现体育法治化、科学化、信息化、生活化,构建便民、利民、亲民的全民健身公共服务体系,推动山东省全民健身事业和产业健康可持续发展具有理论和实践价值,同时对于兄弟省份开展城市社区"十五分钟健身圈"建设亦有一定的参考借鉴价值。

城市社区"十五分钟健身圈"建设的实质就是要优先发展城市社区体育服务,进而带动经济和体育相对落后的农村,最终实现全民健身。它要整合城乡分散的、低层次的体育公共服务资源,重新设计、规划与布局,将城市和周边农村的体育资源有效衔接起来,建立以居民居住地为中心的体育生态圈,逐步形成不同层次、不同标准的体育服务体系。这既包括服务大众的体育公共服务，也包括服务个性化需求的中、高端体育服务，要充分吸纳更多的资本、企业、个人进入体育服务系统，逐步培育休闲体育产业发展，引导居民体育消费形成，最终实现健康中国的宏伟战略目标。因此，城市社区“十五分钟健身圈”不是仅仅进行简单的场地建设与安排，而是容纳了场地规划、社区治理、体育产业布局、休闲体育服务供给等链式结构的综合工程，需要明确系统内各个主体间的“责、权、利”，处理好政府与企业、政府与人民、企业与企业、企业与人民之间的关系以及投资和管理等事项，由于这是涉及全省的大工程，因此需要建立相应的建设标准和评价标准来指导全省各地城市社区“十五分钟健身圈”的建设，这就需要在整合以往体育公共服务建设的基础上，形成范围较大、互相呼应、较为完善的体育生态圈，促进区域体育生态系统的健康、可持续发展，进而促进全省体育产业的有序发展。

第二节 研究方法与创新

研究方法与研究创新是任何一项科学研究开展的前提。研究方法是关于学者用什么样的方式、方法来观察、认识、分析事物的手段；而研究创新则往往是在国内外现有的经验中提炼出一般性规律的基础上，通过归纳与演绎、分析与综合、抽象到具体、逻辑与历史的全面而系统的辩证分析，在更高层次上提出新观点和新方法，为社会进步提供具体的方法和路径。本节将从研究对象、研究方法、拟解决的关键问题、研究思路与技术路线、研究创新等五个方面进行展开，明确该项研究开展的前提与具体实施方案。

一、研究对象

本书以山东省城市社区“十五分钟健身圈”标准化建设为研究对象，客观分析山东省全民健身示范城市在健身圈构建中的经验和不足，以期为构建山东省城市社区“十五分钟健身圈”建设标准指标体系和评价标准指标体系提供有效借鉴与实践依据。

二、研究方法

（一）文献资料法

本书围绕全民健身工程、大众体育计划、健身示范区、健康中国、“十五分钟健身圈”等相关研究主题进行了文献检索、资料收集、加工和整理，为进一步研究做好准备。通过查阅中国知网、维普、万方、ProQuest、Springer 等中外数据库，各级各类图书馆相关文献，对资料进行搜索与整理。通过浏览国家体育总局、国家统计局、中国质量协会、国家标准化管理委员会、中国认证中心等权威网站，并从山东省统计局、体育局等相关部门获取工作报告和政策法规等官方文件，以及全民健身公共服务体系的基本建设数据状况，整理分析了国外发达国家和国内先进城市在建设城市社区“十五分钟健身圈”方面的经验性成果，以便为完善山东省城市社区“十五分钟健身圈”建设服务体系提供理论依据与借鉴经验。

（二）专家访谈法

一是通过与全民健身领域专家学者进行访谈，探讨完善山东省城市社区“十五分钟健身圈”系统的建设构想，解决建设中存在的问题瓶颈，整合辖区内已建待建资源的规划与布局等重点问题，逐步形成成熟的解决经验。

二是通过对山东省体育局相关部门负责人，山东省济南、青岛、烟台、日照等全民健身示范城市的体育系统负责人，部分社区的管理者、社会体育指导员等健身圈建设相关人员，就山东省城市社区“十五分钟健身圈”建设所涉的城市发展规划、休闲体育赛事、体育公共服务供给、体育资源环境等相关问题进行访谈，为山东省城市社区“十五分钟健身圈”建设的顶层设计与规划提供资料。

（三）问卷调查法

问卷调查法也称“书面调查法”或“填表法”，指通过向调查者发出简明扼要的征询单（表），请示填写对有关问题的意见和建议来间接获得材料和信息的一种方法。

1.问卷设计

本书根据课题研究需要、研究目的和研究内容，严格按照问卷涉及的原则和要求，设计了《山东省全民健身体育公共服务调查问卷》。在确定问卷的类型、结构、内容后，积极征求专家意见和建议，针对反馈内容对问卷进行了多次修改，最终形成正式问卷。

2.问卷的信效度检验

(1)效度检验。采用专家效度评定法，主要以教授、博士生导师、政府官员为主，对问卷内容进行效度检验。通过专家咨询对调查内容进行效度检验，根据专家的反馈意见进行了部分修改，形成了最终问卷。

(2)信度检验。为检验问卷信度，预先在济南市历下区的仁合社区进行了样本为62人的调查，运用折半法对问卷进行信度检验，两部分的相关系数为0.85，表明问卷具有较高信度。

3.问卷的发放与回收

问卷调查工作的实施。本次调查以课题组教师为主，分组带领研究生和部分高年级本科生作为调查人员，他们都具有较强的理论知识和语言沟通能力，调查前围绕调查的内容对其进行了系统的培训。2020年7—9月，共派出四组调查人员奔赴济南、青岛、烟台、日照4座全民健身示范城市，每个城市选择6个体育示范社区，采取整群随机抽样调查的方法对所辖居民进行问卷调查。为了保障回收问卷的有效性，采用当场发放调查，并在居民填写后直接回收的方式。本次调查共发放问卷662份，剔除信息不全的样本后，保留有效样本593份，有效样本率为89.58%。

(四)实地考察法

首先，对上海、常州、青岛、烟台等城市的社区体育开展情况进行实地考察，主要围绕社区居民的体育参与度、场地设施规划特点和便捷度、社区体育企业的规模和效益、体育社会组织活动状况、社区体育指导情况、居民体育消费的内容和结构、社区赛事活动情况等7个方面开展实地调研。其次，根据国内城市社区“十五分钟健身圈”建设与研究现状，分析各地在建设过程中存在政策关注、财政支持、土地资源供给、城乡体育组织开展活动状况、社会企业和社会资本参与情况6个方面的问题，努力探寻城市社区“十五分钟健身圈”的建设困境与不足之处，深度挖掘造成当前现状与困境的要素。最后，结合实地考察结果，将本书所涉及的山东省济南、青岛、烟台、日照4座城市与上海、深圳、常州等全民健身示范城市进行对比分析，总结出它们的先进经验，为山东省城市社区“十五分钟健身圈”建设提供思路和参考。

（五）逻辑归纳法

本书采用分析与综合、抽象到具体、逻辑与历史、归纳与演绎等综合方法，全面审视了国内外城市社区“十五分钟健身圈”的建设现状、存在问题、建设经验及启示等新时代体育现象，沿着从理论到实践再到理论的生成过程，构建了山东省城市社区“十五分钟健身圈”建设标准体系和评价标准体系，形成了保障系统合理性、高效性、标准性、规范性、融合性运行的体制机制，为山东省城市社区“十五分钟健身圈”建设指明了方向，提供了全民健身工作推进方案。

三、拟解决的关键问题

（一）解决系统建设体系化的核心问题

优秀的顶层设计可以引领产业高质量发展。山东省城市社区“十五分钟健身圈”标准化建设是政府群众体育工作顶层设计的点睛之笔，是一个涉及城市社区体育产业链中多个主体、客体间相互协调、良性运行的全民健身综合服务系统。要实现系统建设体系化，关键是处理好建设过程中系统运行机制的宏观把控与微观运营间的协调配合，进而使系统实现主客体间、多领域间的合理性、高效性、标准性、规范性、融合性的发展。

（二）解决系统参与大众化的基础问题

山东省城市社区“十五分钟健身圈”标准化建设研究要重点解决群众体育参与大众化的问题，要努力建成人民满意的全民健身公共服务体系，在场地规划、项目设置、体育服务企业布局、体育服务不同类型、圈层衔接等各个方面都要既照顾低收入群体、老年群体、残疾群体等弱势群体的体育需求，又要满足中高收入群体对时尚化、个性化、刺激性体育的需求，改善居民的健身休闲环境，使居民能够在以居住地为圆心，十五分钟健身路程为半径的区域内快速找到适合自己的运动空间和运动项目，使休闲体育成为居民的一种生活方式，融入日常生活，满足居民对美好生活的向往与追求，保障居民健身休闲参与热情，引导居民健身休闲参与行为，进而改善民生，提高居民的幸福生活指数。

(三)解决系统构建标准化的目标问题

标准化是科学化管理的一种重要方法。山东省城市社区“十五分钟健身圈”标准化建设就是要以发展眼光科学审视系统建构,充分考虑系统标准的普适性与长远性矛盾,要把握好整体与局部、共性与个性的发展问题,精心谋划,合理布局,最终形成可量化、可测量、可操作、可复制的指标体系,便于各地市按照标准进行建设规划操作和评价,成为山东省的地方标准,为体育强省建设助力。

四、研究思路与技术路线

城市社区“十五分钟健身圈”的建设目标是形成政府主导,部门协作,社会共同参与的“大群体”模式,推进“大群体”体制机制逐步完善,加快全民健身工程建设中“六个身边”工程建设步伐,推进山东省体育事业发展,为打造体育强省、健康中国,助力小康社会奠定基础。本书以圈层结构理论、互动理论、冲突理论为建设的理论依据,以“政产学研用”多领域融合,构建城市社区体育产业链为建设目标,以城市社区“十五分钟健身圈”建设标准和评价标准为抓手,围绕山东省特色全民健身示范工程建设而展开。

如图 1-1 所示,项目研究在了解山东省城市社区“十五分钟健身圈”资源配置现状、存在问题的基础上,针对山东省全民健身工作开展 SWOT 分析,以期把握新形势下山东省全民健身发展现状、特色和成效、居民体育行为以及健康需求等内容;协助政府开展顶层设计,统筹谋划山东省全民健身工作的推进与发展,着力围绕合理性、高效性、标准性、规范性等角度推进我省城市社区“十五分钟健身圈”的规划、布局与建设工作;从供给侧、需求侧入手,构建融合全民科学健身、健康管理、人才培养、决策服务、知识宣教五位一体的全民健身服务系统;充分借助“全民健身+”“互联网+”等手段,从组织方式、活动方式、服务模式、实施效果评估和满意度调查等方面积极推进山东省城市社区“十五分钟健身圈”标准化建设,对系统的运行体制机制进行突破性研究,从建设示范、管理示范、考核示范等多个维度进行成果推广与应用。

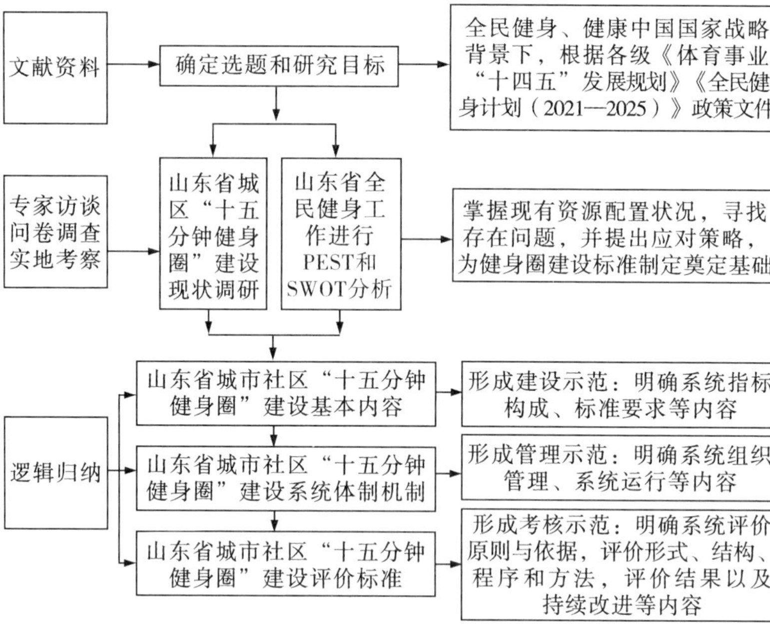

图 1-1　研究的技术路线

五、研究创新

（一）模式创新

2014 年 10 月，国务院印发《关于加快发展体育产业促进体育消费的若干意见》，指出要在城市社区中建设“十五分钟健身圈”，推动全民健身运动的开展。国家首次将全民健身上升为国家战略，关注居民最直接、最现实的体育利益，认识到城市社区“十五分钟健身圈”是促进居民参与体育活动的重要方法与路径。目前全国各地都在进行“十五分钟健身圈”建设实践，有的先进城市甚至提出“五分钟健身圈”的建设目标，如本书涉及的上海、深圳、常州、济南、青岛、烟台、日照等示范城市，它们在健身圈建设方面积累了大量而丰富的经验，不仅如此，国外部分发达国家和地区的大众体育发展经验及启示，也为山东省城市社区“十五分钟健身圈”的建设提供了参考与借鉴。

山东省依据圈层结构理论、互动理论、冲突理论，提出了独具特色的城市社区“十五分钟健身圈”建设模式。该模式以城市社区为根基，以中心城区居民居住地距离健身目的地的时间来划分健身圈的圈层结构，包括步行圈、骑行圈、车行圈三个圈层，以保障每个城市有多种不同风格的健身中心和休闲娱乐场所，居民可以自由选择，将吃、娱、玩、健身、休闲有机结合起来，形成各自的特色，保持长久的新鲜感和乐趣，构建不同圈层的健身服务供给模式，更进一步探究中心城区、城市近郊和更远乡村的体育协同发展模式。

（二）内容创新

山东省城市社区“十五分钟健身圈”标准化建设规范以全体城市社区居民为主要服务对象；以中心城区居民点为中心，形成五分钟的步行圈、十分钟的骑行圈和十五分钟的车行圈三种不同的体育场地和体育服务的圈层结构，包括公园、广场、体育中心、体育馆、健身步道、社区体育设施、学校体育设施及民办体育场馆等体育场地设施以及配套的健身组织、健身宣传和健身指导服务等具有圈层特征的体育公共服务体系。山东省城市社区“十五分钟健身圈”不仅吸收全国全民健身示范城市的优点，还根据山东省各地区特色因地制宜地进行创新发展，其主要包括以下两个创新点。

1.健身圈层之间的互流

一是同一圈层间的流动。同圈层内各个协会和城市社区均处于独立自治和发展的状态，然而它们在维持社会运作过程中又相互协调。在这种关系中，政府是主导机构，市级体育协会、城市社区体育自治组织、体育企业相互协助，共同组织起了一个完整体系。同一圈层之间的流动大致可以分为三类。

其一，居民。同圈层内拥有众多健身场地和多样化的健身器械，居民可以根据自己的需求选择喜欢的健身场地或者健身器械，享受基本的体育公共服务，还可以享受个性化的付费体育服务。其二，社区体育协会和社区体育自治组织。社区体育自治组织直接对接居民，是政策实施“最后一公里”的守护站，通过自筹或政府购买服务来为居民提供健身服务，组织居民参与日常体育活动或组织居民的体育赛事，提升居民对体育活动的兴趣，并以此来推动“以人为中心”的发展理念，将国家政策落实到居民。其三，体育健身服务企业。健身企业为居民个性化和中高端的体育需求提供优质服务，指导居民科学健身，带动居民的体育消费，有利于促进体育产业的发展。

二是不同圈层间的流动。随着改革开放的持续深入，居民生活水平不断提升，人们已经不再单纯地满足于低层次的健身需求，开始对海钓、滑雪、滑冰、高尔夫球、马术、网球等高端健身活动表现出更高需求，并通过购买高端健身服务来满足自己不断增长的健身需求，这就需要通过不同层次的圈层体育服务得以满足。不同圈层之间的流动主要表现在以下三个方面。

其一，居民。每个城市都可以建设多个有不同特色的健身圈层，可能相互叠加，也可能相距较远，在私家车基本普及的当代，距离不再是居民健身的主要障碍。居民所居住的步行圈在一般情况下只能满足日常健身需求，如若再有更高层次的健身需求，就需要向骑行圈或者车行圈转移，追求更个性化、高端化、时尚化的休闲生活，使健身、休闲、娱乐、生活等有机衔接，保持长久的新鲜感，增强居民参与休闲健身的兴趣。其二，社区体育协会和体育自治组织。社区体育自治组织主要是提供日常的体育服务，密切社区居民的关系；社区体育协会主要负责收集居民对社区体育场地设施、体育服务、赛事等的意见和要求，协调组织跨圈层的体育活动或体育赛事。通过不同圈层和社区的协调沟通和体育赛事的开展，可以完成不同圈层社区之间的协调。其三，体育健身服务企业。根据不同圈层居民的需要提供不同的体育服务产品，形成可持续发展的社区体育供应链，以实现不同圈层之间健身企业的品牌创建、连锁经营，将企业做大做强。

2.创新都市生活圈理论

山东省城市社区“十五分钟健身圈”以城市社区为根基向外辐射，分为步行圈、骑行圈、车行圈三个层次。步行圈和社区生活圈的空间重叠，满足居民最基本的体育生活需求，是居民参与体育活动最多的圈层；骑行圈跨多个社区属地，主要满足居民健身生活中较高层次的需求，如室内游泳馆、健身俱乐部等；车行圈一般覆盖市郊、乡村和其他地市的地域范围，用来满足居民健身生活中的高级健身需求，如环山骑行、滑雪、滑冰、马术、春游、徒步等。圈层内地方政府、体育健身企业、社区体育协会和社区体育自治组织各行其责，政府进行区域规划、政策指导，提供基本体育公共服务；社区体育协会和社区体育自治组织协助政府具体组织社区体育活动；体育健身企业提供中高端体育服务，促进居民体育消费。这种圈层结构让不同圈层的居民都可因为参与体育活动而相互交流沟通，扩大了居民的都市生活范围，有利于引导和促进体育消费，培育体育消费市场，推动体育产业发展。

第三节 研究的理论基础

科学研究的开展不是“神来之笔”,而是建立在一定的理论基础和实地调查研究之上的。本节将从理论概述、主要内容与实践意义三个方面重点阐述相关理论在研究中的应用与实践,以期为研究的顺利进行奠定坚实的理论基础。

一、圈层结构理论

(一)理论概述

圈层结构理论最早由德国农业经济学家约翰·海因里希·冯·杜能(Johan Heinrich von Thünen)提出,他主张区域的经济布局应以城市为中心,逐步向外发展,形成所谓的“圈层结构”。其主要观点是,城市在区域经济发展中起到主导作用,但城市不同地区对区域经济的促进作用与空间距离成反比,区域经济发展应该以城市核心区域为中心,以“圈层状”的空间分布为特点逐步向外发展,不同圈层间既独立又交叉。

圈层结构理论认为城市是一个不断变动的区域实体,从外表形态来说,它是指有相当非农业人口规模的社会经济活动的实际范围。城市和周边地区有密切的联系,城市对区域经济的作用受空间相互作用的“距离衰减律”的制约,这样必然导致区域形成以主要城市的中心区为核心的集聚和扩散的圈层状的空间分布结构,形成由中心区至外围、从城市核心区至郊区外的不同经济活动,各种生活方式、经济活动、用地方式、体育健身方式都是从中心向外围呈现圈层状的有规律的变化。

(二)主要内容

在圈层结构理论中,“圈”实际上意味着向心性,体现层次分明的特征。圈层结构反映城市的社会经济景观由核心向外围呈规则性的向心空间层次分化。城市与周围地区由内到外可以分为内圈层、中圈层和外圈层。其中,内圈层即中心城区或者城市核心区,该层是完全城市化的地区,基本没有大面积农田用于种植业或其他农业活动,以第三产业为主,人口和建筑密度较高，居民点密度高，地价贵，商业、金融、服务业高度重合；中圈层即城市边缘区，既有城市的一些特征，又保留着乡村的一些景观，呈现半城市、半农村状态，居民点密度较低，建筑密度较小；外圈层即城市影响区，土地利用以农业为主，农业活动在经济中占据绝对优势，与城市景观有明显差别，居民点密度低，建筑密度小，是城市的水资源保护区，动力供应基地、假日休闲旅游地。

（三）实践意义

圈层结构理论总结了城市扩张和发展的一般规律，现代城市的产业分布和居民居住地的分布基本都是符合这个理论的。该理论对发展城市经济、布局产业结构、推动区域经济发展具有重大的指导意义。圈层结构理论已经被广泛地应用于不同类型、不同性质、不同城市的空间规划实践。在山东省城市社区“十五分钟健身圈”建设中引入圈层理论，可以更好把握现有城市土地的使用规律，明确健身圈各个圈层的特点，合理规划健身设施和健身服务点等分布问题，使各类资源尽可能地呈现出高、中、低层次相互结合的分布特点，以满足不同居民的健身需求，从根本上提高城市社区“十五分钟健身圈”系统体育服务供给效能与效率。

二、互动理论

（一）理论概述

符号互动论又称“象征互动论”，是一种主张从个体的日常环境去研究人类群体生活的社会心理学理论，从微观层面研究人类互动的现状及其基本规律，由美国社会学家赫伯特·布鲁默（H. G. Blumer）于1937年正式提出。该理论认为人的行动是有社会意义的，人与人之间的互动是通过语言、行为等各种符号为中介来进行的，人们通过解释符号所包含的意义作出反应，从而实现互动主体间的沟通和了解，并通过他人的行为或态度来实现自我认知和评价。

（二）主要内容

符号本身发展了人的思维，它们被用作思考和交流的手段，在日常生活中通过象征性的符号进行互动，并通过它们创造秩序与意义。通过对符号理论的研读，我们总结出符号互动理论在体育活动中存在互动、符号、意义、语言、行动五个要素，其关系如图1-2所示。

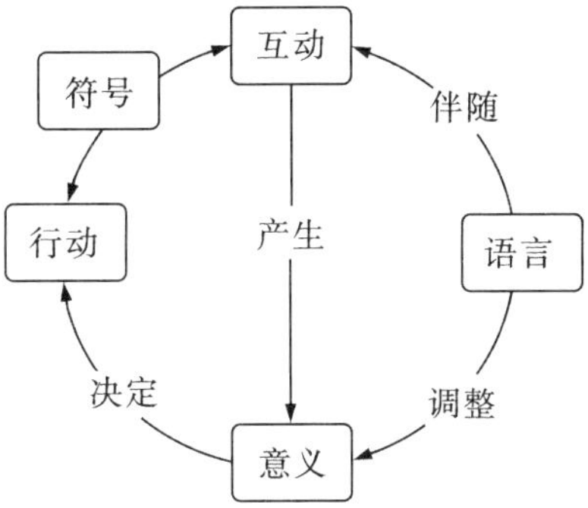

图 1-2 各要素循环互动

意义在互动中产生，并在语言表达过程中得到调整，因此意义处于动态变化中，不断适应人们对事物的理解。同时，意义在人意识层面的行动起到决定作用，并在符号作用下成为实际的互动行为。这五个要素构成一个循环，为人们相互理解提供相同的文化背景。在山东省城市社区“十五分钟健身圈”的规划中，人与人之间的互动通过彼此间的“体育符号”来进行，在共同参与的体育活动中搭建新的共同意义和志趣认同，充分发挥体育的健身功能和社会功能，进而打破人与人之间的社交隔阂，实现社会和谐发展。

（三）实践意义

当前，互联网时代逐渐改变了人们的生活方式，在信息化和智能化发展的同时，人们的体力劳动逐渐减少，继而被脑力劳动所替代，渐渐地居家成为人们生活的常态，新的健康危机正悄然地走进百姓的生活。山东省城市社区“十五分钟健身圈”建设将针对当前存在的人与人之间和身份隔离现象，引入符号互动理论，以“体育符号”为媒介，通过语言进行社会互动，实现价值认同，产生稳定的体育行为，在这一过程中逐渐地淡化人们的文化背景与社会阶层，力争解决不同社会人群之间相互隔阂与排斥的现象，帮助人们建构可以自由选择、互不干扰、相互补充和自由转换的交往环境，满足人们多元化社交、社会认同、自我认同、价值实现等更高层次的人生需求。

三、冲突理论

(一)理论概述

冲突理论于20世纪50年代中后期形成,是社会学基本观点之一。该观点以促进社会有序发展为目的,直面社会矛盾、社会冲突,并承认社会冲突是不可避免的客观存在。在一定条件下,冲突能保证社会连续性,减少对立两极产生的可能性,防止社会系统僵化,增强社会组织适应性和促进社会整合的功能。冲突理论是建立在构成社会的各部分永远不是作为整体一部分而平稳运行的假设上,它们之间必然会存在冲突,人们会因有限的资源、权力和声望而发生斗争,这是永恒的社会现象,也是社会变迁的主要根源与发展动力。

(二)主要内容

马克思社会冲突理论是以唯物史观的科学理论建立起来的,其基本内容由社会冲突的表现、社会冲突的根源、社会冲突的功能与消除社会冲突的途径四个相互联系的方面构成。在体育领域中,运用社会基本矛盾理论分析,指出冲突的本质是利益矛盾,通过马克思社会结构的分析方法,将体育领域的冲突主要分为经济冲突、文化冲突、政治冲突、制度冲突等方面;同时,不同体育阶层中,社会冲突主要表现为阶级间的斗争。

(三)实践意义

冲突有助于统一体的建立,因为冲突使隐藏的矛盾充分表露出来,如果能协调或化解成员间的敌意和对抗情绪,寻找到可能的共同利益,就能使结构的改革变得顺利,从而解决矛盾。然而,并不是所有的冲突都有利于结构的改革,冲突是否有利于内部结构的变革,取决于冲突发生的结构与产生冲突的问题。山东省城市社区“十五分钟健身圈”建设中存在各种矛盾,引入冲突理论可透过社会表面观察不同群体、组织之间的对抗,抓住圈子内矛盾共同体,平衡健身企业、体育消费者、投资者之间的共同利益,针对城市社区“十五分钟健身圈”建设给予政府合理且可行的建设意见。

第二章　全民健身与城市社区“十五分钟健身圈”

全民健身既是国家综合实力的重要体现，又是实现全民健康的重要途径和手段，更是建设健康中国的有力支撑和全面建设社会主义现代化国家的重要保障。自2014年起，为营造重视体育、参与体育、支持体育的良好社会氛围，我国将全民健身上升为国家战略。随着经济社会的发展，城市化的快速推进，全民健身工作存在的相应问题也逐渐凸显。我国城市人口总数逐年递增，城市社区密集，可供居民从事健身活动的场所远不能满足全民健身的需求，体育设施不完备以及对社会资源的利用不合理等问题均制约着全民健身事业的发展；与此同时，由于多年来我国学校对运动健康知识和方法的教育一直有所欠缺，学生对于如何选择适合自己的运动方式、运动强度和运动负荷等相关健身知识获取途径束手无策，成为全民健身事业发展的绊脚石。

城市社区“十五分钟健身圈”是全民健身的基础性工程，贴近人们的日常生活，是诱导人们建立健康生活方式，提高人们身体健康水平和生活幸福指数的重要途径。如何合理规划和布局城市体育空间，协调和平衡政府主管部门、健身企业、个人需求之间的关系，解决健身资源分布不合理的矛盾，既公平又高效地规划体育场地设施，改善居民的居住环境，满足不同群体的体育娱乐需求，培育居民的体育消费意识和体育消费行为习惯，促进体育产业的健康发展，是目前亟须解决的现实问题，这对政府相关部门的工作也提出了更具体、更高标准的要求。

第一节 全民健身概述

全民健身战略是国家发展体育事业的基础工程，是保障公民基本体育权利的主要措施，它的作用在于人人参与，培养人们的体育习惯和体育意识，并在此基础上扩大人们的体育消费、促进体育产业的持续发展和转型升级，提高人们的生活水平。可以说，全民健身战略是一项跨世纪的宏伟民生工程，需要实现公共服务体系，居民的体育意识、体育行为、体育习惯、体育消费以及全民健身产业等方面的统筹发展，彼此间环环相扣，呈螺旋上升趋势，对实现我国体育强国与健康中国战略目标具有十分重要的意义。

一、全民健身的概念

2013 年 8 月 31 日，习近平总书记在沈阳会见全国体育先进单位和先进个人代表时强调："全民健身是全体人民增强体魄、健康生活的基础和保障，人民身体健康是全面建成小康社会的重要内涵，是每一个人成长和实现幸福生活的重要基础。"总书记的一番话，清晰概括了我国全民健身事业的重要价值。

目前对于"全民健身"，学术界还没有作出统一的定义，比较权威的定义是：全民健身是指全国人民，不分男女老少，全体人民增强力量，柔韧性，增加耐力，提高协调，控制身体各部分的能力，从而使人民身体强健。因此，全民健身实际上是指全民健身的公共服务体系，是一个包括政策、基础设施、服务、管理等的完整公共服务体系，它为给居民提供基本体育公共服务基础上促进体育产业的发展，最终实现健康中国的战略目标。董新光在《全民健身大视野》一书中提出，"全民健身"已经不仅仅是一个词语，它已成为社会主义建设的一项事业和亿万人民的体育实践，已成为 20 世纪末期体育的热点和独具特色的社会现象，同时也是"全民健身计划""全民健身事业""全民健身战略""全民健身工程""全民健身工作"等的代名词。[①]

① 参见董新光编著：《全民健身大视野》，北京体育大学出版社 2003 年版。

二、我国全民健身战略的演进历程

中国人民对体育价值的认识是经过了百年的探索和艰苦努力后才形成的:从摆脱“东亚病夫”标签的体育救国,到富起来后的增强体质,再到强起来后的体育强国建设,清晰显示出对体育从工具价值到娱乐价值再到民族振兴价值的认知轨迹。

(一)增强人民体质的大众体育目标

中华人民共和国成立以来,历届党和国家领导人都把体育事业摆在极其重要的位置,带领中国人民实现了从“站起来”“富起来”到“强起来”的伟大历史飞跃。1952 年,毛泽东同志为中华全国体育总会题词“发展体育运动,增强人民体质”,确立了新中国体育事业发展的指导思想和根本任务,大众体育开始逐步兴起。广大民众以极大的热情和昂扬的精神面貌投入到体育运动中,学会了基本的锻炼身体的方法,身体素质和人均寿命大幅度提高,人口大量增加。同时,我国的竞技体育、大众体育、学校体育体系逐步建立,为后来我国体育事业的发展打下了坚实的基础。虽然“文化大文革”对体育事业造成巨大破坏,但在当时特殊的形势下,大众体育曾有一段特殊的发展时期,广播操、工间操、苏联的“劳卫制”在大众中十分流行,很多地方还获得了“运动之乡”的荣誉。可以说大众体育并没有中断,很多人仍保持着参与体育活动的习惯,只是很多项目并不是大众出于提高生活质量而自选的,但对增强大众体质、保持体育活动的习惯仍有积极意义。

(二)全民健身计划的初现

改革开放以来,我国确立了以经济建设为中心的基本路线,加入了世贸组织,成功地融入了世界经济,获得了快速发展的契机。20 世纪 90 年代以后,我国社会经济进入新的发展时期,随着收入水平的不断提高,人们对生活品质的要求也越来越高。自 1984 年我国重返奥运会舞台,在洛杉矶奥运会实现零的突破后,我国的竞技体育开始在国际赛场上大放异彩,这极大地激发了大众的体育参与热情。1995 年 6 月,《全民健身计划纲要(1995—2010 年)》正式颁布并在全国实施,全民参与健身的人群日益增多,国民的身体素质和健康水平迈上新的台阶。这个时期的全民健身计划旨在全面提高国民体质和健康水平,以青少年和儿童为重点,倡导全民做到每天参加一次以上的体育健身活动，学会两种以上健身方法，每年进行一次体质测定，明确了政府构建全民健身公共服务体系的工作职责。1995 年 8 月，全国人大常委会审议通过了《中华人民共和国体育法》。这不仅填补了国家立法相关的多项空白，而且标志着中国体育工作开始进入依法行政、以法治体的新阶段，这是新中国体育事业发展的一座里程碑。《中华人民共和国体育法》共八章，在有关社会体育、学校体育、竞技体育、体育社会团体等方面进行了明确规定，其中第二条着重规定：“国家发展体育事业，开展群众性的体育活动，提高全民族身体素质。体育工作坚持以开展全民健身活动为基础，实行普及与提高相结合，促进各类体育协调发展。”与此同时，我国学者也开始对全民健身进行系统研究，提出了很多全民健身发展策略和建议，全国各地也积极进行全民健身方法和途径的探索。

（三）2008 年北京奥运会的推动

2001 年 7 月 13 日，北京正式成为 2008 年夏季奥林匹克运动会主办城市，这标志着我国综合国力的提升，我国体育事业也迎来了新的发展阶段，全民健身也在申奥成功的推动下进入了新的高潮。在此阶段，我国虽在实施全民健身工作中取得了一定的进步，但仍然存在薄弱之处，如人民群众的健身意识还不够明确，坚持健身活动的人数较少，健身器材数量很难满足人民群众的需要，专业指导人员严重不足等。针对上述问题，2002 年，中共中央、国务院提出利用构建多元化体育服务体系以推进全民健身计划并发布了《关于进一步加强和改进新时期体育工作的意见》。

伴随着改革开放带来的国家经济实力的增长，人们的收入水平得到很大程度的提高，生活观念也发生了巨大变化。在一些大中城市，为健康而消费成为新时代提高生活质量的一种时尚。部分新兴体育项目，如攀岩、马术、蹦极、保龄球、滑板、女子拳击、沙狐球、跆拳道、高尔夫球等运动，尤其受到年轻人的青睐。2003 年，国务院颁布《公共文化体育设施条例》，国家开始有计划地建设公共文化体育设施，且明确提出要根据城市功能特点对公民开放使用，也可依据管理单位的服务适当收取费用，2003 年年底中国第一个雪上高尔夫球场在内蒙古的阿尔山市开工建设，该项目投资约 10 亿元，是世界上第六个雪上高尔夫球场。虽然我国在经济方面给我国健身场地、器材建设以相应的支撑。但有关收费的标准并没有具体体现，也没有配套政策，这造成了在制度执行时，存在一定的模糊性和迟滞性。

2008年，第29届奥运会在北京举行，这是我国全民健身事业发展的一个新契机。申奥成功所带来的体育热潮，给全民健身活动注入了新的活力，真正解决了全民健身面向大众、面向基层、面向社区、面向村镇的建设方向，真正将全民健身落到了实处。

2009年8月30日，我国正式发布《全民健身条例》。《全民健身条例》的颁布是以“科学发展观”为指导，依据“全面协调”“可持续发展”的原则，把“以人为本”作为立法的基本宗旨，在事关全民健身的制度和原则等方面作出了一系列创新，以法律的形式规定了全民健身的目标，明确了管理体制和经费保障机制。《全民健身条例》对于保障公民体育健身权益、提高广大人民身体素质和促进社会主义和谐社会建设都具有深远和重要的战略意义。该《条例》规定每年8月8日为“全民健身日”，这是我国第一个关于体育运动的法定节日。同时，这也极大地激励了全民参与健身活动的积极性。通过不断完善法律法规，陆续推行方针政策，我国全民健身的发展由萌芽阶段逐步迈进初步形成阶段。

2011年2月15日，为进一步促进全民健身事业发展，加快体育强国建设，国务院印发《全民健身计划(2011—2015年)》(国发〔2011〕5号)，对“十二五”时期全民健身事业发展作出了全面部署，从而使全民健身计划的实施与每五年的国民经济和社会发展规划保持同步，协同推进。5年时间里，中国的全民健身事业经历了飞跃式发展，从体育行业的系统部署上升为国家战略，取得了长足进步。《全民健身计划(2011—2015年)》规定：“县级以上体育主管部门要会同有关部门不定期对《全民健身计划(2011—2015年)》和《全民健身实施计划》实施情况进行检查指导，并在2014年对实施成效进行全面评估，将评估报告报本级人民政府。”2011年5月确定开展“全国全民健身示范城市(区)”的工作，采用以试点工作带动全局的方式，经过各地方上报材料，专家评审推荐，最终在2011年9月审核通过了全国20个城市为全民健身示范城市，示范城市在场地建设、公园的免费开放、街心公园建设、健身路径的普遍设置、社会体育指导员培养、体育彩票、新建小区体育健身路径、公园体育设施建设等方面做了大量的工作。通过体育健身示范城市的推动，在基础设施较完善的大中城市，初步形成了较完善的健身场地的建设布局，取得了很多成绩和经验,可以说大中城市初步形成了全民健身公共服务体系。

(四)全面健身上升为国家战略

随着改革开放的深入和综合国力的提升,人们收入水平不断提高,对生活品质的要求越来越高,新型休闲体育活动如冰雪运动、空中运动等成为人们的新选择,追求高质量的体育服务成为很多人的时尚追求,体育与人们的日常生活联系日益密切,国家也越来越认识到体育事业的发展对扩大内需、振兴经济的重要意义,因此将大力发展体育产业提上了议事日程,并将全面健身上升为国家战略。这表明我国的体育事业进入了新的发展时期。2014年,国务院印发《关于加快发展体育产业促进体育消费的若干意见》(以下简称《意见》),国家开始将体育事业发展的重心由竞技体育向全民健身转移,全民健身上升为国家战略并重新制定了全民健身的要求和发展目标,将全民健身列为国家15项重大行动之一,并对居民体质状况、参加体育锻炼人数、城乡体育设施覆盖等指标设置了预期目标,可见我国对全民健身的重视程度。为推动全民健身更快发展,《意见》首次提议构建"十五分钟健身圈"这一发展措施。2016年,国务院颁布《全民健身计划(2016—2020)》,这是"十三五"期间我国全民健身事业发展工作的总体规划和行动指南。与此同时,各省市也制订了自己的体育发展五年计划,把全民健身作为实现体育强国目标的重要内容来抓。

(五)健康中国战略的提出

为进一步提升国民的生活质量,让全体国民都享受到改革开放和国家发展的红利,国家对体育事业的发展提出了更高的要求和规划。2020年,中共中央和国务院联合发布《"健康中国2030"规划纲要》,明确提出加强推进健康中国建设,在此基础上把健康中国确立为我国重要的发展战略,并对全民健身与健康中国的内容与关系进行了阐述和说明。《"健康中国2030"规划纲要》是推进健康中国建设的行动纲领,也是保障人民健康的重大举措,分配了主要任务并提出了保障措施,为我国下一阶段全民健身活动的开展指明了方向。在此助推下,医疗、经济、文化、教育、体育等各方面将与全民健身发生融合,共同发力,而"体医融合"的理念与思想正式在这样的背景下应运而生。为实现健康中国的战略目标,首要的任务和措施就是要建立更高水平的全民健身公共服务体系,这是总体目标,是让体育健身普及到全体国民的重要路径，对全国各地具体实施的大众健身工作提出了新要求。

（六）健身休闲产业的政策助力

全民健身公共服务体系建设，不仅需要政府的政策支持和财政投入，还需要体育产业更大的发展，提供更多的体育服务产品和产业来支撑。因此，为促进体育产业发展和转型升级，2016 年国务院办公厅颁布了《关于加快发展健身休闲产业的指导意见》，将休闲体育产业与全民健康融合，打造休闲体育产品开发、休闲体育赛事、休闲体育服务、休闲体育制造业、休闲体育信息服务等的全产业链，扩大内需，促进大众体育消费，使体育产业在国民经济中的占比进一步上升。2017 年，国家体育总局开始实施“体育＋”计划，预计建设近 100 个运动休闲特色小镇，逐步促使“体育＋旅游”“体育＋养生”“体育＋医疗”“体育＋养老”的产业融合，形成围绕体育的多产业聚集群。

由此可见，全民健身公共服务体系是我国体育事业经过长期发展后提出来的，经历了提出初步方案、初步实践，到申奥成功与奥运会举行、体育强国建设、全民健身升级为国家战略、体育产业形成和发展几个重要发展机遇期，是经过了长期的历史探索，符合我国经济发展水平而形成的方针，有其自身发展的历史逻辑，已经成为国家意志和全体人民的共同追求。习近平总书记在 2013 年会见全国体育先进单位和先进个人代表等时指出：“体育在提高人民身体素质和健康水平、促进人的全面发展，丰富人民精神文化生活、推动经济社会发展，激励全国各族人民弘扬追求卓越、突破自我的精神方面，都有着不可替代的重要作用。”我国全民健身公共服务体系的功能和作用也已经不仅仅局限于强身健体，初步显示出推动产业集聚、促进经济发展的强大功能。

三、我国开展全民健身的特征表现

（一）公益性

全民健身属于公益性体育事业，在社会主义市场经济体制下并不是要求国家大包大揽，成为完全福利性事业，而是要求政府、社会、公民各自承担相应的责任，既要满足大众基本的体育公共服务的需要，也要满足大众的高端个性化的健身的需要，使全体国民都能参与体育活动。全民健身以人为本，要以全国国民为服务对象，竭诚为大众服务，保障公民平等参加体育的权利，做到人人都能够享有体育，而不是仅惠及一部分人。同时，全民健身也体现了全民参与的社会性，全民健身活动不仅在于人人都有参与的权利，也有社会道德和公共规则的约束。

（二）全民性

全民性体现的是普遍性，即不分行业、地域、年龄、性别，广大群众均享有平等的体育权利和承担遵守社会公德及体育规则的义务。构建更高水平的全民健身公共服务体系，作为党中央、国务院重点关注的重大民生工程之一，是贯彻落实全民共享新发展理念的重要举措，具体展现出全面性、均衡性、人人参与、人人享有的发展目标。2014 年中共中央办公厅、国务院印发的《关于构建更高水平的全民健身公共服务体系的意见》中提出，要“按人口要素统筹资源布局。加大全民健身公共服务资源向基础薄弱区域和群众身边倾斜力度，与常住人口总量、结构、流动趋势相衔接”，充分考虑城市不同人群的健身需求。“完善农村全民健身公共服务网络，逐步实现城乡服务内容和标准统一衔接”，也是乡村振兴战略和美好乡村建设的重要组成部分。这些都是全体人民共同享有全民健身公共资源的重要指导方针。该意见从“夯实广泛参与全民健身运动的群众基础”的角度提出“落实全龄友好理念”“培养终身运动者”重点惠及儿童、青少年、老年人和残疾人等不同人群。[①] 同时，就我国的社会主义国家性质而言，城乡居民都应该享受到社会主义成果，走共同富裕的道路。但是由于历史原因，乡村长期以来支持城市发展，造成乡村各项基础设施建设、教育、文化等落后于城市。健康中国战略是覆盖全体城乡居民的，所以全民健身工程建设必须以全体国民为目标，要使城乡所有国民的健身意识、健身行为、身体素质、生活质量、幸福指数等各个方面都达到较高水平。

（三）多元性

1.服务对象的多元性

全民健身工程是最基本、最基础的体育公共服务，面向不同年龄段、不同阶层、不同文化程度、不同职业的全体公民，以提供公益性的体育公共服务为主。由于参与全民健身的这类群体在身体素质、心理素质、运动能力、文化修养、体育意识、职业差异等方面存在巨大的不同，不可能用单一的体育服务来

① 参见《中共中央办公厅　国务院办公厅印发〈关于构建更高水平的全民健身公共服务体系的意见〉》，2022 年 3 月 23 日，http://www.gov.cn/gongbao/content/2022/content_5683839.htm。

满足参与者的众多体育需求，即使同一群体也因性别、年龄等各种差异对体育的需求存在区别，因而必须提供多元性的体育服务，既要满足一般群体的基本体育需求，提供基本的体育公共服务，又要针对高端群体提供个性化的体育服务，还要照顾残疾人、病人、老年人等弱势群体的体育需求，提供体育康复、体育娱乐等多元化的体育服务，才能满足不同人群对运动健身的需要。

2.投资主体的多元性

1995 年，国务院发布的《全民健身计划纲要》指出：“体育部门要改善资金支出结构，逐步增加群众体育事业费在预算中的支出比重。鼓励企、事业单位、社会团体、个人资助体育健身活动。”为此，全民健身公共服务体系建设要有必要的资金投入保障，形成政府拨款、社会企业投资和个人投入相组合的多元化资金投入格局，涵盖公益性体育服务、有偿性体育服务两种服务形式。由于多元化的体育服务仅靠政府投入是不可能实现的，也是低效率的、难以持续的，为此需要通过巨大的社会需求，调动社会力量，吸引社会资本主体关注和投入，激发市场活力，增强自我“造血”功能，促进全民健身公共服务体系有效运转。随着我国社会经济的快速发展，投资主体的多元性和吸收资金的方式也将愈加灵活，这为体育产业的发展提供了必要的资金保障。

3.工作方式的多元性

伴随着全民健身活动不断深入，政府组织、社团组织、单位组织、社区组织以及健身俱乐部企业由于职责不同，其运转方式也存在巨大的差异，构成了多元的工作体系和工作方式，形成各自的责任和不同的工作路径。政府要在政策、法规、财政上指导和规范企业行为，保障体育服务的公益性和多样性的和谐共生；企业要开发更多的体育服务产品，满足大众多元化的体育需求，形成良性竞争的环境；社会体育组织要履行公益性职责，活跃社区的体育氛围，营造和谐的社区环境。

（四）娱乐性

全民健身的娱乐性是由体育活动的娱乐性决定的，因为普通人的体育活动本来就是在满足基本生存需求之后的高层次需求，是身心放松的休闲生活，主要以在活动中得到心理满足、疲劳的身体得到恢复、精力得到释放，抒情养心、松弛心灵、振奋精神为目的。这就需要大众在参与体育活动的过程中，充分发挥参与主体的自主创造精神，不断利用运动的不确定性、趣味性、创新性、时尚性，充分发掘体育的娱乐性，将体育与旅游相结合、体育与家庭活动相结合、体育与民俗特色相结合、体育与传统文化活动相结合，开发多种多样的健身内容。全民健身的健身性和娱乐性是相辅相成的，只有动员民众发挥聪明才智，创造更多新奇、时尚的运动方式，充分发挥全民健身的娱乐性特点，才能吸引更多的人持续参与。

（五）终身性

全民健身是一项有计划、分期推进、不断提高，覆盖每个国民的跨世纪的社会系统工程，需要在相当长的时间跨度内实现并保证全民主动投入，使健身成为国民终身的行为习惯。全民健身是连续性的活动，而不是因事而起、因时而兴、大涨大落的群众热潮。终身性在于把体育行为融入人们的日常生活之中，使体育行为成为人们生活的基本内容和习以为常的行为习惯，引导人们形成现代健康生活方式，将体育作为一项终身事业，全面提升生活质量与品质。

（六）民族性

健身活动的民族性是全民健身运动另一特征。人类都生活在特定的自然环境和人文环境中，自然地形成人种和族群，群聚于一定时空条件下的民族创造出一定的民族文化，各民族文化都蕴涵着丰富多彩的体育形式和内容，形成了特有的民族体育文化，在民族文化的作用和影响下，形成了民族的文化认同、国家认同和共同意识，增强了民族群体之间的凝聚力。民族体育活动因其具有天然的娱乐性、非阶级性、非政治性，跨越了种族、语言、宗教、民族的隔阂，成为全人类都可以理解和喜爱的特殊文化活动，因而即使在宗教、民族与行为习惯都存在巨大差异的情况下，一个民族特有的体育文化也可以被世界上其他民族所接受和喜爱，这是民族体育文化在全球化时代所具有的特殊价值。在全民健身活动的推动下，我国少数民族体育健身文化从乡间、山寨、草原、沙漠开始走上舞台，一些中断了多年的项目得以恢复，一些濒临失传的项目重放光彩。将少数民族体育健身文化同现代休闲体育相结合，可以创造出独具特色的休闲体育健身项目，这也是世界休闲体育项目发展的普遍模式，不仅极大地丰富了全民健身的内容，还可以向世界展示我国少数民族独特的历史、宗教、文化和民俗，是对少数民族文化的认同和弘扬。这些都将促进少数民族文化的现代化发展和走向世界。

（七）地域性

由于我国地域辽阔，地貌、气候、风俗等都有很大的差异，即使就行政区划而言，也有很大的区别。我国既有漫长的海岸线和滨海地区，也有高山峡谷、沙漠戈壁，地理环境的多样性不仅造就了各地域体育文化的特色，也为现代的冰雪运动、陆上运动、空中运动、水上运动提供了有利的条件，因而各省的全民健身公共服务体系的项目规划要根据各自的地域性特征来设计，使其具有独特的优势和可持续发展的潜力。全民健身公共服务体系建设只有结合特定的地域环境才能发挥环境与健身相结合的优势，形成当地特色，在后续的发展过程中才会有较强的稳定性和生命力。鉴于不同地区的区域性特点存在一定的差异，各地区在全民健身体育公共服务体系建设的覆盖范围、项目、具体标准、计划安排等方面均需根据其地域特征因素进行相应规划，并按照自身的特色地域环境开发全民健身项目。浙江省杭州市就利用山、川、湖、岛分布的地域特色，完善具有地方特色的“三上三边”的全民健身公共服务体系，利用现有的山河江湖等自然资源和历史文化等人文资源，开发多种多样的健身项目，促使体育设施生活化、便民化，群众健身活动常态化。贵州省根据境内多山的地理环境，大力发展山地自行车骑行、自驾车体育旅游、户外运动等健身项目，也形成了自己的特色。

四、我国开展全民健身的意义

（一）打造科学健身文化

美国心理学家马斯洛指出，人类价值体系中有两类需要：一是沿生物系谱上升并逐渐变弱的本能需要，称为“低级需要”或“生理需要”；二是随生物的进化逐渐显现的潜能，称为“高级需要”或“精神需要”。全民健身工程就是要从场地设施、项目开发、体育服务等多方面，既满足居民维护身体健康的低层次、基本性的体育需求，让居民感受到体育锻炼的便捷和好处，又需要有多元化、多层次的项目设置和服务，满足人们实现自我价值、社会认可、挑战自我、回归自然等高层次的精神和娱乐休闲需求。这是打造“运动促进健康”的科学健身文化，也是构建体育文化软实力的重要手段。

（二）倡导和谐健康生活

通过全民健身工程，引导全社会树立健康的生活理念，使人人都有自由选择和参与体育运动的机会，对居民建立良好的生活方式，提高生活质量与品质大有裨益。充分利用全民健身“六边工程”、全民健身示范城市、城市社区“十五分钟健身圈”等工程扎实推进居民居住社区健身环境改造与升级，围绕居民的日常生活圈开展体育活动，促进社区居民的沟通交往、消除孤独，融入社会，逐步实现人与自然、人与社会、人与自身的和谐发展，助推和谐社区与和谐社会建设。

（三）增强国民身体素质

个体对于健康的追求，是人本性的需要。科学健身不仅可以提高个人的身体素质，对于传承中华体育精神，践行社会主义核心价值观也是十分有益的，是公民的基本权利。全民健身旨在通过完善的全民健身公共服务体系，娱乐性、创新性的休闲活动，便捷性、就近性的社区体育服务供给，引导居民通过体育锻炼增强身体素质，提高居民的生活质量和幸福指数，让健康生活的理念真正深入人心，为经济社会的可持续发展提供保障。

第二节　城市社区“十五分钟健身圈”概述

就现阶段的社会发展来看，城市社区“十五分钟健身圈”建设的主要目的是重新整合和规划布局分散的体育资源，形成相互衔接的可自我调节的生态系统，使系统内形成错落有致，点、线、面相结合的体育资源综合布局。“十五分钟健身圈”以城市为中心，带动城市周边乡村共同发展，组成圈层状的结构，满足大众不同层次的休闲健身需求，通过居民居住环境的改善，促进居民体育活动的参与，引导居民形成健康的生活方式，提高居民的幸福生活指数，进而扩大经济内需，培育体育产业新的增长点。

一、城市社区“十五分钟健身圈”的概念

（一）健身圈的概念

健身圈是指社区居民在步行一定时间内能享受到社区内的各种体育设施的一种圈层结构。[①] 2011 年 7 月，江苏省政府公布了《江苏省全民健身实施

① 参见顾一铭：《体育强市背景下张家港体育健身圈建设模式研究》，广西师范大学硕士学位论文，2021 年。

计划》，首次提出了城市社区健身圈的基本概念。江苏省通过利用体育公园的地理优势，设立合理的晨、晚练点，同时承办各种丰富的体育赛事，为各地区域相应健身圈的建设起到了很好的示范作用，让健身圈的概念逐渐清晰起来。

从系统论的角度来说，健身圈是环绕居民生活场所形成的方便直达的健身场所，包括场地设施的规划和布局、建设和维护、健身指导服务、项目设计和提供、体育宣传、体育服务组织、体育健身企业等对应的各种配套服务，最终形成一个相对完整的体育服务体系。伴随着体育健身圈概念的提出，各地结合自身实际，陆续提出了“生态健身圈”“十五分钟健身圈”“城区五分钟，中心镇区十分钟”理念，积极探索健身圈的理想结构。可见健身圈的概念已得到社会各界的认可，健身圈建设业已迫在眉睫。

（二）城市社区“十五分钟健身圈”的概念

2014 年，国务院印发《关于加快发展体育产业促进体育消费的若干意见》，要求完善体育设施，在城市社区建设“十五分钟健身圈”、新建社区的体育设施覆盖率达到 100%；各级政府要结合城镇化发展统筹规划体育设施建设，合理布点布局，重点建设一批便民利民的中小型体育场馆、公众健身活动中心、户外多功能球场、健身步道等场地设施。盘活存量资源，改造旧厂房、仓库、老旧商业设施等用于体育健身；鼓励社会力量建设小型化、多样化的活动场馆和健身设施。2019 年，国务院印发《关于实施健康中国行动的意见》，明确指出，要“为不同人群提供针对性的运动健身方案或运动指导服务。努力打造百姓身边健身组织和‘15 分钟健身圈’。推进公共体育设施免费或低收费开放”。

2016 年，国家体育总局发布《体育发展“十三五”规划》，首次对城市社区“十五分钟健身圈”概念进行了具体界定，给出了官方的解释，即在城市社区，居民从居住地步行或骑行不超过 15 分钟范围内，有可供健步走、广场舞、球类运动等群众性体育活动的场地设施。本书所涉及的城市社区“十五分钟健身圈”是基于国家政策文件形成的，认为居民从居住地步行、骑行或车行 15 分钟以内可抵达的健身空间均属于健身圈的范畴，它既包括公园、广场、健身中心、健身步道等体育场地，也包括社区和学校的体育设施，以及私人体育设施等。在社区中，科学合理、经济有效地使用土地和空间，构建增强人民体质、提高健康水平、营造健身氛围、倡导健身生活的社区环境，并确保社区居民使用健身场所的公平性。

（三）山东省城市社区“十五分钟健身圈”的概念

国家给出的城市社区“十五分钟健身圈”的概念仅仅是最基本、最初级的要求，本书认为更宽泛、更有前瞻性的“十五分钟健身圈”建设不仅包括居民居住地附近的体育资源要保障居民日常锻炼需求，而且包括借助自行车或自驾居民可以在15分钟左右能到达的地方都应在“十五分钟健身圈”的建设考虑范围内。因为现代城市体量巨大，居民居住分散，且对健身休闲的要求呈多样化发展态势，所以在考虑山东省城市社区“十五分钟健身圈”建设规划时，圈层结构理论可有效地化解现实社会居住的矛盾，并满足居民的健身休闲需求，将城市和附近乡村的体育资源整合起来，统筹规划设计，形成从市中心到郊外不同层次和特色的圈层叠套模式。

山东省城市社区“十五分钟健身圈”具体分为五分钟步行健身圈、十分钟骑行健身圈、十五分钟车行健身圈三个圈层。五分钟步行健身圈是社区内的体育基本公共服务主要提供小区步道、小花园广场、绿地、球类场地等设施，供居民日常体育锻炼；十分钟骑行健身圈是距离居住地较远的地方（多个小区交汇的地方），分布健身企业、较大型的场地设施，公共服务和有偿体育服务并存，但要体现健身的专业性和多样性，供居民日常或周末锻炼；十五分钟车行健身圈是城市综合性的健身休闲综合体，主要是公园、大型广场等，为居民提供休闲健身场所，也是层次较高、服务较完善的场所，包括各种高端体育活动，如马术、高尔夫、网球、滑雪、登山、水上运动、航空运动等。这种圈层叠套的体育服务供给模式，将城市社区的体育公共服务与城市郊区甚至乡村的体育服务联系起来，形成城乡协同推进圈层叠套的体育公共服务体系。从另一角度来看，山东省城市社区“十五分钟健身圈”还囊括了体育生活圈、体育休闲圈、户外运动圈、体育辐射圈。

二、山东省城市社区“十五分钟健身圈”建设的特征

山东省城市社区“十五分钟健身圈”建设一开始就要有前瞻性的眼光，根据全国的经济社会发展趋势，立足山东省地方经济与特色，借鉴国内先进城市和国外发达国家大众体育发展的经验，着眼于未来10—15年的社会发展需

求进行顶层设计，以期引领山东省大众体育的发展，展现山东省群众体育工作的先进性。山东省城市社区“十五分钟健身圈”建设呈现出以下几个特征。

（一）科学性

在山东省城市社区“十五分钟健身圈”建设过程中，各地政府为解决群众健身意识不强、健身方法不合理、健身途径不畅等问题，特别重视全民健身的科学性，集中体现在以下几个方面。

1.提升运动项目准入的科学性

大量的运动医学研究证实，科学的体育锻炼会使人们体魄强健、身心健康。不合理的运动会造成各类运动损伤，甚至出现运动性猝死。科学性是指健身要根据自己年龄、性格、性别、文化程度、身体素质等，因人施策，不能强求一致。这就需要在居民选择有意向的运动项目前，用专业设备和科学评估量表对居民的身体和心理素质等各个方面进行测量和评估，用科学数据来分析居民是否适合从事某项运动，需要注意的事项等，使居民能根据自己的身体状况科学地进行健身项目的选择。

2.提升运动处方供给方案的科学性

为居民提供具体的运动处方，指导人们科学合理地选择健身方法和健身强度。为达到这个目的，要求在各个健身圈加大社会体育指导员的培训力度，坚持社会体育指导员持证上岗，并将此作为一项制度固定下来；动员医学院校和体育院校的学生作为志愿者参与工作，要求能熟练使用体质监测、运动技术指导、运动处方等方法，使健身指导和建议具有实效性和科学性，有医学数据支撑，能得到权威部门的认可，取信于居民，帮助居民实现体育锻炼科学化；创造机会使社会体育指导员与圈层内的体育服务企业进行协作，为居民提供体育技能培训、体质监测、运动处方咨询、运动损伤预防、知识宣讲等常态化的指导和服务，构建稳定的体育公共服务体系，确保人们科学高效地进行健身，而不是盲目地运动，避免不合理运动带来的运动损伤，解决居民锻炼的后顾之忧。同时，还可以在圈层内设立运动医疗机构，及时开展运动治疗和康复训练，提升居民的信任度。

3.提升体育服务的科技含量

现代科技进步神速，新的体育健身和娱乐项目也层出不穷，体育指导和体育服务方式也不断迭代更新，相关人员需要时刻保持学习的动力和能力。

在健身圈层建设过程中，各级政府要出台政策鼓励和提升圈层内体育健身企业和社会体育指导员的科学素养，努力学习和掌握先进数字科技，为将来借助体育元宇宙进行沉浸式视频指导、虚拟陪练、智慧健身等新业态做准备。

4.提升体育信息更新的时效性

在体育信息的更新上，充分借助现代数字科技，进行网上体育培训、健身问题答疑和指导、体育赛事信息等健身信息的发布，让居民能及时了解各类体育信息，高效地作出体育健身选择。

（二）示范性

2011年，国家体育总局启动了全民健身示范城市（区）试点工作，选取了20个市（区）为试点单位。这些城市都形成了具有自己特色的“十五分钟健身圈”样板，产生了良好的社会影响，为其他地区发展全民健身体育公共服务体系的建设作出了示范。从全国范围的全民建设示范城市推进工作来看，按照建设总体规划与要求，其示范作用对城市周边及其他城市或地区的全民健身建设与发展都起到了启发、带动、引领与辐射作用，有利于整体城市体育的协调发展。山东省城市社区“十五分钟健身圈”建设可以借鉴这些样板城市的先进经验，结合山东省的具体情况，制定适合本省的服务模式，重点围绕管理体制、运行机制、服务流程、科技手段等内容进行探索，努力从创新性、先进性、前沿性等角度实现突破，形成可复制、可推广的发展模式，并将建设取得的经验在全省乃至全国进行推广，形成山东省地方标准，争取为山东省体育事业发展、助力人民对美好幸福生活的追求作出应有的卓越贡献。

（三）便捷性

山东省城市社区“十五分钟健身圈”通过步行圈、骑行圈、车行圈的圈层划分和叠套设计，使居民可以在日常锻炼和个性化体育健身需求之间随意切换，最大限度地方便社区居民健身，使居民既可步行找到相应室外场地、健身俱乐部、健身器械等来满足其自身锻炼的需求，构筑“家门口的体育场”，改善居民的居住环境，又可为满足居民休闲娱乐的需求，到远离居住地的地方追求时尚性、探险性的新奇活动，使体育活动始终充满娱乐性与吸引力。在健身项目的设置上，要始终秉持可持续发展的原则，紧跟社会和时代的发展，与时俱进，不断调整“十五分钟健身圈”的健身项目和体育产业布局，丰富区域内的体育健身、体育赛事、体育服务、体育产品等多元化体育需求，带动全省体育产业蓬勃发展。

（四）智慧性

山东省城市社区“十五分钟健身圈”建设是基于云计算、大数据、人工智能、物联网技术以及智能硬件产业的发展为基础的新型体育生态系统，智慧性是其显著特征。利用“大数据、大整合、大共享”的社区体育综合信息网络平台向居民提供教练授课、租赁场地、购买装备、开具运动处方等远程服务或沉浸式体育体验，熟悉更时尚的体育项目，为自身参与活动做准备。随着未来社区智能化、多跨场景应用，城市社区“十五分钟健身圈”能够提供越来越多的智能化体育服务，如能根据居民的体质监测数据，根据生活习惯、运动能力等指标，推荐更适宜的运动项目、运动强度，以便提升健身效果。例如，许多社区内已存在沿河智慧健身步道，步道区域内设置了不少智能感应点位，可同步记录健身数据。同时，可以以社区智慧服务平台为基础，智慧城市智能运行中心（Intelligent Operations Center，IOC）对接智慧跑道子系统，可实现健身设施和健康数据的智慧化管理。居民换上运动装备，在系统上打卡就可以开始“智慧跑”，在绿道上跑了多少时间、多长距离、消耗了多少卡路里，在步道屏幕上和居民手机上均可显示。建设智慧体育社区，打造面向全年龄段居民的城市社区“十五分钟健身圈”，让体育服务更加便捷、智能，满足了居民对运动健身近距离、多样化、多层次的需求，提高社区居民的获得感、幸福感。

（五）可持续性

“可持续”是 20 世纪 90 年代国际上形成的有关人类发展的新概念。可持续发展是时代变迁与发展的必然要求。可持续发展是国家核心发展战略，其内涵就是既满足当代人的需求，又不损害后代人满足其需求的能力为前提，是科学发展观的基本内容。“十五分钟健身圈”建设在场地规划、项目设置和体育服务等方面要有前瞻性，既要符合现在的实际情况，又要有发展的眼光，充分借助科技的力量，使圈层内的各种体育服务要素形成能自我发展的生态系统，建立良性循环的机制，为未来的发展提供先机，要充分吸取国内外的经验，保护好环境，实现人和环境的和谐，确保居民的体育健身活动可持续性发展。

三、开展山东省城市社区“十五分钟健身圈”建设的意义

（一）体育强国建设发展的需要

体育强国建设是我国体育界的历史任务和最高战略目标，对实现我国体育强国梦和中华民族伟大复兴的中国梦有重要意义。体育强国是指在国民体质、体育科学研究、体育教育、竞技运动水平、体育产业等方面显现出强劲的综合实力，整体发展水平位于世界前列的国家。城市“十五分钟健身圈”建设将从最基层的社区做起，贴近居民的生活圈，打造大众多元化的体育生活，创造体育产业成长发展的有利条件，积极促进国家体育事业发展，是体育强国建设的基础性工作。

体育强国建设主要涉及竞技体育、大众体育、体育产业、体育文化、体育科教五个领域，最基础的工作就是促进全民参与体育活动。推进体育强国建设，既是体育自身提质增效、民生发展的实际需要，更是全面建设社会主义现代化的需要，推动这一进程具有五方面的重要意义。

1.体育强国助力实现伟大梦想

体育强国梦是中华民族伟大复兴中国梦的必然组成部分。习近平总书记在会见全国体育先进单位和先进个人代表等时强调，“体育强，则中国强”，体育强国不仅是竞技体育水平要在国际上领先，更要在学校体育、大众体育的发展上领先，在大众体育的参与人数、生活质量、健康水平、平均寿命等方面领先。提升居民的生活质量和幸福指数，是实现中华民族伟大复兴中国梦的重要目的。

2.体育强国是实现美好生活的现实需要

中国特色社会主义进入新时代，一个最根本的变化是社会主要矛盾转化为人民日益增长的美好生活需要和不平衡不充分的发展之间的矛盾。人民美好生活涉及健康的身体、昂扬的精神状态，高质量的生活水平等多方面，这些都离不开体育。体育强则体育产业强，体育产业强则经济强，经济发展与体育是紧密联系的。当今世界发达国家尤其是美国的体育产业在国民经济中处于支柱地位，超过了传统的石油和汽车产业，这种经验值得借鉴。

3.体育强国是实现经济“内循环”的重要抓手

面对全球疫情带来的严峻国际经济形势，党中央提出以国内大循环为主

体、国内国际双循环相互促进的新发展格局。在体育领域，通过体育强国建设推动大众健身工作的开展，扩大体育消费群体，为体育产业的快速发展提供坚实的群众基础，这样才能使体育产业做大做强，扩大及在经济发展中的比重，促进经济内生发展。

4.体育强国是实现良好社会治理的有效手段

社区大众体育活动的广泛开展，是创新基层社会治理的有效抓手。全民健身公共服务要依托基层社区，需要创新基层社区的治理手段，以提供优质体育服务、优化社区体育环境、民主协商、引导等方式促进社区体育在人际交往、创造和谐文明的社区环境等方面发挥作用，体育手段是创建新型文明社区治理新格局的重要力量。

5.体育强国是振兴民族传统文化的需要

文化是一个国家和民族的灵魂，是国家发展、民族振兴的精神引领。习近平总书记在党的十九大报告中指出：“没有高度的文化自信，没有文化的繁荣兴盛，就没有中华民族伟大复兴。”建设体育强国首先要文化自信，我国有悠久的历史传统，有丰富的人与自然和谐的体育养生方法，这是全民健身公共服务的重要内容。同时，现在大众都接受现代体育的规则意识、竞争意识，因此“十五分钟健身圈”建设将优化全民健身公共服务体系，是新时代经济和社会发展的客观需求，是构建新时代体育强国的重要辅助手段、有力支撑和有效路径。

(二)健康中国战略发展的需要

党的十九大报告提出了“实施健康中国战略”，党的十九届五中全会上提出了“全面推进健康中国建设”的重大任务。山东省城市社区“十五分钟健身圈”建设就是围绕提高全体居民的健康素养来设计的，以体育活动为手段，整合了教育、医疗、科技等多种元素，形成综合性的体育服务系统，力争每一个人都可以享受到均等化的体育服务，这是实现健康中国战略的具体路径。没有全民健身，就没有全面小康。我国幅员辽阔，各地区之间经济等方面发展不平衡，无法做到每个地区每个人健康水平一致。山东省城市社区“十五分钟健身圈”建设将城乡体育资源都整合起来，人人都可参与服务、人人都可享有体育基本服务，将体育预防疾病和辅助治疗疾病的功能普及于大众，加深人们对体育的认识，有助于形成体育习惯。只有从最基层增加医疗和体育服务供给，通过提高医疗卫生与体育健身服务供给和服务水平，实现“体医结合”，提高健康服务质量，预防疾病和治疗疾病双向发力，才能逐步提高人民的健康水平，提高居民的健康素养，实现健康中国的战略目标。

四、开展山东省城市社区“十五分钟健身圈”建设的作用

（一）引领作用

在“十五分钟健身圈”建设过程中，由于城市各区域之间存在一定的差异，很难统一标准，可以选择一个或几个覆盖一定区域的具有良好健身功能且具有高健身规格的社区作为样板或辐射中心，发挥建设“十五分钟健身圈”的引领作用。通过建设一个具有高标准健身圈的强社区，带动“十五分钟健身圈”内周边社区强基础、强发展。以济南奥林匹克体育中心（以下简称“奥体中心”）为例，多年来，奥体中心积极承担社会责任，整合场馆资源，完善基础设施，打造赛事活动，“十五分钟健身圈”建设已成为其工作的关键一环。奥体中心在健身基础设施标准、服务模式、新健身产品开发、赛事组织等方面成为济南市历下区健身圈样板，对周围社区体育生活圈的建设起到了引领的作用。城市社区“十五分钟健身圈”以提供基本体育公共服务和个性化的中高端体育服务为特点；以场地设施规模与所在城市及社区的人口规模、社会经济、气候条件、体育传统等相适应为根本；以改善居民的居住环境、促进居民经常性健身活动为主要目的；以培养和建立社区体育活动的骨干队伍为己任。奥体中心通过定期举办表演活动以及综合性和单项体育竞赛等吸引全体社区居民进行健身参与，倡导体育健身与医疗保健相结合，传统健身养生法与现代健身方式相结合的体育活动，从而实现各年龄段人群全覆盖的服务目标，满足居民日常健身需求和个性化的高端健身休闲娱乐需求。

（二）带动作用

在构建更高水平的“十五分钟健身圈”方面，城市社区由于具有较好的基础设施和较多的健身人群，其在体育产业的布局、发挥作用等方面有更大的发挥空间。如济南市奥体中心在健身圈建设中做了大量工作。一是在对原有全民健身步道提升的基础上推进智慧园区建设；二是与周边医院合作共建体医融合中心，为相关驻训队和健身群众、周边社区提供康复和医疗服务；三是成立科学训练中心，在为驻训队提供保障的同时推动竞技体育成果全民共

享；四是全面提升现有训练场地设施水平，引进社会力量，推进群众喜闻乐见的足球、羽毛球等项目的场地的提升改造；五是在"双减"背景下开办各级各类青少年体育培训班、夏令营，为青少年提供体质监测等服务。此外，还通过每年开展全民健身月、全民健身日等形式多样、特色鲜明的体育健身活动，发放免费健身券，不断增强广大市民主动参与健身的意识，激发广大市民健身热情，共享健身福利，进一步形成崇尚健身、参与健身、支持和引领全民健身事业发展的良好氛围。基于此，奥体中心成为济南市历下区高标准健身区的示范区，带动了整个历下区健身圈建设，历下区的各住宅小区内的健身设施建设都以此为标准，并且在赛事活动、教练共享、场馆资源等方面进行协同合作，使历下区的健身圈建设在济南市达到了最佳状态。

（三）辐射作用

根据我国人口分布的实际情况，城市主城区分布着大量人口，因此城市社区"十五分钟健身圈"建设以城市社区为中心向外辐射，分为步行圈、骑行圈、车行圈三个层次，以城市中心地区的体育生活圈为核心，以不同圈层的扩散为目的，建立起城乡相互联系的叠套的健身圈层，使中心城区的体育基础设施建设理念、体育产业布局、体育服务企业的服务模式等辐射到各个圈层，最终形成城乡一体化的发展格局。各地区可根据地区或地域特色，合理布局健身场地、体育服务企业、体育组织等资源，既可满足居民日常健身需求，又可满足居民个性化、高端化的体育需求，也使健身休闲内容多样化。健身休闲内容多样化，可极大地激发居民的健身意识和体育需求，为健身产业的发展创造有利条件，可以有效地吸引社会资本的关注与进入，为居民提供更优质的社区体育服务，扩大内需，促进体育需求和体育消费，形成供需平衡下的良性互动，促进体育产业茁壮成长。

五、城市社区"十五分钟健身圈"与全民健身的关系

全民健身是我国群众体育工作奋斗的总体目标，其具体执行工作在基层。城市社区"十五分钟健身圈"以社区居民为中心，重新整合和布局体育资源，让公共体育产品、准公共体育产品更加贴近实际、贴近需求，牵住了破解群众体育发展难题的"牛鼻子"。事实上，完善体育的资源配置并不非要大拆大建，而是可以新建、改建和因势利导利用等有机结合，比如支持利用闲置厂

房、仓库、建筑屋顶等区域建设体育健身设施，在公园、沿江、乡村等区域规划建设更多小型广场、步道、自行车道、休闲场所等体育场地设施，将绿地与体育场地设施紧密结合，让人们在优美的环境中锻炼，呼吸新鲜空气，这样不仅能优化城乡环境，而且易于建设，不需要投入很多人力、物力。很显然，城市社区“十五分钟健身圈”建设是现阶段推行全民健身工作的有效手段。

城市社区“十五分钟健身圈”是全民健身得以实现的具体路径。群众身体健康不仅是城市精神文明建设的重要内容，更是国民幸福指数的关键构成部分。全民健身涉及城乡协调、战略规划等众多复杂性问题，需要对城市社区“十五分钟健身圈”进行统筹和细致的规划。需要从树立“体育即民生”的科学发展观视角出发，构建居民体育需求服务多层次体系，实行先规划城市社区“十五分钟健身圈”的基本结构，再利用城市周边乡村的体育资源，归入“车行圈”的外圈层，这样既可改善农村环境，又可扩大健身圈的范围，还可使不同城市的健身圈衔接起来，形成更大的健身圈，促进城市和乡村的体育资源协调发展，让城乡居民共同参与体育活动、共同参与体育产业服务和建设，最终实现全民健身的终极目标。

第三章　我国城市社区“十五分钟健身圈”建设现状及启示

城市社区“十五分钟健身圈”作为推动全民健身发展的重要途径，旨在为群众打造一个身边化、便捷化的体育锻炼场所，为大众提供多元化的体育服务，培育体育产业茁壮成长。随着国家提出构建更高水平的全民健身公共服务体系，全民健身工程将进入新的高质量发展阶段，社区体育也将构建起更健康的体育生态系统。随着2014年全民健身上升为国家战略，各项改革发展政策持续深入，各种资本不断注入，群众体育的市场活性不断被激发，极大地调动了群众参与体育锻炼的积极性，把全民健身工作推向了一个新的发展高度。本章将对当前我国与山东省部分先进城市开展城市社区“十五分钟健身圈”建设的经验进行总结和阐述，探究我国现有城市社区“十五分钟健身圈”建设过程中存在的问题及发展启示，以期为山东省城市社区“十五分钟健身圈”的建设标准和评价标准的制定提供科学借鉴。

第一节　城市社区“十五分钟健身圈”建设现状

近年来，我国先后提出全民健身工程、全民健身计划、全民健身“六个身边”工程（以下简称“六边工程”）、城市社区“十五分钟健身圈”建设等群众体育发展政策，全国各地方体育部门纷纷采取措施，全面推动群众体育工作持续深入。历史经验告诉我们，国家对群众体育工作的规划和设计是有步骤、有计划持续开展的，顶层设计清晰，从宏观着眼逐渐向微观过渡，从全民健身“六边工程”开始渐渐面向基层社区体育的基础性工作。“六边工程”是指完善群众身边的体育健身组织、建设群众身边的体育健身设施、丰富群众身边的体育健身活动、支持群众身边的体育健身赛事、加强群众身边的体育健身指导、弘扬群众身边的体育健身文化。[①] 如果说“六边工程”只是做了群众身边的基础性健身动员，那么城市社区“十五分钟健身圈”建设则是在此基础上的更高层次发展，致力于构建层次分明、整合城乡体育资源、促进体育产业成长壮大的体育生态体系。为此，我们按照全民健身“六边工程”所涉及的内容，对城市社区“十五分钟健身圈”建设情况进行多维度、多角度的对比分析，全面把握山东省建设现状，对标优秀城市，找出建设存在的差距，以期为山东省今后城市社区“十五分钟健身圈”建设发展提供参考与启示。

一、我国城市社区“十五分钟健身圈”建设的总体情况

在健康中国战略的指导下，全国许多城市社区都把打造“十五分钟健身圈”作为重要的工作抓手，体育公共服务体系得以逐渐完善，以全民健身“六边工程”为代表的群众体育取得长足发展，一系列数据背后的努力和成绩都将为城市社区“十五分钟健身圈”建设提供重要数据支撑。

（一）体育参与情况

全民健身参与人群数量是检验体育发展水平高低的首要指标，能够反映当前全民健身发展的总体状况。国务院印发的《全民健身计划（2016—2020）》明确提出，到 2020 年，我国参加体育锻炼的人数明显增加，每周参加 1 次及以上体育锻炼的人数达到 7 亿人，经常参加体育锻炼的人数达到 4.35 亿，群众身体素质稳步增强。[②] 全国掀起了一波全民健身发展高潮，从体育参与者数量到体育场馆数量，从体育参与质量到体育场馆建设质量，都有了质的提高与飞跃。群众参与体育活动人数方面，实现了预期目标。

据统计，2020 年全国参加体育锻炼人数比例持续上升，7 岁及以上居民

① 参见北京市人大常委会：《“六个身边”工程》，2019 年 1 月 17 日，https://www.beijing.gov.cn/zhengce/zwmc/202001/t20200116_1584091.html。

② 参见《国务院关于印发全民健身计划（2016—2020 年）的通知》，2016 年 6 年 23 日，http://www.gov.cn/zhengce/content/2016-06/23/content_5084564.htm。

中每周进行一次以上体育活动人数比例为67.5%。与2014年相比，每周进行一次以上体育活动人数比例增长18.5%，经常参加体育锻炼人数比例为37.2%，与2014年相比增加了3.3%。其次乡村经常参加体育活动的人数比例增长幅度超过城镇，中部和西部的增长幅度超过东部地区，城乡和地区之间的差异逐渐缩小。群众对于体育促进健康的理念有了更高的认可度，91%的儿童青少年、87%的成年人和53%的老年人认为体育具有积极作用。①

（二）场地设施情况

体育场地设施作为我国体育事业发展的基础，关系着新时代我国全民健身计划的顺利开展。各地政府为满足人民群众对体育锻炼的需求，逐步增加场地健身资金投入，各地市区的基础场地建设也日益扩大。《2021年全国体育场地统计调查数据》显示，截至2021年底，全国体育场地共有397.14万个，体育场地面积34.11亿平方米，人均体育场地面积2.41平方米。其中，人均体育场地面积较2020年的2.20平方米增加0.21平方米，体育场地数量较2020年的371.34万个增加25.8万个。各类体育场馆林立在城市、乡村的每个角落，体育场地无论是从场地数量、规模，还是从场地质量、种类均有大幅度提升。据调查，2021年80.7%的成年人与老人步行15分钟范围内都有体育健身场所，全民健身场地设施有效供给增加。

（三）体育社会组织情况

体育社会组织是居民参与体育健身活动的主要组织者，目前很多体育社会组织是由有相同体育爱好的人自发组成的非官方的组织机构，属于体育自组织，主要为居民提供体育组织、体育信息、体育赛事策划、体育指导等服务工作，大部分活动经费由参与体育活动的居民自筹，实行AA制，也有通过政府购买服务、企业出资、企业赞助等形式提供的；而官方体育社会组织主要是各单位的体育协会、老年体育协会、社区体育协会等组织，这些主要由国家财政提供支持。官方体育和民间体育自组织，在全民健身活动中发挥着重要作用。根据国家体育总局数据统计，我国体育社会组织由2012年的2.3万个增

① 参见智研咨询：《2020年中国全民健身活动发展状况分析：参加体育锻炼人数比例持续增长》，2022年6月25日，https://www.chyxx.com/industry/1113994.html。

至2017年的4.8万个[①]，在数量和速度上都创了历史新高，并且这一数字还在持续攀升。其中，成年人与老年人参加体育健身组织的比例为34.4%，参加群众体育赛事活动的比例为35.8%。体育社会组织对于群众参与体育锻炼起到了积极促进作用，能够带动群众参与体育、热爱体育。

（四）体育指导服务情况

按照国家全民健身计划对社会全民健身社团组织的规定，各级全民健身活动中必须有经过专业培训的社会体育指导人员，且相关部门也要有专业的管理人员来指导工作，他们是国家推动全民健身计划实施的核心力量，组织广大人民群众参与健身锻炼，普及推广科学的健身理念和健身方法，为居民提供体育组织活动、体质监测、体育技能指导等服务内容，是我国社会体育直接服务者、指导员，是大众健身活动的主心骨，是群众体育的重要人才资源和发展动力。截至2015年年底，全国登记注册的社会体育指导员有200万人，每千人拥有社会体育指导员不到1.5人。2021年国务院印发的《全民健身计划（2021—2025年）》指出，加强社会体育指导员队伍建设，到2025年实现每千人拥有社会体育指导员2.16人。可见现阶段我国社会体育指导员队伍建设缺口仍然较大，尚不能有效满足大众健身需求，群众体育发展潜力巨大。

（五）体育消费情况

大众积极参与体育休闲和健身，必然会在体育服务、体育服装、体育器械、体育信息、体育旅游等方面产生消费需求，无疑会大大促进体育消费水平的提高。特别是近年来政府在全民健身各个方面加大投入，大力推动全民健身运动的开展，群众健身热情高涨，极大地促进了我国体育整体消费水平的提升。我国体育消费现状调查数据显示，2020年我国成年人与老年人体育消费分别为1758元和1092元，与2014年调查相比，分别增加了789元和588元；实物型体育消费占比为53.7%，参与型体育消费占比20.6%、观赏型体育消费占比7.7%，与2014年调查相比，体育消费结构发生明显变化，消费类型从实物型主导逐渐向参与型和观赏型消费转变，体育消费结构优化升

① 国家体育总局：《2021年全国体育场地统计调查数据》，2022年4月29日，https://www.sport.gov.cn/n315/n329/c24251191/content.html。

级较为明显。[①]

（六）赛事活动情况

群众性体育赛事是全民健身发展质量的重要体现指标，也是促进群众参与体育活动的重要催化因素。长期以来，我国体育赛事呈现出竞技体育类赛事一家独大的现象，而群众休闲体育赛事活动的受关注度、政府支持度、群众参与度都不理想，群众性休闲体育赛事活动发展受限严重。自全民健身战略、健康中国战略实施以来，国家对群众休闲类体育赛事活动的政策扶持措施层出不穷，获得了巨大的支持。2020 年，我国 35.8%的成年人与老年人参与过群众体育赛事活动，其中大众自发组织的活动占 26.3%，社区组织举办的活动占 23.3%，单位举办的活动占 21.1%。[②] 与过去相比，群众体育赛事活动呈现数量多、形式多、参与人群多的趋势，越来越多的群众参与到休闲体育赛事活动中，享受参与体育活动带来的乐趣。

二、山东省城市社区“十五分钟健身圈”建设的具体情况

在我国全民健身事业快速推进的大趋势下，山东省积极响应国家号召，群众体育工作也如火如荼。山东省根据省内实际情况制定并颁布了《山东省全民健身实施计划》，并对山东省全民健身工作设定了明确目标和发展任务。山东省积极推进全民健身“六边工程”建设力度，将打造城市社区“十五分钟健身圈”全覆盖作为“十四五”期间山东省体育事业发展规划目标，积极推进山东省全民健身总目标的实现。为此，本书课题组根据实地调查的数据资料和各地体育局官方资料的汇总情况，对山东省城市社区“十五分钟健身圈”建设情况进行总结和分析，旨在充分挖掘本省群众体育工作的优势和不足，以便更好地规划下一个阶段山东省城市社区“十五分钟健身圈”的建设，力争使本省的全民健身工作走在全国前列。

（一）体育参与情况

据山东省体育局的统计资料，山东省各地居民参与社区体育运动的人数

① 参见智研咨询：《2020 年中国全民健身活动发展状况分析：参加体育锻炼人数比例持续增长》，2022 年 6 月 25 日，https://www.chyxx.com/industry/1113994.html。

② 参见智研咨询：《2020 年中国全民健身活动发展状况分析：参加体育锻炼人数比例持续增长》，2022 年 6 月 25 日，https://www.chyxx.com/industry/1113994.html。

持续提升，经常参加体育锻炼人数比例达到38.5%，相比于全国比例略高。据山东省体育局相关工作人员介绍，山东省群众体育工作长期以来一直处于全国先进行列。从全省实地调查的情况来看，总体来说，经济发展水平较高的城市，尤其是济南、青岛、烟台等城市居民参与体育锻炼的人数居全省前列，参与日常休闲体育活动的积极性较高，参与的体育项目较多样化；山东半岛东部城乡居民参与体育锻炼的人数高于西部；城市社区居民参与体育活动的人数高于农村居民，说明城市和地区的经济发展程度对居民参与休闲体育健身活动的影响较大，大众休闲体育健身基础设施的便捷性和体育服务的多样性与居民参与休闲体育的积极性直接相关，同时也揭示建设城市社区“十五分钟健身圈”对提升城乡居民休闲体育参与度具有重大意义。

（二）场地设施情况

山东省在场地设施建设上始终实施“一点三线”建设发展策略，即以济南为核心，形成了威海、烟台、青岛、日照、潍坊与淄博连成一线的东部沿海城市群健身带；形成了以临沂、枣庄、济宁与泰安连成一线的南部历史文化名城健身带；形成以菏泽、聊城、德州、滨州与东营连成一线的黄河区域健身带。

山东省体育总会年度报告数据显示，截至2018年底，山东省拥有15.88万个体育场地，建设面积达1.92亿平方米，人均享有1.91平方米；拥有7.22万个全民健身路径，健身步道累计达3980千米；拥有67个全民健身中心、森林公园等大型健身场地；拥有2763个乡镇级的全民健身工程，7830个社区级的全民健身工程，31336个村级的全民健身工程；拥有3万多个健身场馆，其中政府专项投资建设的有7千多个，门球场地5千多块，球类和冰雪类场地大幅增加，促进了各项健身活动的开展。与此同时，济南、青岛、烟台、威海等市的全民健身工程覆盖率在95%以上，体育场地人均使用面积达1.95平方米，可见山东省较大城市社区和部分乡村体育场地的基础设施较为完善。

目前省内已建的，较有特色且具有影响的健身场所，主要有威海的环海步道、青岛滨海步道、烟台滨海路、济南西营步道、枣庄山亭绿道、邹城峄山环山滨水绿道等全民健身基础设施。其中，尤以日照、临沂、青岛等地的全民健身设施最具特色，在全国小有名气。2008 年，临沂的百里健身长廊、青岛市北部“体育街”等健身设施被国家体育总局评为“国家社区体育健身示范工程”。

虽然山东省场地基础设施建设取得显著成效，但仍存在一些现实问题与困境。如有些城市在体育场馆规划时，没有形成层次分明、特色突出的场馆分布或者没有将基本公共服务的体育场馆与体育服务企业的体育场馆进行分开，体育场馆资源分布不合理，影响社会资本的进入和体育多元化发展的效率，造成有些地方场馆资源不足，老年人与年轻人争场馆，而有些体育服务企业的场馆人流量不足，影响体育服务企业开发新项目、新场馆的积极性；有些社区缺乏体育资源共享机制或政策，公益性的场馆开放不充分，建设种类无法满足群众实际需要；有些地方的房地产开发商一味追求容积率，忽视区内休闲体育公园的建设等。所有这些现象导致了体育场地设施供需不均衡、不充分的整体发展困境。

目前山东省正面临“拆违拆临”，对空出的用地明确“以建绿为原则、不建绿为特例”的原则，并将征集意见加强统一规划，加快改建或新建一批各级各类体育公园、全民健身中心、健身步道等健身场所；强化城乡一体化建设，完成城镇体育设施现代化升级，将新农村（社区）健身工程作为城镇建设亮点和城市社区“十五分钟健身圈”的外层部分，逐步形成以城市社区全民健身场馆为引领，乡镇的全民健身中心为示范，改造和规划乡村的全民健身基础设施，将学校和企业开放的健身设施作为补充，形成层次分明、特色突出的“十五分钟健身圈”的圈层布局。

（三）体育社会组织情况

“十三五”期间，山东省体育局和山东省体育总会通过完善激励保障机制，不断优化全民健身组织网络，形成了横向到边、纵向到底的较完善的全民健身公共服务组织网络体系（见图 3-1）。

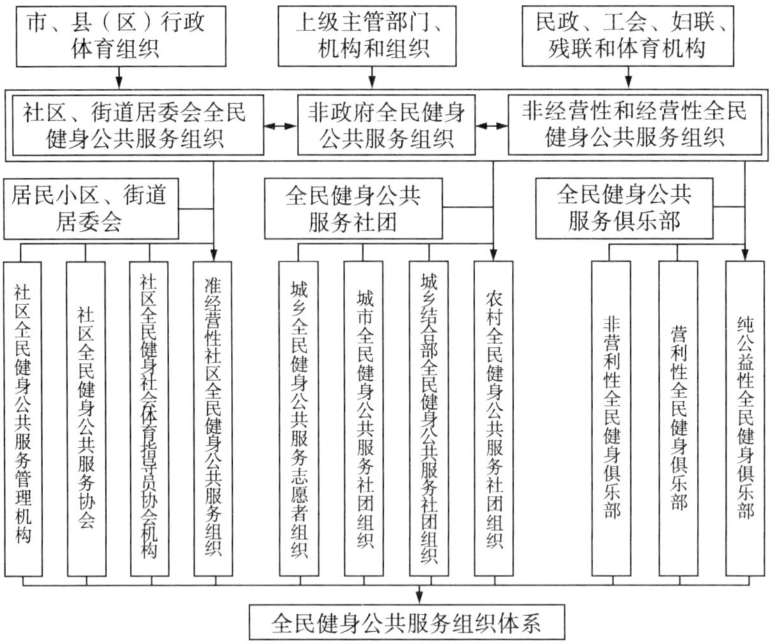

图 3-1　山东省全民健身公共服务组织体系

截至 2020 年，山东省各级各类体育社团已达 50256 家，是 2015 年年底的 7 倍多。其中各级体育总会 40690 个，各级体育协会 5731 个，各级体育类的民办非企业单位 3832 个，省级体育类的基金会 3 个。据不完全数据统计，全省各级各类体育团体每年举办 5500 余项赛事活动，有 90%以上的赛事是由体育社会组织举办或参与，极大地满足了山东省居民的体育健身需求。目前存在的问题是，有些城市社区的社会体育组织缺乏必要的监管和财力支持，对组织大众休闲体育活动或体育赛事的积极性不够，致使社区休闲体育赛事缺乏连续性和多样性，影响了社区体育的活力。

（四）体育指导服务情况

体育健身指导是群众健身的重要推手，2020 年山东省拥有社会体育指导员资格证书的有 36.1 万人，每千人拥有社会体育指导员 1.62 人，比全国平均水平略高。自 2000 年以来，山东省已建立了全省 17 个市 118 个县的全国体质监测网络，并建立了省级、市、县三级体质监测系统，建成了体质干预、运动处方等综合服务体系,积极开展群众体育健身指导服务。各城市均设有国家体质监测站,配备齐全的医疗器械和专业人员。青岛、济南、潍坊和滕州等城市纷纷建立了国家体质健康监督体系。目前各地市社会体育指导员数量显著增加,但仍无法充分满足群众的健身指导需求,主要问题是有些社会体育技术指导人员缺乏持续的培训和学习,体育技术指导及运动损伤的预防和治理等的专业性和科学性欠缺,"体医融合"不到位,不能更好地为居民提供专业服务,公信力不足;社会体育指导员城乡分布不合理和不均衡等问题仍普遍存在。

(五)体育消费情况

据山东省体育局的统计数据,2019 年山东省人均体育消费为 2050 元,占人均可支配收入的 6.49%,按照 2019 年山东省常住人口规模计算,全省体育消费总规模 2064 亿元,高于全国平均水平。其中,体育用品消费占比 43.62%,体育旅游消费占比 17.04%,体育健身消费占比 12.70%,体育消费培训占比 8.86%。山东省体育实物型消费占据主导地位,参与型体育消费、观赏型体育消费较低。这说明体育消费结构还不合理,只有更进一步完善体育供给系统,培育体育产业发展,才能促进居民的体育消费,优化居民的体育消费结构,这正是山东省建设"十五分钟健身圈"的重要目的。

(六)居民体育赛事活动情况

山东省在推动居民体育赛事活动方面做了大量工作,坚持在省、市、县三级组织全民参与的健身运动会,2020 年举办的第七届全民健身运动会,历时 7 个多月,共举办了 186 项体育赛事,近 10 万名群众参加了比赛,产生了较大影响,为各地举办大众体育比赛起到了积极的示范作用。

全省上下齐心协力,积极创新体育比赛形式,全力打造万人骑行、千乡乒乓球、百县篮球、广场舞大赛、羽毛球联赛等新兴赛事品牌,营造了"周周有比赛,全年不间断"的赛事效果。与此同时,山东省省直机关夕阳红健身运动会"乐行春秋"网络健步走、"跑游山东"马拉松赛系列赛、山东省海滨自行车大奖赛、"齐风鲁韵"山东省健身操舞大赛、山东省武术大会、"巅峰时刻"山东省电子竞技大奖赛、"追随自然,感受齐鲁"星空露营大会等赛事活动,积极引导群众参与健身。各地的城市社区积极引进或自办各类群众性体育健身比赛、展示和培训活动,大力发展健身跑、健步走、自行车、水上运动、登山攀岩等群众喜闻乐见的运动项目,充分调动镇健身社区、村健身社区居民积极参与。

山东省还大力推进"体育+"融合发展,孕育了众多精品赛事。济南的超级越野挑战系列赛、青岛的帆船赛、烟台的海钓赛、潍坊的国际风筝赛、临沂的"红色之旅"自行车挑战赛、滨州的"沿着黄河去码头"系列赛、台儿庄的国际半程马拉松、菏泽的传统武术联盟等大众休闲体育赛事已经成为省内乃至全国独具影响力的大众品牌体育赛事活动,对带动大众积极参与体育活动起到了一定的作用。山东省还积极探索"运动+旅游+休闲"的新模式,在全省范围内创建22个省级绿色生态休闲体育活动示范基地。

虽然山东省群众性体育赛事得到飞速发展,但是大众休闲体育赛事的供给质量仍有很大的提升空间,大众休闲体育赛事发展不均衡、不充分现象仍然存在。第一,相对来说,山东省大城市和半岛东部地区城乡经济比较发达,人口密集度高,因此大城市举行的大众休闲体育赛事较多、小城市较少,城市多乡村少,经济较发达的东部地区开展活动较多、较频繁,而经济较落后的西部尤其是农村地区开展较少;第二,大众休闲体育赛事的趣味性不够,地区特色项目少,同质化倾向严重,对参赛选手和观众的吸引力不大,致使有些地方举办的大众休闲体育赛事的影响力不够,难以吸引广告和赞助,且大众休闲体育赛事规模小,办赛的积极性不高,没有形成自我成长的良性机制,导致部分中小城市和乡村群众多元化、多层次的体育需求难以得到满足,对体育赛事的参与度等受到影响。

第二节　我国城市社区健身圈建设的地方经验

城市社区健身圈作为吸引群众参与体育锻炼的便民工程,发挥着积极且重要的作用。地方各级不断加大体育健身圈建设力度,提高体育健身圈在城市社区的普及程度。随着全国各地的不断探索与实践,城市社区健身圈建设水平迅速提高并涌现出一大批典型案例,通过对这些优秀案例进行分析,总结其成功经验,为山东省城市社区"十五分钟健身圈"建设提供宝贵经验。

一、上海市城市社区"三十分钟体育生活圈"建设经验

由于地域广大,上海提出了"三十分钟体育生活圈"的概念。这一概念是

根据“日常都市圈”理论，综合考虑上海居民的出行习惯和上海城市行政区域的管理结构和要素构成而提出的，具有地域空间、活动人口、行政区域和体育设施服务等层级差异。上海“三十分钟健身圈”在国内建设起步早，发展较好。2012 年，上海市首次提出“三十分钟体育生活圈”，而后上海市徐汇区提出“五分钟体育生活圈”，旨在从时间、空间和设施上满足市民体育参与需求，方便市民参与体育健身活动。

2016 年上海市发布了《上海市促进新消费发展发挥新消费引领作用行动计划（2016—2018 年）》，提出：“围绕上海建设全球著名体育城市、国际体育赛事之都的战略目标，传播体育文化、促进全民健身、提升体育消费能级。利用社区、沿江、公园、厂房、仓库、商业设施闲置资源，建设一批健身步道、自行车健身绿道、中小型健身场馆等设施，形成 15 分钟体育生活圈。”经过几年的建设，上海市建成了领先全国的“三十分钟健身圈”示范基地：构筑了工作日、双休日、长假三个都市体育生活圈，构建了“处处可健身”的高品质运动空间，出门就有普及型健身设施，倡导“天天想健身”的现代生活方式，培育“人人会健身”的高水平健康素质，实施全民健身工程，补齐市民身边的健身设施短板。还可以利用交通工具 15 分钟到达服务较好的综合性体育设施，30 分钟到达环城公园或体育公园等自然体育设施，形成以城市为中心向外围呈圈层式扩展的体育设施的布局，充分满足市民不同时段的体育需求。在体育场所的规划上，上海市体育局优化全民健身设施布局，研究挖掘城市“金边银角”，在寸土寸金的上海推进都市运动中心，提供健身和休闲娱乐等多元服务，在场地质量、区域分布、项目设置、健康咨询、体育指导服务、体育组织、健身企业发展等方面为其他地区做了示范，提升市民体育获得感和满意度。圈层内的体育服务企业也有了良好的发展空间和机会，体育产业不断发展壮大，为市民提供了更多更好的服务，收到了很好的经济效益和社会效益。

在具体做法上，上海市以“三十分钟体育生活圈”为核心打造建身圈，是按照市、区、街道（乡镇）三级层次划分的圈层体系结构，分为基本体育生活圈（五分钟体育生活圈）、基础体育生活圈（十五分钟体育生活圈）和机会体育生活圈（三十分钟体育生活圈），依次对应居委（村委）、街道（镇）和区县三级行政管理（见表 3-1）。“五分钟体育生活圈”是将体育设施建设在居民居住小区，让居民以最短的时间可以找到体育健身设施，为居民提供便捷的体育活动和体育公共服务，满足居民对健身的基本需求，改善居民居住环境，提高居民生活满意度；“十五分钟体育生活圈”在空间上为社区提供较为全面系统的公共体育设施，在15分钟内找到需要的健身设施，提供较为全面和完善的体育活动和体育公共服务，是与居民日常生活最密切的体育生活圈，居民在周末和节假日可以就近享受到优质的体育服务；“三十分钟体育生活圈”则是在相邻的多个社区中或城市郊区等更广的范围内提供更广泛、更高品质的体育活动和体育公共服务空间，居民可以在周末或长假中享受到个性化、高品质的体育生活。

表3-1 上海“三十分钟体育生活圈”的圈层结构、圈层职能及行政管理隶属

圈层名称	圈层结构和职能	行政隶属
基本体育生活圈(5分钟)	由居住小区构成的体育活动和体育公共服务地域空间，其职能是为小区居民提供最基本、便捷的体育活动和体育公共服务，是居民享受最基本体育公共服务活动的圈层	居委(村委)
基础体育生活圈(15分钟)	由社区构成的体育活动和体育公共服务地域空间，其职能是为社区居民提供较为全面和完善的体育活动和体育公共服务，是居民实现体育生活化的核心圈层	街道(镇)
机会体育生活圈(30分钟)	由多个相邻社区或与郊区共同构成的体育活动和体育公共服务地域空间，其职能是为居民提供更广泛、更高品质的体育活动和体育公共服务，是居民享受个性化、高品质体育生活的圈层	区县

上海“三十分钟体育生活圈”将城市的体育服务划分为不同层次，居民可以根据自己的情况和时间自由选择不同的体育服务，既可满足居民日常的5分钟的基本体育公共服务需求，也可享受更高级的、更个性化的体育服务。基本体育生活圈是居民享受最基本体育活动的圈层，建设的数量多，包含的范围小，其公共体育设施配置满足居民的基本需求，体育服务的项目与种类较少，属于较为低端的体育生活圈；15分钟的基础体育生活圈是指居民实现体育生活化的核心圈层，建设的数量少，提供的服务范围广，其公共体育设施的配置更加的全面，同时，其中的体育服务企业较多，提供的体育服务的项目与种类更加的丰富，为居民打造更高档化的社区体育生活圈；30分钟的机会

体育生活圈是指居民享受个性化、高品质体育生活的圈层，建设的数量较少，但包含的范围广，覆盖面大，公共体育设施配置和体育服务企业更高端化、时尚化，提供的体育服务种类多、高端，如赛马、滑雪、水上活动、空中活动项目等，丰富了居民的休闲体育生活。

上海市的"三十分钟体育生活圈"形成了以城市社区为轴心，由点、线、面相结合的体育公共服务的圈层体系，以满足市民多样化的体育健身需求。公共体育场地设施网络体系涵盖社区健身苑点、市民健身步道、区属体育场馆、社区市民健身中心、体育休闲公园、社区公共体育场地和学校体育场地等，居民可以不花钱就享受基本的体育公共服务，照顾到了老人、残疾人等弱势群体的利益，同时，又在15分钟和30分钟健身圈中布局了大量的体育服务企业，为有高端需求的市民提供专业化的体育服务，有助于体育产业的发展。在建设上，主要有以下几点经验。

（一）抓好健身圈布局建设，形成相互补充的体育服务体系

为满足不同层次市民的健身需求，徐家汇体育中心现有的体育场馆重新布局，充分挖掘其内在潜力，积极筹建江湾体育中心。按照承办大型综合性运动会及建设体现城市文明程度的标志性体育场馆的要求，规划、建设浦东体育中心。在原有的源深体育中心和康贝棒垒球中心的基础上，建设具有一定规模的网球场、球类馆等场馆设施，在浦东地区形成真正意义上的体育中心。上海闵行区的环城体育公园也是建设"三十分钟体育生活圈"的突出代表。公园在设计上突出了体育特色，划分为体育生活区、自然休闲区、生态健身区，体育生活区主要为体育锻炼功能区，布局了很多体育设施和体育场馆，由体育企业经营管理，并用绿植、花木分割，是环境优美、个性突出、设施齐全、功能完备的体育集散地，提供特色体育服务；生态健身区将绿地与健身专用场地交叉分布，并精心布置了林荫道和小路网连接起来，为市民提供良好的健身生态环境，将健身活动融于自然景色中，主要提供体育公共服务；自然休闲区以自然景观为主，有宽阔的湖面、河流，也有风景宜人的草坪、花草和密林，主打放松休闲功能。这三个功能区既互相分割又互相联系，形成了动静分割、景色优美的特色公园，成为上海体育生活圈的样板。此外，按照"十二五"期间上海承办重大体育赛事的目标要求，进一步完善区（县）级体育中心的软、硬件设施，使其不仅能够满足市民群众的健身需求，而且具有举办世

界高水平体育赛事的能力。"十二五"期间,要配合上海开发建设松江新城以及朱家角、安亭、高桥等中心镇,搞好"一城九镇"体育设施的开发、建设。在继续抓好社区健身苑、居委会健身点建设的基础上,在有条件的社区建设体育健身中心,形成具有综合服务功能的社区体育设施。在环城绿化地带内建设、配置小型足球场、网球场、门球场等体育场地设施,市区公园内因地制宜,适当开辟小型体育活动场地。

(二)灵活管理体育资源,形成多元化的投入机制

鼓励社会及个人投资兴建体育设施,通过相应的政策条款,提供社会及个人投资能享受土地使用、资金贷款方面的政策优惠。新建居住小区要严格按规定进行体育场地配套设施建设。公共体育设施必须向社会开放,包括政府机关、大中小学、企事业等单位体育场地设施应向社会有序开放,使资源最大利用。严令禁止一切侵占、破坏体育场地设施的行为。增加国家体育场馆建设投入,确立"国家出大头,社会出小头""个人出一点,体育产业出一点"的多元化投资体系。建立"有偿服务"与"无偿服务"相结合的体育场馆经营管理的新体系。推行"委托管理"和"高度组织化"的经营管理方式,改革公共体育场馆现行的经营管理体制。公共体育场地设施大幅增加,各项资金投入持续增加,全民健身公共服务体系覆盖城乡,全民健身活动广泛开展,全民健身服务形式多样、丰富多彩,人民群众的幸福感和获得感不断提升。

(三)完善体育规划管理,助力体育产业的成长

规划体育全市设施覆盖计划,建成不同区级完善的体育基础设施网络。尤其是加大对居住区体育设施配套的规划、建设和管理。要求相应的部门与各个具体单位,按照市政府统一规划的目标与要求,分步骤分计划,深入研究,细化方案,操作实用,逐步落实到位,同时建立奖罚制度与问责制度。为更好地服务市民参与体育活动,鼓励市民积极进行体育消费,上海市还制定措施大力鼓励社会资本进入,为市民提供更专业化的体育服务,并鼓励这些体育服务企业开展公益化的体育服务,兼顾社会效益和经济效益,促使整个健身圈内形成自我成长的循环机制,市民的体育消费和企业的体育投入相互促进,为圈层内体育产业的成长创造了良好的空间和机会。

二、常州市城市社区"十分钟体育健身圈"建设经验

"十分钟体育健身圈"由江苏省最先在全国提出。随着经济社会的发展

和城镇化进程的加快,越来越多的人从“单位人”变为“社会人”,从“农村人”变为“城市人”,城市(镇)社区日益成为当前及未来群众生活的共同体,也是居民享受体育公共服务的主要场所。常州市委、市政府认为,全民健身就是要让所有人参与健身,提高生活质量。第一,要让体育服务最快、最便捷地与居民“面对面”,满足群众体育生活需要。第二,建设“十分钟体育健身圈”是有规划地充实基层体育服务,提高全民健身参与度的有效路径与方法。在这种理念影响下,常州市最终形成了市、区、街道、社区、小区五级体育设施网络体系,构建了较为完善的体育公共服务体系;常州市大部分学校体育场馆设施对居民开放,并形成了长效机制;社会体育指导员队伍不断壮大,各级健身点都有固定人数的健身指导者,形成了多层次的社会体育指导员体系。其主要经验体现在以下五个方面。

(一)树立全民健身的科学发展理念

在“十分钟体育健身圈”的构建和实践过程中,常州市各级政府部门始终坚持“体育即民生”的全民健身科学发展观,把“十分钟体育健身圈”的建设列入市政府重要议事日程,结合实际,制定建设规划和具体的目标措施,做好方案调研及实施,定期考核,确保建设按质按量完成。在这种理念指导下,常州市各社区都把促进市民参与体育活动当作提升居民幸福指数的首要工作来抓,在体育场地建设、体育公共服务、社会体育指导员培养、体育服务企业的引入等方面都花了大力气。这样的理念使常州市的“十分钟体育健身圈”的建设非常成功,成为其他城市学习的范本。

(二)构建全民健身服务平台体系

常州市作为江苏省体育先进市,建立和完善了“科学宣教、健身指导、信息服务、体育社团、品牌活动、体质测试”六大健身服务平台体系,充分利用数字技术,让市民随时了解体育服务信息,可以随时进行健身咨询、健身指导、体育测试等服务,不断提升全民健身服务水平,拉近了体育公共服务与市民的距离,使市民参与体育活动和体育赛事更方便、更有动力。

(三)构建公共体育场馆共享体系

常州市通过颁布《学校体育设施向社会开放工作的实施意见》,为学校体育设施向社会开放提供了有效的政策保障,对学校新建的体育场馆给予了必要的鼓励和扶持,有效促进了校园体育场馆设施的建设与质量提升。将学校体育场地和单位的体育场地都纳入"十分钟体育健身圈"建设体系中，减轻了政府的财政负担，充分利用社会闲置的体育场地资源，形成公共体育场馆共享体系，并加强管理和维护，增加了体育场馆供应量，缓解了场地不足的困境。

（四）完善体育组织管理体系

常州市的群众体育机构主要包括市级体育协会、街道体育俱乐部、体育社会团体、社会体育指导员工作站、体育健身指导站点等健身组织。设有市、区、街道、居民委员会、小区五级体育组织，各体育组织之间建立了密切的联系，积极动员市民参与体育活动，将体育资源进行有效的整合，打造了良好的体育生态系统，使体育公共服务和体育服务企业共同成长，满足了市民多样化的体育需求。同时，在组织居民参与体育活动，调配体育资源、组织休闲体育赛事等方面相互依托、相互协调，形成高效的组织管理体系，使各种休闲体育活动和体育赛事的影响力扩大到全市，使常州市的"十分钟体育健身圈"形成了品牌效应，影响及至全国。

（五）构建完善的社会体育指导员服务体系

常州市拥有健身站点 2800 多个，每个站点均配有 3 名以上社会体育指导员，全市每万人拥有社会体育指导员 25 名，不仅在全省名列第一，在全国也名列前茅。常州市特别重视社会体育指导员的学习和培训，让体育指导员掌握先进的数字技术和体育技术，增强了其责任感和成就感，很多人在工作中取得了不俗的成绩，并选择成为专职的社会体育指导员，甚至来此工作的大学生村官都被培训成了社会体育指导员。这体现出常州市对市民健身工作的重视，也是常州市"十分钟体育健身圈"建设的成功之处。较为充足和专业的社会体育指导员对指导和动员居民参与休闲体育健身具有不可忽视的积极作用。

三、济南市城市社区"十五分钟健身圈"建设经验

济南市作为山东省省会，经济发达，有近千万人口，群众体育工作有着许多亮点，走在全省前列，推动了济南市城市社区"十五分钟健身圈"建设目标的实现，取得了诸多成效。

（一）科学规划布局体育设施建设

济南市根据各区城市社区空间实际情况，合理规划布局体育场地设施建

设，且有计划地加快推进公共体育设施建设。在坚持城市社区体育场地建设的同时，有侧重地对乡镇区域体育场地设施建设倾斜，强调区域协同发展，在城乡区域建设一批群众身边化的体育公园、健身步道、社区健身中心等全民健身场地设施。不断加大城市社区和农村体育健身设施建设力度，主要以多功能运动场地建设为主，实施体育精准扶贫工程，不断提高全民健身场地设施覆盖率。济南市通过“基层建场地、体育部门配器材”，积极推动市、区、镇、村四级公共体育设施建设。同时，充分利用拆违拆临腾出的“金角银边”，建设“街心体育公园”，人均体育场地数量不断提高。根据济南市体育局公布的数据统计，2020 年济南市场地总面积 2046 万平方米，人均体育场地面积 2.30 平方米，平均每万人拥有体育场地 24.07 个，远高于全国平均水平。济南市还将全市各类体育场所以及健身路径数据纳入“济南智慧体育”平台，为市民提供健身导航查询等服务，使市民能够最便捷地找到身边的体育场地。

济南市创新性地将自然绿地与体育健身场地相结合，强化“体绿结合”，打造百姓身边绿色化的“十五分钟健身圈”。利用济南市依山、依水的自然条件优势，打造以体育公园、健身广场、登山步道、绿道为主要内容的全民健身户外基地。加强城市公园体育设施规划和建设工作，在城市公园、广场、旅游景点，同步规划好体育健身设施场地，适时改造现有的公园、广场、公共绿地等公共场所，建设一批笼式足球、多功能健身场地等新型全民健身设施，逐步实现“公园体育化”。

济南市通过制定公告体育场馆设施开放标准和服务标准，推动了大型、中小型体育场馆免费或低收费开放，并逐步建立了中小型体育场馆免费、低收费开放补助机制。充分利用教育类体育场地设施，进一步扩大学校体育设施面向社会开放的范围，确保公共体育场地设施和符合条件的企事业单位体育场地设施向社会开放。对破旧的全民健身场地设施进行管理与升级换代，充分利用现有资源。通过进一步盘活健身设施存量资源，济南市在现有条件下最大限度地提高了体育设施的利用率。

（二）丰富群众体育赛事供给

在休闲体育赛事活动方面，济南市广泛开展了一大批群众性全民健身活动。以群众性体育赛事为引领，以健身跑、健步走、自行车、水上运动等群众喜闻乐见的项目为基础，济南市举办了全民健身运动会、全民健身月、全民健身日等常态化的系列活动，吸引带动了一大批群众参与到全民健身活动中。此外，不断做大做强和积极培育发展冰雪、山地户外、射击射箭、马术、航空、电竞、场地高尔夫、板球等具有消费引领性和发展空间的新兴健身休闲项目，支持推广"体质达人联赛""全民健身纪录挑战赛"等民间草根健身活动，推动体育活动向农村和社区延伸，让不同需求、不同层次的人群都能加入全民健身，使全民健身逐渐深入人心。2020年济南市以全民健身运动会为龙头，以职工体育、妇女体育、社区体育、青少年体育、农村体育为基础，积极构建了覆盖全人群、全年龄段的全民健身活动赛事体系。成功举办了济南市第十一届全民健身运动会、济南市第四届冬季全民健身运动会等市级全民健身赛事活动140余项(次)、区县级全民健身赛事活动567项(次)，带动参与群众达到250万人次。

(三)促进市民健身科学化

在健身指导方面，济南市大力培训社会体育指导员，积极开展健康公益活动，为广大群众提供科学化健身指导。开展公益体质检测活动，体质监测大篷车走进天桥、长清等9个区县，为4545名市民提供体质监测和科学健身指导服务，累计开展市级全民健身志愿服务75场次，服务市民17000余人，将高质量、专业化的体育志愿服务送到了群众身边。

(四)建立智慧体育平台

通过"济南智慧体育"平台建设，最大限度地方便了群众就近、就便参加体育健身活动。该平台以微信的小程序和官方网站的形式向市民展现，覆盖群众体育、竞技体育、青少年体育、体育产业四大业务板块，提供场馆查询、赛事报名、设备报修、运动导航、泉城热练、卡券领取，专家预约、赛事资讯八大服务。目前，"济南智慧体育"平台汇总了包括沿黄地区在内的全市6930个体育场地、8万余件健身路径及器材数据，实现全市体育场馆场地一张图和扫码一键报修。该平台促进了济南群众体育事业的发展，为因时因地因需开展群众身边的健身活动提供了硬件和软件基础，丰富和完善了济南市市民的休闲健身活动。

四、青岛市城市社区"八分钟健身圈"建设经验

青岛市是山东省经济总量最高的城市，也是著名的海滨城市，以帆船为

特色的休闲体育在全国享有盛誉。青岛市城市社区的全民健身工作在山东省也名列前茅,走出了自己的特色。通过借鉴学习青岛市经验,能够为全省城市社区"十五分钟健身圈"的建设提供宝贵建议。

(一)提出"八分钟健身圈"的建设方案

青岛市依据全民健身计划,结合自身实际情况,起草了《青岛市全民健身实施计划(2021—2025 年)》,明确提出到 2025 年青岛市将打造"处处可健身""人人会健身""天天想健身"的现代化生活方式。为达到这个目标,青岛在积极落实全民健身"六边工程"的过程中创造性地提出了"八分钟健身圈"概念,即 8 分钟就能达到相应体育场地。为此,青岛市加大了公共体育设施投入力度,充分利用城市的公园、广场、滨海沙滩、公共绿化等空间修建体育场地设施,推进单一场地多功能化建设。利用自然资源条件,包括山、湖、海、河等,顺势建设健身绿道、徒步步道等体育设施,利用废弃厂房、仓库,重新翻修升级成健身场地设施。通过多年耕耘,现在青岛市全市共建有健身设施 1 万余处,包括多种形式的口袋公园、森林公园、时尚健身公园、健身路径、社区健身吧、智能健身设施、社区养老服务中心、开放的学校体育场地等多种形式。健身步道总长度到达 3186 千米,全市人均体育场地面积 3.29 平方米,远高于全国平均水平,基本建成了城区"八分钟健身圈",农村则基本实现了健身设施全覆盖。

(二)市民休闲健身形式丰富多彩

2020 年暴发新冠肺炎疫情也没有影响青岛市促进市民健身活动的热情。为进一步调动市民健身积极性,青岛市率先推出全民消费券派送活动,共 30 余家健身机构近百家门店参与,发放各类体育健身消费券 19 万余张,市值 2 亿多元,给市民带来了实实在在的体育优惠,为各类健身企业带来了超过 4 万人次的客源,有效地拉动了体育消费,实现了双赢,新华社为此还专门发了通稿。2020 年,市级全民健身活动每年不少于 90 项,区级不少于 300 余项,参与人数超过 2000 万人。精彩的休闲体育赛事活动是吸引群众参与全民健身重要节事活动。青岛市凭借丰富的民间体育组织、体育协会,广泛开展多层次、多领域、特色化的群众体育活动赛事。2021 年,青岛市体育局举办首届社区运动会,吸引了全市百余社区、线上线下百万群众参与,这些活动通过广泛宣传、企业赞助等措施,逐渐形成了有品牌效应的健身活动,举行时尚体育节、城市定向赛、周末帆船赛、马术邀请赛、快乐网球赛等时尚体育赛事，让城市更充满活力。据统计，2021 年青岛市共举办大型全民健身活动 60 余项、市级活动 300 余项，参与人数近 2000 万次。青岛市各区每年都将举行全区综合性市民运动会，设置球类、自行车、老年健身活动等多领域项目，每届参与人数多达 8 万人次，各街道和社区每年也将举办一两次居民运动会。为丰富市民的休闲体育生活，青岛市集中推出登山节、社区体育节、沙滩体育节、“十百千万”健康大使评选等系列休闲体育赛事，还利用青岛职业足球在全省的优势地位，积极进行“青岛球王”争霸赛、社区杯、胶东杯、市长杯等大众足球的休闲体育赛事，夯实了青岛足球之城的荣誉。青岛还发起成立了胶东经济圈体育协同发展联盟，举办胶东经济圈城市青少年云上夏令营、青少年乒乓球赛、网球联盟团体邀请赛、半岛城市帆船赛等，形成了颇具特色的时尚休闲体育赛事品牌。

（三）大力促进体育产业成长

青岛市采取了多项措施积极促进体育产业发展，利用著名海滨旅游城市的优势，积极探索体育与旅游结合的新模式，为潜水、帆船、水上摩托艇、海钓等涉海旅游项目制定了规范性发展政策，其水陆环岛户外体验路线上榜了全国国庆黄金周 19 条体育旅游精品线路。连续举办了 12 届青岛国际帆船周·青岛国际海洋节，开展了 30 项体育赛事、交流、文体、商贸活动，掀起了体育旅游嘉年华。还召开了中国·青岛时尚体育产业大会，搭建体育时尚创意交流和产业合作平台，促进时尚与体育产业深度融合。

青岛市还注意紧盯龙头企业，推动时尚性新兴体育项目落户青岛。2020 年，与蓝谷电竞产业园项目成功签约，世界羽联青岛国际交流中心项目基本完工，中国足球学院青岛分院顺利开工，中国休闲体育运动学院（莱西）落户青岛，国际拳击联合会（International Boxing Federation，IBF）总部机构落户，中国羽协及羽毛球国家队训练基地项目正在积极对接，体育产业链和产业集群正加速形成。这些都能在未来为青岛的大众休闲体育健身提供更广阔的发展前景，有利于促进大众健身的个性化、时尚化发展。

（四）鼓励民间体育组织的成长

要想让群众真正参与全民健身活动，还需要科学有效的组织和动员。当前青岛市民间体育组织建设已形成了“政府牵头，协会组织”的模式，各类民间体育组织遍地开花，为青岛市健身圈建设提供了充足的活力。2021年青岛市仅城阳区就有注册体育协会41个，还有由相同爱好的市民自发组织的多达2000余个广场舞、自行车、帆船、海钓等“草根性”组织，对丰富居民的休闲体育活动具有不可忽视的积极作用，带动了数万人积极参与全民健身活动。

五、烟台市城市社区“十分钟健身圈”建设经验

烟台市位于山东省半岛东侧，具有丰富独特的滨海旅游资源，是我国首批14个沿海开放城市之一，曾获得“全国文明城市”“中国魅力旅游城市”“中国宜居城市”等荣誉称号。近年来，烟台市大力构建体育公共服务体系，初步形成了公共体育建设普及化、户外健身设施公园化、健身比赛活动特色化、健身指导服务网格化、创建评估考核制度化的多元化发展格局。这一多元化的发展格局，为山东省群众体育的可持续发展提供了宝贵经验。

（一）率先制定“十分钟健身圈”方案

为了更好地推进全民健身示范城市建设相关工作，烟台市专门成立了工作小组来负责管理并推广全民健身事业，在“十三五”期间率先公布建设“十分钟健身圈”方案，在市区六区范围内，居民以政策速度步行10分钟左右，规划建设便民利民的公共体育设施，引导居民参加健身组织，开展丰富多彩的休闲体育活动。遵循以“以点带面，惠及百姓、惠及社会、服务大众、协调发展”的发展理念与推广策略，积极开展与贯彻实施健身设施便民化，健身组织系统化、健身指导科学化、健身活动品牌化、在城市各个社区逐渐形成了“以政府为主导、多个部门协同联动、社会协调发展、全民共同参与”的新格局。国家体育总局于2011年在全国范围内评选出20个城市作为全国全民健身示范城市的试点城市，烟台市获批为全国首批全民建设示范城市之一，也是山东省唯一的一个入选城市。

（二）建立协同联动的网络化体系

烟台市的全民健身公共服务体系遵从面向百姓、惠及群众、服务大众的发展策略，在城市各个社区逐渐形成了以政府为主导、多个部门协同联动的新模式。在体育社会组织规范化建设方面，烟台市体育局按照“1＋4”模式，即“1个体育总会＋1个老年人体育协会＋1个社会体育指导员协会＋2个以上单项体育协会”的发展模式，推进乡镇、村居体育社会组织建设，积极为群

众提供科学健身、体质测试等健身指导服务，每个体育社会组织都配备了相对固定的社会体育指导员。在“互联网＋”“体育＋”的发展背景下，逐渐对健身指导服务进行网格化管理，规定对辖区内的体育协会、俱乐部、健身人数达到30人以上的安排有固定社会体育指导员和固定健身场地的健身活动站点登记造册，建立社会组织数据库，确定各类社会组织的指导时间、指导项目和指导人员，实现组织形式多样化、站点组织网格化、练习内容规范化、站点管理制度化的管理模式。形成政府主导与社会、全民共同参与相结合，以烟台市各个体育社团与民间体育俱乐部为发展主轴、以全民健身基地、健身活动中心为基础的点线结合、覆盖面广的健身组织体系。使群众健身时有体育组织的指导，且能够参与体育组织的活动，对于促进群众参与体育锻炼活动，助力烟台市全民健身营造良好氛围有着积极的影响。

（三）构建信息化体育服务平台

烟台市将信息化平台建设纳入全市大数据建设平台统筹规划建设，开创了“互联网＋全民健身”的服务新模式，制作了体育健身场所电子地图，为市民在获取体育设施查询、体育咨询、参加体育赛事活动、健身宣传、预约健身服务、选购体育用品、加入体育微社区（运动圈）等方面提供在线服务，积极延伸体育产业链条。为群众获取体育信息，参与体育活动创建了一个便捷式网络服务平台，群众有任何关于体育方面的问题都能够不出门线上操作，有力地促进了全市的全民健身工作。

（四）以特色化体育项目带动全民健身开展

烟台市拥有海阳大秧歌、八卦鼓舞和烟台螳螂拳等国家级和省级非物质文化遗产。海阳大秧歌已有560年的历史，入选首批国家级非物质文化遗产名录，受邀参加过奥运会开幕式的暖场演出以及上海世博会巡游表演，根据传统大秧歌改编的秧歌舞蹈还成为居民日常广场舞健身的重要内容。烟台市的武术运动有着深厚的文化底蕴和群众基础，烟台国际武术节已经举办了15届，在海内外产生了广泛影响，武术活动也成为烟台大众健身的重要内容。烟台市还利用海滨城市的优势，发展潜水、帆船帆板、冲浪、沙滩排球、沙滩足球、海钓、赶海等水上休闲运动项目，2018年举行了首届烟台国际金沙滩马拉松赛、全国少儿足球邀请赛、烟台第十二届“和谐杯”国际体育舞蹈比赛等在全省有影响的休闲体育赛事，还积极探索与体育旅游相结合，建设水上运动之城，激发了当地居民和游客参与滨海体育活动的热情，提升了烟台海滨城市的影响力。烟台市还发挥射击、游泳等国家队夏训基地的辐射带动作用，推动相关竞技项目在全市的普及，形成新的大众休闲体育项目。

第三节　我国城市社区健身圈建设中存在的问题

随着全国各地城市社区健身圈建设的推进和深入，部分城市已取得一定的建设成效，在收获宝贵经验的同时，由于各地经济条件存在较大差距，各地的建设圈建设涉及面宽、实施难度大，尚存在诸多问题，具体归纳如下。

一、财政支持措施单一

我国的体育公共服务体系建设一直是政府的工作职责之一，因而严重依赖政府财政。目前，很多中小城市的体育公共服务体系的建设仍主要依赖财政支出，社会资本进入的很少，政策激励措施不够，仅能在城市中维持基本的场地设施服务，而农村的场地设施服务更少。很多地方用于大众体育公共服务的财政资金并未单列，统计口径仍然遵循财政拨款序列中的“体育”的预算和决算。除了财政额定拨付的“体育”款项用于行政支出、竞技体育、群体竞赛、场地设施等项目之外，并没有“体育公共服务体系建设”专项经费。在指标创建的数据统计过程中，也是将“体育经费预算”等同于“体育公共服务经费”。因此，专项财政保障政策的缺失，导致我国体育公共服务体系建设成效在很大程度上取决于当地政府领导的重视程度。特别是在某些经济较落后的地区（市、区）层级中，文化、体育、新闻、教育等多机构合并，体育经费与文化、新闻、教育等多项经费合并，并且占据相对较小的份额，可用于体育公共服务支出的比例较低。在全民健身服务创建中，不确定的体育公共服务经费预算以及较低的经费预算份额，使得县（市、区）体育公共服务的支出存在服务范围有限及支出项目随意性较大的问题。由于体育公共服务涉及的资金需求量大、建设任务重、政策与实际情况的脱节、资金来源仍然以政府投入为主，没有完全发挥社会企业和个人的作用，主要是政府、企业、个人的利益、责任机制不完善，没有形成有效的运作管理系统。仅靠国家财政投入很难满足市民越来越丰富的体育健身需求，因此只有大力发展体育产业，开辟多元化的体育投入渠道，积极引入社会资本，才能从根本上解决问题。

二、资源供需矛盾严重

第一，体育场地资源供给不足、不充分。我国人口众多，居住地集中，随着生活水平的提高和观念的变化，人们日益重视生活品质，城市居民对休闲体育健身和娱乐旅游的需求日益增长，在需求层次、类型上较以往有很大不同，尤其是个性化、时尚化的休闲健身需求日益增多，许多人已经把休闲健身看作是日常生活中促进沟通交流、放松心情、休闲娱乐的重要选择。随着社会分工越来越细、工作生活节奏加快，固定一两个小时的完整锻炼时间越来越少，而临时性、碎片化的锻炼时间增多，因此对健身场地设施的要求也越来越高。解决“健身去哪儿”问题需要大量健身资源支撑，但居民现实需求和现有资源存在重重矛盾。2019 年，我国人均场地面积仅为 2.08 平方米，群众“健身去哪儿”问题依然严峻。老年人与年轻人争抢场地、中老年人广场舞扰民的事件经常上新闻，形成很多负面影响。某些时段体育场地人满为患等，仍然是困扰居民参与休闲体育健身活动的现实问题。学校体育场馆数量占我国体育场馆总数巨大，但由于受到安全、利益等各因素影响，绝大多数学校还是将体育场地“锁”起来，不愿对外开放。可见，群众体育场地资源供给不足、不充分的问题始终制约着我国群众体育事业的发展。

第二，体育人力资源供给匮乏。社会体育指导员作为全民健身体系中主要的专业指导人才，供需不平衡现象突出。现阶段，我国的社会体育指导员主要以各高校的社会体育指导与管理、休闲体育、体育教育等专业的毕业生作为人才补充来源。然而，这些专业毕业生因就业环境不佳而转行的较多。究其原因，一是社会认可度不高，全民健身项目还是集中于体育公共服务方面，体育服务转型升级不够，从事中高端体育服务的企业较少，造成体育专业学生毕业后就业困难，很多体育院校的毕业生转行，加剧了体育人才的供需失衡；二是培养目标与社会需求脱节，学生的项目设计和开发能力、管理能力等不能令体育企业满意。要改变这种状况，必须在建设体育公共服务体系的同时大力发展体育产业，开发更多的体育服务项目，引导居民扩大体育消费，才能形成需求与供给的良性循环，解决体育人才供需失衡的矛盾。

三、服务供给差距明显

我国各个地区经济发展的不平衡，导致城乡和区域之间体育公共服务资源供给存在较大的差距。总体来说，经济发达的大中城市优于经济欠发达的中小城市，城市的体育公共服务供给则优于农村地区，前者的体育设施的数量和质量也明显的高于后者，举办健身活动的数量和质量也是后者所无法比拟的，这种差距与公共财政的投入和体育机构的状况有很大的关系，与群众的公众体育需求也有着必然的联系，部分经济薄弱的地区在体育公共服务投入方面仍存在不足，难以做到体育经费支出与经济增长相匹配，各级政府留存的体育彩票公益金也难以满足本级政府体育事业发展的需要，甚至在某些地区没有体育彩票公益金收入。这种城乡体育公共服务的差距不仅降低了大众参与体育活动的积极性，而且浪费了大量农村地区的体育资源，也使城市社区居民的休闲体育范围较小，难以享受到投身大自然的快乐，使城市的体育服务企业难以开发更多的项目，体育产业失去了更广阔的发展空间。因此，以城市健身圈的拓展为依托，利用城市的经济发达、大众健身意识强、体育消费较高、体育产业发展条件较好的优势，打破城乡体育资源壁垒，将乡村的体育资源纳入不断扩大的城市社区健身圈，才有利于实现社会公平，促进共同富裕，促进城市社区体育公共服务的转型升级，实现健康中国的战略目标。

四、体育组织发展滞后

虽然我国的全民健身体系建设进入了飞速推进阶段，但很多地方的社会体育组织发展相对滞后，对大众体育健身的引领作用不明显。社会体育指导员的资格认证不严格，专业性得不到公认、收入较低、社会地位不高，导致很多退役的优秀运动员和体育院校的毕业生不愿从事这些工作，影响了社会体育组织的专业性和公信力。很多城市的社会体育组织发展缓慢，大多是以由相同爱好的居民自己组成的体育自组织的形式存在。在我国全民健身体系中，体育社会组织、社区体育组织、体育服务企业之间的联动并不令人满意，缺乏共同利益，各自为政；除了大型的大众体育赛事如马拉松比赛外，由于开展大众体育公共服务收入低下，很多社会体育组织开展体育公共服务的积极性不足。同时,除在大型体育赛事中有体育志愿服务者外,日常的大众健身中体育志愿服务者较少,主要是由自组织成员担任,缺少培训,专业性不足,并且受外界干扰因素影响大,很难持久、高质量地为市民提供体育公共服务。社会体育组织和社会体育指导员发展滞后是大众体育公共服务发展水平较低的痛点,必须用经济、政策、行政、市场等多种手段解决这个痛点,这样才能促使大众体育公共服务质量有质的提升。

第四节　我国城市社区健身圈发展的启示

从全国先进城市健身圈的发展经验来看,体育设施要配置充分,让广大人民群众靠得近、用得上,不要盲目追求"高大上",体育服务要贴合大众的健身需要,形成层级区分的多元化供给体系。具体来说,就要以全民健身的"六边工程"为抓手,推动全民健身"便民惠民",增强基本公共服务能力。

一、政策必须落到实处

我国群众体育政策以1995年《全民健身计划纲要》纲领性文件为基础,逐渐衍生出《全民健身计划纲要》(第二期工程)、《全民健身条例》以及《全民健身计划》等具有连续性的一系列群众体育专项政策,也包括《"健康中国2030"规划纲要》《体育强国建设纲要》等涉及群众体育的综合性政策。但研究发现,国家的体育政策指明的是大方向,是战略化方针,各地区要按照当地的实际情况制定具体的政策来执行中央的战略部署。现在的问题是,各地区在制定具体的大众体育公共服务的政策内容上,群众体育发展的政策前瞻性不够,内容不全面,缺乏定量化的具体目标,这无疑会影响群众体育政策的执行效果,导致结果"走样""偏离"。为此,在制定具体的政策前,必须对当地的体育资源现状进行充分考察调研,以前瞻性的眼光统筹各方利益,制定阶段性发展规划,从高位有力地推动群众体育政策更新升级。首先,在政策制定前,确立科学、民主原则。自下而上采纳、征求更为广泛的意见,集思广益,进一步发扬民主做法,提高政府的决策水平和质量。其次,在政策制定时,减少模糊性的目标描述方式,以定量化目标为主,这样既可使执行者清楚自己该做什么，做到什么程度，又能增强政策执行效果评估的操作性。除此之外，还应明确各部门的具体责任和义务，强调各部门之间相互配合。最后，在政策制定后，逐步完善相应的配套政策，包括奖罚、激励、优惠等政策与之相配套，否则“最后一公里”没做好，再好的政策也会打折扣，只有做好政策配套，才能切实提升群众体育政策的含金量。所以政府要充分发挥宏观调控的功能，用自己看不见的“手”协助示范区的经营和运转，争取倡导当地的旅游部门和文化部门大力配合体育部门，创建良好的发展环境，共同推动全民建设示范区的发展。

二、体育资源整合规划

从本书课题组的调查和分析来看，我国大众体育公共服务现状是城市社区的体育资源较丰富、集中，而农村地区和贫困地区的体育资源欠开发，未来的发展之路应该是将城乡体育资源整合起来统筹规划，走以城市带动乡村发展的道路。我国城市的经济都相对发达，社区居民的体育观念较新，对提高生活品质的要求强烈，容易激发他们体育消费的欲望。先在城市规划健身圈，培育市民的体育爱好和习惯，在此基础上鼓励体育服务企业做大做强，推动体育产业发展，在不断提高城市居民的体育服务质量的基础上，引导他们追求更个性化、时尚化的休闲体育需求，在这种需求的刺激下，引导政府、体育服务企业、个人等投资体育产业，以康养产业、休闲体育旅游、农业观光游、民俗文化游、特色地质游、户外运动、水上运动、空中运动、冰雪运动等形式大力开发乡村体育资源，形成与这些活动相伴相生、圈层叠套的大众健身服务体系，并使这些圈层不断扩大，与其他地区的圈层衔接起来，逐渐形成城乡协同发展的道路，形成大体育产业的发展格局，这样就能激活农村体育资源，扩大内需，满足大众多元化的体育健身需求，走城乡共同富裕的道路。

三、完善监督评估制度

体育先进城市在推动城市社区健身圈建设过程中的一条重要经验就是重视政府部门的监督评估工作，明确了政府的职责权限，使工作不再是大事小事一把抓，形成服务型政府的新形势，政府、社区各行其责，简化了服务流程，提高了办事效率。政府的主要任务就是统筹规划、政策支持、财政审批、监管监督以及处理重大问题;社区街道的主要任务则是落实上级下发的各项政策制度,将社区所上报的相关问题以及居民的体育需求向上级反馈,并对社区进行管理;社区则是直接对社区网格进行管理,解决网格内出现的各种问题,及时向街道汇报相关信息;网格则负责收集信息,了解网格内全民健身事业的发展现状、大众的体育诉求及意见,制定体育场地设施管理制度,对体育场地实行长效化管理,着重加大对设施规划布局、建设实施及后期维护的力度,定期排查社区内体育场地设施是否需要维修,对现有的体育场地设施进行定期的检查和维护,增加老旧小区健身器械维护次数,为居民安全地进行体育锻炼提供保障。这样经过层层有梯度的分级管理、监督,形成规划和行动的协调发展,使问题和策略都可以及时得到反馈的效果。建立全民健身工作领导小组制定评估标准,协调相关部门将与全民健身事业的相关政策、体育健身指导员、公共体育设施资金等措施统一规划,定期对各级各部门全民健身事业的发展以及全民健身示范城市的建设工作进行阶段性考核与指导,对相关问题进行评估。

四、打造赛事活动品牌

健身活动和体育比赛的结果将会让健身者有满足感和成就感。经常举行大众参与的体育系列赛、联赛、分站赛,营造浓厚的体育活动氛围,让比赛活动开展时间更长,吸引更多的人参与,是体育先进城市较为成功的做法。很多体育先进城市是把体育赛事资源推向社会,通过政府购买服务等形式,让体育协会、俱乐部、企业等社会组织来承办,提高办赛效果。这样做的最终目的是将体育活动向农村和社区延伸,通过推广社区趣味运动会、乡镇农民运动会、大众时尚运动竞赛等的成功经验,广泛开展涵盖各类人群、不同层次、各个行业、各具特色的全民健身赛事活动,健全群众性竞赛活动体系,实现健身活动常态化。通过组织开展区域健身联动活动,吸引更多的群众参与体育活动。

体育赛事活动要突出地方特色,打造品牌特色活动,形成有品牌的体育赛事项目,支持相关企业和相关体育活动做大做强,如滨海城市的水上运动项目,上海、杭州等地的马拉松赛事项目,不仅吸引了大量的群众参与,还带动了城市的经济发展,成为城市的著名品牌,扩大了城市的影响力,创造了良好的经济效益和社会效益，是推动体育产业做大做强的重要动力。大众休闲体育赛事一旦形成品牌，就可带动当地一系列相关产业的发展，这是世界休闲体育产业发展的成功经验，也是各地都在积极打造休闲之都、时尚之都、慢生活之都、帆船之都等的重要原因。

五、加强队伍建设力度

社会体育指导员是推动全民健身事业的重要力量，但社会体育指导员工作实行起来仍存在很多问题，主要是指导员的数量、结构、技能素质等还不能满足指导群众体育健身需求，上岗率普遍偏低等问题。政府需要尽快出台相关政策和鼓励措施，一是稳定社会体育指导员与社区的联系，加强社会体育指导员的培训力度，并强化其日常体育指导服务的组织推动和服务意识，重视提高指导员的技能素质，改变过去重数量，轻质量的问题。二是购买体育公共服务，鼓励社会体育指导员在全民健身活动站点开展日常性健身指导服务。此外，政府还应尽快建立全民健身志愿者队伍，组织优秀运动员、教练员、体育教师、体育专业学生和体育科技工作者加入全民健身志愿服务者队伍，每年定期下社区指导群众进行科学健身，并适当给予一定补助，激励更多有体育专长和志愿服务意愿的社会各界人士参与全民健身志愿服务工作，形成长效化的志愿服务机制。为加快社会体育指导员队伍建设步伐，扩大社会体育指导员队伍规模，全面提升服务全民健身水平和能力，政府应加强骨干力量建设，骨干力量是健身活动的中坚力量，对今后健身活动起着推动的作用。

第四章　发达国家大众体育发展经验及启示

二战后，随着以核能、计算机信息技术、空间技术、生物技术为代表的第三次科技革命的到来，社会财富大量增加，工作时间大幅度减少，“有钱有闲”使普通人也可享受高质量的休闲生活，人类的生活方式发生了极大变化，体育休闲活动受到前所未有的重视，成为现代人生活方式的有机组成部分。但是也应该看到，科技的发展在给人类带来巨大好处的同时，也威胁着人类的健康，肥胖、心脑血管疾病、癌症等现代文明病成为困扰发达国家的重要社会问题。由于西方国家发展较早，所以更早地面临这些问题。科学研究结果使人们认识到体育活动是预防和治疗疾病的有效手段，也是缓解劳资矛盾、提高社会生产率的重要措施，因此他们采取了很多积极的措施来推动本国大众体育的发展，实践证明这些经验是很有效果的，不仅这些国家的大众体育蓬勃发展，形成了现代人与体育活动密不可分的关系，而且大众体育与竞技体育共同构成了发达的体育产业链，在现代传媒技术、现代信息技术等现代先进科技的加持下，西方国家的竞技体育和大众体育的影响遍及全球，体育产业也得到高速发展，这些国家尤其是美国体育产业的产值在20世纪八九十年代就已经超过传统的石油、汽车产业，成为国民经济的支柱性产业。在现代社会，大众体育的发达程度已经成为衡量一个社会富裕程度的标准之一，也是衡量一个政府执政能力的重要标志。因此，总结和借鉴西方发达国家发展大众体育的经验是规划山东省城市社区“十五分钟健身圈”建设的重要手段。

第一节 美国大众体育发展经验及启示

二战后，世界经济、科技和文化的中心转移到美国，美国作为当今全球公认的体育强国，强大之处不仅是我们所熟知的竞技体育领域在世界体坛上的强势地位，在促进大众体育发展上也采取了很多有力的措施，形成了发达的休闲体育娱乐产业，使美国的大众体育发展水平走在世界前列，成为世界各国发展大众体育学习和借鉴的范本。

一、美国大众体育发展的成功经验

（一）高效的大众体育治理体系

早在20世纪50年代，美国就成立了总统青年健康委员会和总统青年体适能咨询委员会，1961—1964年，总统青年健康委员会先后发行了多种从青少年到成人的体能发展指导手册，对青少年和成人实施体能测试。美国历届政府对国民健康与体育活动都很重视，国民体质和健康问题是历届美国总统国情咨文或专题报告的重要内容。美国国会早在1978年颁布的《业余体育法》中就已明确政府不设置专门体育主管部门，不设单一、垂直的权威机构来负责全面的体育协调工作，而是将体育渗透到其他与管理部门机构当中，如卫生与公共事业部、劳工部、教育部、住宅与城市规划部，分别负责制定大众体育政策以及大众体育场地设施的建造和维护。[①] 这些国家行政部门只负责为体育提供政策、资金等资源，无权干预和管理体育事务。政府将体育管理权限下放至各种独立、半独立的体育组织和协会，使它们拥有高度自治权。例如，有着百年历史的美国营地协会(American Camp Association，ACA)，拥有全国几千个营地的管辖权，负责对营地进行监护、规划、认证等全方位管理，不受政府干预，能够根据市场情况以及群众需要迅速地调整，具有极大的灵活性。这些协会组织在美国各个体育领域广泛分布，因为其非营利性的特点，国家以及地方政府都采取了免税、补贴等许多优惠政策予以扶持，以解决

① 参见彭大松：《群众体育发展的机遇抑或挑战：基于我国人口结构转变的一项探索》，《武汉体育学院学报》2011年第2期。

协会进行各类体育活动开展以及运营资金问题。这种管理模式与美国政府的某一理念完美契合,即“最好的政府是控制最少的政府”,政府尽可能少地介入社会管理事务,充分发挥社会团体的积极性与创造性。这些社会组织在促进大众体育发展过程中起到了无法替代的重要作用。

(二)连续的大众体育政策引导

1980 年,美国揭开了“健康公民计划”时代的序幕,其后每十年都会推出一项健康公民计划,其最终目标是要减轻美国民众所面对的各类慢性病,而每一项健康公民计划都设定对应的远景目标、任务及测量目标等,《大众体育计划》《国民体力活动计划》都是为了推动群众能经常性地参与体育活动,为其提供标准的指导方案以及保障措施。这些健康政策的积极效应,使“体育”在美国人的观念中至关重要,并在增强体质健康、预防疾病发生和降低医疗支出方面发挥着越来越重要的作用。

(三)充足的大众体育资源供给

1.财力资源保障

美国大众体育建设资金来源具有多元化特点,大众体育建设资金主要来源于政府的财政补贴,而且地方政府的投入远远高于联邦政府。美国政府对社区体育的投入一般占国内生产总值的 1%左右,在整个大众体育经费中大约占 30%,其余经费主要来自社会团体自筹及商业化运作等。随着社区体育管理机制的发展成熟,在融资过程中,政府投资的比重越来越低,更加注重市场和金融的发展。

另外,体育彩票也是美国大众体育建设的重要资金来源。美国体育博彩业(含发行彩票、赛马博彩等)年收入近 40 亿美元,至少 34.1%以上的彩票收入要投入公共事业,彩票的营利主要投向教育事业、环保事业、公园和娱乐场所等的建设。

除此之外,在美国大众体育社会筹资的投入也占比巨大,甚至高于政府投入。俱乐部等组织的经费主要来源于商业化的经营、公众捐助、赞助和特许使用费等,而政府主要是通过法律规定减免税收的方式对俱乐部进行支持。筹集资金的渠道也是多元化的,主要有服务性收费,包括会费、会员使用俱乐部设施的费用、举办比赛活动的创收等。

2.场地设施资源供给保障

美国在开启“全民健身”时代后，场地设施能否满足大众需要的问题一直是国家所重视与关心的。通过长期的实践与发展，美国的人均体育场地面积已达到19平方米之多。[①] 美国为提升人均场地面积，解决场地设施不足的问题，采取了以下措施：一是组建了专门对户外运动发展进行规划和管理的政府部分，在城市用地规划中预留建造体育设施的土地，其中规定美国联邦政府、地州政府、地方政府分别拥有2.6亿英亩、4200万英亩和1000万英亩的土地可用于休闲体育活动。在城市化高速发展的美国，预留如此巨大的空间用于群众休闲体育活动，可见其对体育的重视程度。二是立法规范，资金补助。美国国会1965年通过的《土地与水资源基金法》，为大众体育场地设施建设提供了大笔资金，促使美国大众体育设施建设在70—80年代中期达到高潮。[②] 美国《健康公民2000年》的一项重要措施，就是在社区中每万人拥有1英里健身小道、每2.5万人拥有一个公共游泳池、每万人拥有4英亩公园与休闲体育场地。当前，美国大部分社区都有社区体育活动中心，包含了多种场馆设施和配套的休息、餐饮、娱乐等服务，可以进行羽毛球、游泳、健身房、高尔夫、网球、野营、骑马等多种活动。[③] 在提供大众体育场地方面，美国最有特色的多种多样的公园发挥着重要作用，多种多样的小型公园、街区公园、社区公园紧靠居民居住区，主要供居民从事日常休闲体育活动；各个州公园和国家公园（如黄石公园等）远离聚居区，面积较大，为全美和世界各地的游客提供徒步旅行、野营、滑雪、烧烤、旅游、划船、游泳、登山、攀岩、钓鱼、骑马等活动，美国州公园和国家公园不仅是居民节假日健身的理想之地，还是著名的旅游地，每年吸引国内外游客大约7亿与1.6亿人次参加各种户外活动。

3.人力资源保障

随着经济发展，生活方式的转变，美国健身人数也呈井喷式发展，急迫需要社会体育指导人员。但在美国精英教育背景下，难以培养大批次的针对性人才，社会性体育协会便很好地解决了这一培养机制不足的问题，逐渐成为

---

① 参见李国、孙庆祝：《新世纪以来我国体育场地发展变化的实证研究——基于第5次与第6次全国体育场地普查数据的统计分析》，《西安体育学院学报》2016年第2期。

② 参见刘文臣：《对国外群众体育发展的研究探索》，《哈尔滨体育学院学报》2006年第3期。

③ 参见林显鹏、刘云发：《国外社区体育中心的建设与经营管理研究——兼论我国体育场馆建设与发展思路》，《体育科学》2005年第12期。

培养美国社会体育指导员的主力。包括大众所熟知的美国运动医学学会(American College of Sports Medicine，ACSM)、美国运动委员会(American Council on Exercise，ACE)、美国国家体能协会(National Strength&Conditioning Association，NSCA)、美国国家运动医学院(National Academy of Sports Medicine，NASM)等，四家机构的“CPT 私人教练认证”，是美国及全世界 60 多个国家认可的私人教练职业证照。这些协会以及各运动单项协会，为美国培养了一大批不同种类的社会体育指导员。美国体育与健身行业协会数据显示，仅青年体育教练美国就有 650 多万名，这些人才为美国公民健身计划以及大众体育活动提供了专业性的指导与管理。

除此之外，美国的志愿者服务体系也为大众体育发展提供了大量的人力资源。根据美国志愿者官方网站的统计数据，据调查，美国共有体育服务志愿者 6260 万人，全年累计志愿服务时间长达近 80 亿小时，每年无偿提供的体育健身服务的价值高达近 1700 亿美元，可见志愿者在美国社会中的普遍程度。[①] 高质量的人才培养机制以及成熟的志愿者服务系统，为美国大众体育的发展提供了充分的人力资源保障。

（四）庞大的大众体育消费市场

美国是世界上众所周知的体育强国。20 世纪 70 年代中期，美国大规模推行全民体育运动；80 年代末，美国设立卫生与运动主席理事会，促进民众体育运动发展；1991 年，美国总统布什通过卫生部颁布的《全民健身十年计划》，并将 5 月定为健康月，为美国大众体育运动的推广与发展提供了国家的保证。美国民众参与各类休闲体育运动已经成为生活习惯，是休闲度假和日常闲暇时必不可少的内容，各类休闲体育项目全面普及，群众体育事业迅猛发展。

作为衡量群众体育发展水平的重要指标，群众体育参与率能够直观反映出当前该地区群众体育发展水平。根据美国 Statista 数据统计公司的资料，美国近五年体育参与率都稳定在 70% 以上，2019 年体育参与率更是达到 73.2%，这也就意味着美国 3.28 亿人口中参加锻炼的体育人口达到了 2.4 亿，每 100 个美国人当中就有 70 多人参加体育活动(见图 4-1)。其中，健身散步、游泳、保龄球、自行车、高尔夫球、慢跑、长跑、网球、棒垒球、有氧运

---

① 参见王存良：《美国体育公共服务中社区体育志愿者的管理模式》，《武汉体育学院学报》2016 年第 8 期。

动、排球、篮球、山地滑雪、壁球、橄榄球、越野滑雪等项目是大众参与最多的项目。

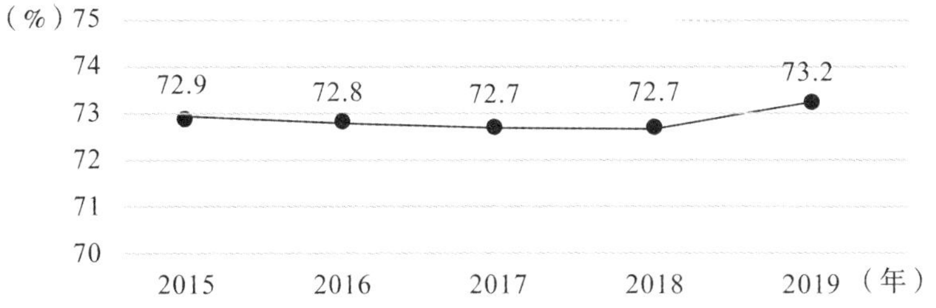

图 4-1　2015—2019 年美国人口体育参与率

资料来源:美国 Statista 数据统计公司,https://www.statista.com/。

体育参与人群的增加,对大众体育服务消费品的需求迅速上升,催生了庞大的体育消费市场。自 20 世纪 60 年代以来,美国的 GDP 人均跨越了 5000 美元的门槛,人们对健康和生活质量的要求不断提高,以网球、高尔夫、有氧健身操等为代表的大众有氧运动风靡全国,健身热潮风起云涌;尤其是马拉松由专业运动员进行的枯燥运动发展为风靡世界的大众休闲运动。据统计,2013 年就有 54.1 万美国人完成了全程马拉松跑,而 2014 年中国只有 7.5 万人完成了全程马拉松;2014 年美国举行了 1100 场大众马拉松赛事,日本举行了 200 场,中国举行了 53 场;据美国权威杂志《跑者世界》的一篇文章估算,一个美国跑友一生在装备上的花费分别为普通跑友花费 14358 美元、进阶跑友花费 56942 美元、发烧级跑友花费 212872 美元,其中服装、装备(从头到脚的装备,包括遮阳帽、眼镜、耳机、速干衣、背包、水壶、腰包、手机、App、心率计、智能手环、裤子、袜子、运动鞋)和赛事报名占据了美国跑友支出的大部分,仅马拉松一项,就形成了庞大的体育消费产业链,影响及于全球。

(五)完善的大众体育监督评估

美国对体育公共服务的监督评估主要从公民体育活动状况、体育公共服务水平展开。美国对公民体育活动状况的监督评估已实现数字化管理,如各州均建立了“健康公民”的目标管理数据库,确保评价的定量化。并通过完善的法律制度,运用多重监督网络,对市场定价、供应质量等作出明确的规范,并及时给予协助。

二、美国大众体育发展的启示

为什么美国在长期保持奥林匹克运动霸主地位的同时,其大众体育也能够持续、稳定、健康发展。下面我们将从大众体育治理体系、大众体育政策、大众体育资源供给(经费、场地设施、人力)、大众体育监督评估四个方面进行分析,以期获得大众体育发展经验以及发展启示。

(一)强化运动健身意识,使体育锻炼终身化

美国特别重视从小开始抓体育,尽管各州没有统一的体育教学目标,但中小学都有体育教育内容,主要包括终身体育教育、竞技体育教育、健身和身体活动教育。学生在青少年阶段基本上都掌握了一种以上的体育项目技术,为他们以后参与体育活动打下了良好的基础。欧美发达国家大众体育开展的经验表明,只有当群众认识到开展大众体育的重要性时,才能为大力普及大众体育提供一个良好的内部激励环境,在这种情况下,推动全民健身终身化才能真正得以实现,这是一个国家实施全民健身体育活动的前提条件和内在动力。

(二)拓展多元资源投入,使资源供给多样化

美国大众体育场地设施供给经验表明,在扩大场地设施数量的同时,也要提高场地设施资源质量。充分借鉴以政府主、社会为辅的治理模式,充分利用体育彩票基金,持续性地投入。在学校场地开放方面,积极引入政府购买、社会体育组织运营的新模式,以解决学校的后顾之忧,保证学校体育场馆开放再利用率。在人力资源培养方面,建立政府、学校、社会三者协同的培养机制。政府为资助者,主要通过行政手段出台相关政策文件积极引导,建立奖励机制,加大对体育人才培养资金投入力度。高校和社会为主要培养者,相互协同,使高校教育与职业资格考核鉴定有机结合,充分挖掘高校中体育类专业人才,如果把这部分人群发动起来,那么我国社会体育指导资源数量和质量都会有长足的发展。

(三)构建完善服务体系,使服务主体多元化

美国大众体育的发达与社会体育服务体系的完善有密切关系。如前所述,美国在政策法规、资源投入、体育服务等方面构建了完善的社会体育服务体系。首先,在体育服务政策保障方面,美国通过一系列法令政策为体育服

务体系开通绿色通道,保证服务体系建设能够顺利开展。其次,大量投入资金和人力资源,建设体育服务平台以及站点,采用多渠道培养体育指导员,并有严格的考评标准和推出机制,使健身指导人员的公信力高,而且体育服务指导人员的收入水平较高,社会地位也较高,吸引很多退役专业运动员和受过高等教育的人加入,能持续壮大体育服务指导人员数量。最后,构建体育志愿服务网络,形成集培训、服务于一体的志愿服务网络,并将志愿服务时长与社会、学习评优评先挂钩。

第二节　英国大众体育发展经验及启示

英国在20世纪后期进行了一系列的体育管理改革,如成立英格兰运动委员会、英格兰体育理事会等机构,主管英国竞技体育和大众体育发展,这些运动管理机构实际上是非政府性质的,使得英国的体育事业进入了一个高速发展的新时期,大众运动也蓬勃发展,所产生的经济价值每年增长390亿英镑。[①] 梳理分析英国大众体育发展状况,能为我国全民健身发展提供思路。

一、英国大众体育发展的成功经验

(一)完善的大众体育治理体系

英国的大众体育管理是一种由政府和社会共同指导,最终由社会完成实施的机制。在国家层面设置了体育公共服务的政府机构,即文化、传媒和体育部(Department for Digital, Culture, Media & Sport,DCMS),可以视作"供给者",主要负责制定宏观的国家体育政策以及供给资金,不直接介入干预体育管理事务,而是将管理权限下放至非政府体育组织和协会,如英格兰理事会(Sport England)。

英格兰体育理事会是DCMS下属的承担着英国大众体育发展任务的管理组织,它的主要职能之一就是依据DCMS发布的国家体育发展战略,制定相应的大众体育发展战略并组织实施。在政府引导下依靠国家和地方财政

① 参见杨鸣、冯晓露等:《英国群众体育发展战略的实现路径——基于英格兰体育理事会的实践》,《武汉体育学院学报》2018年第6期。

拨款，为大众体育公共服务和开展各类大众体育活动赛事等，但其在实施开展大众体育工作过程中保持高度的独立性，能够独立制定促进大众体育参与的具体制度和方案，用各种方式刺激和引导群众参与体育活动锻炼，使国家相关体育政策顺利执行。这种“政府引导，分权社会”的管理模式既能够保证非政府体育组织拥有最大的灵活性，能够迅速根据实际情况的变化而作出调整，发布新的大众体育战略，又能确保国家对非政策组织的控制力，依然能够通过各种行政、经济、法律手段加以干预，保证大众体育不偏离正确的发展轨道。[①] 组织管理结构的科学性与合理性为英国大众体育的发展注入了活力与动力，促进了大众体育快速发展。

（二）灵活多样的大众体育政策

英国本来就是现代户外体育运动的发源地，大众热衷各种体育运动，有悠久的体育运动传统。近年来，人们更加热衷于散步、自行车、游泳、滑雪等户外体育活动，强调回归自然的感受。历届英国执政党都将公共福利政策的改进与完善作为提升民众支持率的重点来抓，在提升民众体育参与和健康方面取得了巨大的效益。1972 年，英国制订了《英国全民运动十年计划》，对运动设施、经费管理、运动参与等方面做了具体规定，促使英国人更加积极地加入全民健身的行列中。[②] 20 世纪 90 年代末，英格兰体育理事会推出了“活跃社区”(Active Community)的全新计划，以增加人们终身参加体育及娱乐活动的机会，促进地方一级的体育发展，使所有人都可以拥有这种参与体育运动的机会并全部达到理想中的最佳状态。英国传统的田径、篮球、板球、女足、无板篮球、曲棍球、职业橄榄球、业余橄榄球、游泳、网球这十项运动在全国范围内最受年轻人喜爱的体育活动成为“活跃社区”计划的基本项目得到推广。[③] 2010 年，英国政府发表《体育运动和娱乐白皮书》，明确强调了民众体育休闲是社会福利的重要组成部分，不可忽视，该政策标志着体育成为公民的基本权力纳入政府公共服务的范畴。以此为依据，《社区体育：未来十年》政策出台，制定了未来十年参与体育活动不同人群的数量、场地器材建设等

① 参见李留东、田林等：《美、德、英三国体育公共服务建设经验及启示》，《天津体育学院学报》2019 年第 6 期。

② 参见李罗季：《英国社区体育实施全民健身的经验及启示》，《体育文化导刊》2017 年第 5 期。

③ 参见王英峰：《英国体育管理及体育政策的演进研究》，《天津体育学院学报》2011 年第 3 期。

目标，目标的顺利实现加大了英国体育锻炼人群比例，新增了近8000个体育场地基础设施。

2011年，英国出台《大众的体育未来》，将投入1.25亿英镑帮助社区建设公共体育设施，加大体育场馆的开放率以及利用率。2008年《英格兰体育战略(2008—2011)》与2012年《年轻人和社区战略》都是以社区为依托，设定了包括不同的性别、年龄、运动项目、次数等多维的体育参与目标，以促进社区体育、大众体育的发展。2015年发布的《体育未来》是英国当前最全面、具体的体育政策，该政策设定了9个不同体育目标领域，与大众体育相关的目标领域占3个，每个目标领域设有定量化的达成指标。为此还提供了具体可操作的实现办法与方案，预计在4年之内投入1.2亿英镑的财政资金进行扶持。大众体育在政策的保驾护航之下茁壮成长，使英国的大众体育成为世界一流的代表。

(三)充足的大众体育资源供给

1.财力资源供给多元化

英国社区体育组织经费来源主要有两个途径：一是国家财政拨款补贴。社区体育经费中的中央政府拨款较少，地方政府的投入占大头。数据显示英国每年投入高达20亿英镑资金，专门用于体育领域，包括社区体育建设等。二是社会团体自筹。为鼓励企业及社会团体资助公众运动，政府采取支持投入政策，即企业第一次赞助时，政府按1∶1给予补助，第二次补助时按1∶1.5进行配套投入。除此之外，还从减税、免税等多个方面为企业提供优惠政策。

2.场地设施资源供给充足

英国社区公共体育设施的建设标准由政府根据社区人口规模制定。如每2.5万人的社区要建设一个社区体育中心是基本标准，并规定社区体育中心能够开展17个体育项目满足其配套设施。政府通过财政补贴、体育彩票基金手段保证体育场供给的数量与质量。[①] 根据英格兰体育官网对体育活动场地的调查数据显示，截至2020年12月，英国15种不同类型的体育活动场地共有163276个，按照英国2020年3月6日人口总数66673504人计算，每万人拥有体育场数量高达244个。场地类型具有多元化的特征，从室内到室外，

① 参见唐胜英、Elizabeth · Pike:《英国大众体育场地设施的供给、管理与使用》,《体育与科学》2015年第2期。

从水陆到冰雪都涵盖其中，以满足群众不同体育需求，促进大众体育多样化发展。其中足球场地数量最多，单是天然足球场地就达到8526个，密集的分布在城市之中，为足球爱好者提供了充足的场地。就拿英国首都伦敦来说，1577.3平方千米的区域内分布着14座专业的足球场，这其中还不包括其他的小型足球场。除此之外，英国体育理事会还通过政策文件、财政资助，要求学校将校区内至少3/4的体育馆和1/3的游泳池向公众开放。[①] 经营体育商业场所为主的私人主体也可以通过合作获取补助资金，采取低收费的方式向社会开放。

3.体育服务的人力资源充足

2019年，英国体育教练协会委托全球知名市场研究公司YouGov(舆观调查网)进行了有史以来最大规模的调查，调查包括最近指导过运动或体育活动的教练以及受训参与者的人数、性别等。调查显示，在过去12个月里指导、训练、教授过运动或体育活动的成人年占调查总数的6%，与2017年的调查数据相比略有下降。[②]

英国大众体育服务中的人力资源体系中，除了体育发展机构的专职人员外，更多的供给来源于体育志愿者。在社区体育、学校体育活动中，体育志愿者的身影随处可见。2017—2018年英格兰体育协会调查显示，630万成年人在过去一年中至少自愿参加了两次体育志愿活动，直接为社会创造价值500多亿英镑，可见体育志愿者已经成为推动英国大众体育服务的重要力量。

(四)较高的大众体育参与比率

英格兰体育组织公开数据显示，英国成年人参与体育锻炼的人口比例从2016年到2020年呈稳定上升趋势。英国人崇尚体育运动的习惯得到充分释放，体育健身服务需求蓬勃发展。2020年最新数据显示，英国每周至少进行150分钟体育锻炼的成年人比例为62.8%，每周进行30—149分钟体育锻炼的成年人比例为11.7%，也就意味着英国成年人中有2860万人每周至少进行150分钟运动，530万成年人每周进行30—149分钟的锻炼(见图4-2)。

---

① 参见戴俭慧:《国外体育指导员资格认证制度的启示》,《体育学刊》2008年第5期。

② 参见王占坤、彭艳芳、许昌、高继祥:《英国体育公共服务治理经验及启示》,《首都体育学院学报》2020年第1期。

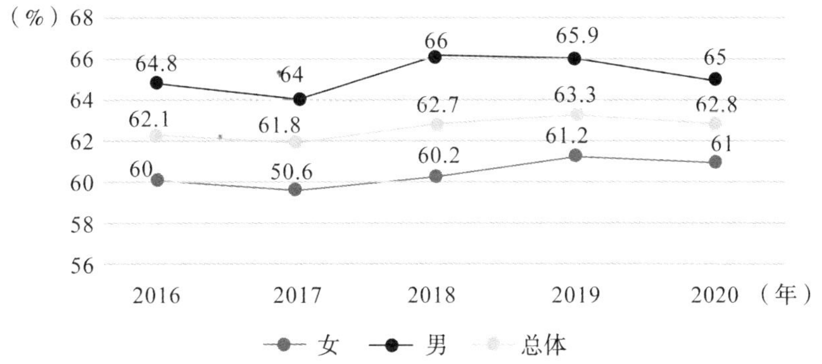

图 4-2　英国每周至少进行 150 分钟的锻炼的成年人比例

资料来源:英格兰体育 https://www.sportengland.org。

(五)高效的大众体育监督评估

英国对公众体育的监督与评价已有较为成熟和全面的制度。英国政府在购买体育公共服务时,主要采用合同的形式进行监管,通过担保制度、统一购买者和消费者的体育服务理念和服务理念、惩罚制 3 种方式对体育公共服务提供者进行监督。监管主体以政府职能部门为主、社会力量为辅,服务效果以消费者的回应性评价为主。在公众体育活动绩效方面,构建了国家、区域、地方三个层次的公共体育活动绩效监测体系。

二、英国大众体育发展的启示

(一)多元化的经费投入

英国已形成了政府、社会团体、个人等多种形式的体育场地投资模式。政府投入占主体,资金投入份额逐年增加,投入领域主要聚焦于大众体育基础设施,包括大型体育场馆、社区体育运动设施等。各类体育俱乐部则凭借政府投资的体育场地设施硬件条件,通过市场手段运营获利,为大众体育活动的开展提供了经费。

(二)科学化的指导管理

英国大众运动服务规范体系的构建经验主要有:有相应的学术团队,对健身理论和实践进行了科学指导;严格体育指导员培训、资格认定条件,采用分类分级制,不同类别体育指导员均有特定的培训内容,以保证体育指导的专业性;对体育指导员资格进行定期考核和认定;建立网络化的体育指导与志愿队伍。

（三）全面化的监督体系

全面、科学的监督评价制度和机制是建立健全和有效运作大众体育发展的重要保证。英国对公众体育服务质量的评价主要包括5个方面:(1)由政府和社会团体共同参与;(2)建立由上到下的各级监管和评价机制;(3)对公众体育的健康状况进行定期的监测和评价,确保科学健身目的的实现;(4)建立比较详尽的评价指标体系;(5)实行契约管理,严格监管市场化的体育公共服务,并建立相应的处罚机制。

第三节　日本大众体育发展经验及启示

日本人口总数较少,但全民参与体育活动的人数占比高,这与日本政府一系列政策引导和社会改革密切相关。日本作为亚洲国家当中的体育强国之一,其发展大众体育方面的经验也值得我们学习。

一、日本大众体育发展的成功经验

（一）灵活的大众体育治理体系

日本大众体育管理由政府机构、社会团体、民间组织三者共同协作实现。政府是掌舵者,但是不直接领导群众活动,而主要采取民办官助方式,资助社会力量开展大众体育活动。政府体育管理部门的主要职责有制定宏观政策、财政补给、监督等。社会团体等非营利性的社会组织是实施者,主要负责落实上一级政策,为群众提供体育公共服务,具有自我管理、自我经营的权力,在执行过程中拥有高度的独立性,以灵活适应社会需求变化。这些非政府社会体育组织是大众体育的重要治理主体,在普及终身体育、促进体育活动参与率、公共体育资源供给、促进社区体育发展以及培养社会体育指导员方面都发挥着不可替代的作用。日本的民间体育组织需要通过政府机构的审查,办理合法手续才有资格参与大众体育组织管理。这些民间私营体育组织的参与能够为大众体育注入更多的市场资本,以盘活大众体育市场。日本政府在大众体育服务中“只管不办”，将“办”移交至社会组织，形成了层次分明，责权清晰的多元主体协调治理格局，推动了日本大众体育高质量发展。

（二）递进的大众体育政策引导

二战后，日本经济迅速发展，1964 年东京奥运会时，日本已经超过德国，成为世界上第二大经济体。经济的发展带动了广泛的社会改革，体育领域作为其中一项，也逐渐得到日本政府的重视，提出了“体育保健”“新体育”的概念。1961 年，日本颁布具有法律性质的体育政策《体育振兴法》，该政策的出台为日本大众体育的发展提供了法律依据，具有里程碑意义。依据该法案，政府出台了一系列政策法令以及体育振兴计划，提出了社会体育运动场地的理想标准，为社会体育的发展提供了法律保障。1964 年，日本内阁推出了“国民健康与体力增强之对策”，强调“体育、运动休闲活动的普及，要靠学校、社区、工厂等单位共同来推进，因此设备的整建、指导人员的培养，团体训练等都要加强”。

进入 21 世纪，日本相关体育政策的数量达到一个新的高潮。2000 年，日本文部省制订了《体育振兴计划》，对 2000—2010 年的竞技体育和大众体育事业发展进行了总体规划，提出要实施终身体育的目标，让民众任何时候、任何地点都可以从事体育活动，将社区体育作为大众体育发展的首要目标，采取包括体育设施建设、体育俱乐部建设、体育指导员培养、学校体育设施开放，促进学校和社区共同使用学校体育设施等多方面的措施。2011 年的《体育基本法》是对上一部体育法的继承与完善，要求加大对社区体育的支持力度，设立全民健身活动以及对优秀参与者进行表彰奖励，此外还要求加大体育场地设施的建造和开放力度等，意在督促国民积极参加社会体育活动。

《体育基本计划（2012—2017）》关注点在体育参与和健康促进，作为日本体育基本计划的第一期工程，该计划包括宏观目标和微观目标，大众体育目标包括体育参与率、次数、时间，培养足够的体育指导员，增加体育设施等。增加财政投入，2016 财年，在促进与公众有关的体育活动方面，日本已投入约 180 亿日元。《体育基本计划（2017—2022）》二期计划，是以早期计划目标为新起点，重新制定新一轮目标。这些政策为日本大众体育事业设定了发展框架，提供了充分的支持，是日本大众体育事业繁荣发展的基石。

（三）丰富的大众体育资源供给

1.财力资源保障体系多元化

日本大众体育发展资金渠道主要有二：一是政府投资，日本大众体育以政府出资主导，财政投入主要由中央和地方两个方面构成。日本国家各部门在大众体育相关方面投入预算总额高达百亿日元。二是振兴体育彩票，振兴体育彩票制度规定奖金返还率为50%，除去发行费用，余下的为公益金。2002—2014年，约268亿日元的公益金资助了日本各项体育事业。其中，排在前3位的分别是社区体育设施建设、体育团体的体育活动和综合性体育俱乐部的建设，分别为72.04亿日元、64.65亿日元和61.82亿日元。

2.充足的场地设施资源供给

日本政府极为重视体育场馆建设，2002—2015年平均每年投入5831亿日元用于公共体育场地建设和维护等。根据2018财年日本全国体育设施调查数据显示，2018年日本全国体育场地设施共183184个，场馆类型以体育馆、多功能运动场、室外游泳池、室外网球场、柔道场等类型为主。其中，学校体育场地共有113054所，占全国体育场地设施的比重高达60.4%；公共体育设施共51611所，占27.6%；民间私人体育场地设施16397所，占8.8%；大学体育设施6122所，占3.3%。

为解决公共体育设施的数量问题，日本早在《体育振兴法》中规定学校体育场地要积极对外开放，并在随后针对学校场馆开放推出了多项相关政策，以确保场馆对外开放。这些政策的顺利执行使学校体育场馆开放率维持在较高水平，2018年日本学校体育场馆开放率为90.20%。学校体育场馆开放弥补了其他类型场地设施供给不足的问题，保证了大众体育活动场地设施供给。

日本的国土大部分是山地、森林和丘陵，海岸线漫长，因而日本文部科学省和其他省厅非常重视滑雪、郊游、登山、海泳、潜水等项目的开发和设施的建设，建设了可供野营、自行车郊游的运动森林公园，供游客野营、滑雪、野外活动等。

3.体育服务人力资源开发措施得力

2019年，日本更新了原有的《体育指导员制度》，将体育指导员划分为5个领域（体育教练基本资格、教练资格、健身资格、运动医疗资格、管理资格）

和17种资格。日本体育协会网站显示，截至2020年10月1日，官方体育指导员注册人数608986人，基本满足了日本大众体育发展需要。并且对于这些指导员还会进行定期的再培训和检查。日本体育指导员的资格有效期为4年，在资格有效期限内，必须参加相关课程学习，使其执照更新，逾期一年未重新登记者，将被取消资格。[①] 严格的再审查制度，使得日本体育指导员的质量水平得以保证。

此外，日本还拥有较为成熟的体育志愿者网络。2019年，日本体育志愿者协会随机对10—70岁的男女共14985人进行了调查，询问了过去一年的体育志愿者实施情况，调查显示，69.7%的人过去一年参加过体育志愿者。社会体育指导员与体育志愿者两个巨大的群体共同渗透到大众体育服务当中，解决了日本大众谁来“教”“指导”的问题，提高了大众科学健身的水平。

（四）均衡的大众体育参与比率

日本以1964年东京奥运会为契机，大力发展大众体育活动。20世纪80年代，日本经济发展迅速，人们的生活习惯与要求都发生了很大的改变，休闲活动的增加、人口的老龄化，使人们越来越重视和追求身体的健康。为了满足人民日益增长的运动需求，日本提出了“终身体育”，并将其与竞技运动并驾齐驱。“终身运动”“娱乐运动”成为日本20世纪80年代末和90年代早期的主要体育运动理念，大众健身氛围逐步形成，家庭体育健身消费迅速增加。日本文部科学省体育参与率的数据资料显示，2016—2020年日本成人每周运动一次以上的参与率呈逐渐上升趋势。2016年，日本体育参与率为42.5%，但在日本新一轮体育政策刺激下，参与率逐年升高。到2020年，日本最新数据显示，每周至少运动一次的成人体育参与率达到59.9%。其中，不同性别成人体育参与率的情况为男高女低，每周参与一次以上体育运动的男性比例为61.8%，女性比例为58.3%。2016—2020年，男性与女性体育参与率的平均差值为3.66%，两者的体育参与率差距较小，不同性别参与体育锻炼的人数比较均衡，结构合理（见图4-3）。

① 参见钟建明：《日本体育指导员管理制度研究》，《体育文化导刊》2013第5期。

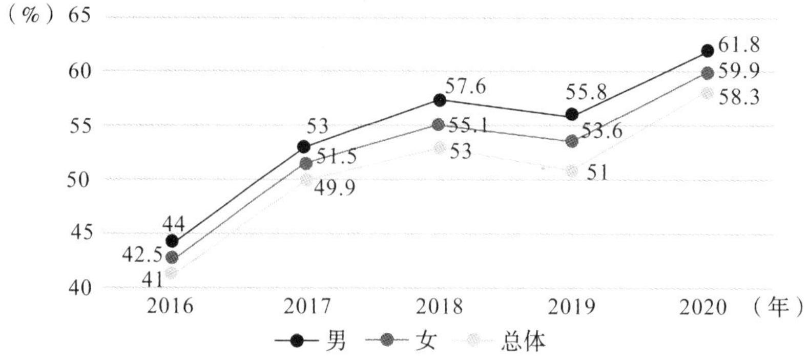

图 4-3 日本不同性别成人每周至少一次体育活动的参与率

资料来源:日本文部科学省官网 https://www.mext.go.jp/sports/index.htm。

(五)完善的大众体育监督评估

日本大众体育政策评价组织在每个评价内容中分别设定了主、辅两项指标以及完成任务的主次措施等。例如,为实现改善青少年体能的政策目标,制定了综合的量化指标,包括学校体育部的活动情况、青少年体育指导员的组成、学校体育设施等。另外,日本文部科学省在《体育基本计划》中也提出了提高民众体育政策绩效评价的科学化定量指标。为提升政策效能,文部科学省还对颁布的政策进行预先评估,以评估政策的可行性、效用、成本、效益等,并以质化的方式进行量化分析,以确保政策的效能。因此,在发达国家,公众体育政策评价的中心思想就是公正与效率。

二、日本大众体育发展的启示

(一)构建终身体育观念

1964 年东京奥运会后,日本就把发展大众体育工作放到竞技体育工作的前面,并制定了多项措施来保障实施。1964 年 12 月,日本内阁作出了“增进国民健康与体力的对策”的决定,并于 1965 年 6 月提出体育课程改革方案和中小学教学大纲,从学校教育着手,培养大众的终身体育意识。1977 年以后,实行“生涯体育”教育,要求学校体育教育要培养学生终身体育的能力,强调学生个性发展和自我教育能力,为大众体育的发展奠定了坚实的基础。

（二）提供政策支持保障

政策支持是各国保障大众体育发展的重要措施。日本提出的《迈向21世纪的体育振兴策略》，主体部分由不同层次的目标组成，构成了主次分明、轻重突出的完整目标体系。日本社会体育政策的重点在于促进社会公共体育设施建设和社会体育指导者培育，而且政府对此也给予了高度的财政支持。

（三）重视公共场地设施开发和服务

日本大众体育活动主要是依托学校体育场地设施开展，这也是发达国家的普遍做法。日本的学校运动设施在建造时，充分考虑到公众的需要，通常会安装一些夜间照明设备，以满足老年人、残疾人、妇女等群体的特殊需要。日本的企业、学校都有各种形式的业余运动和运动俱乐部，它们的规模虽然较小，却分布在社会各个角落，为市民提供各种不同的运动场地。

第四节　德国大众体育发展经验及启示

德国大众体育有着完善的政策制度，凭借法律性质的政策的引领，全国大众体育事业建设得到了很好的保障，再加上多元的资源供给与健全的监督评估体系等一系列得力措施，将德国大众体育事业推向了新的高度。

一、德国大众体育发展的成功经验

（一）自治的大众体育发展体系

德国政府除了对相关的体育协会提供财政资助之外，并没有设立专门的体育管理部门，几乎不干涉体育行政工作，使其具有完全的自治性。这促使社会团体能够全身心投入吸引民众参与体育活动，大力发展大众体育活动，便于获得广大民众的支持，有利于调动广大民众参加体育活动，充分调动群众的积极性，充分反映社会各阶层的意愿。体育俱乐部是德国体育中最为基础的组织形式，德国有9万家体育俱乐部遍布全国，为不同性别、年龄、职业、兴趣等人群提供多样化的体育锻炼场所。

（二）持续的大众体育政策引导

德国体育政策以普及性为基础，为大众体育需求提供了充足的条件，并保障了人们的休闲体育需求。在德国体育部门与各体育协会的支持下，德国提出了德国史上最为重要的大众体育政策“黄金计划”。第1期“黄金计划”中德国对大众体育场地建设实际投资达185亿马克，州政府资助30%—35%，联邦政府资助4%，其余绝大部分由各地方筹集，平均对每一个德国公民的投入达到300马克。[①] 第2期“黄金计划”投资额为76亿马克，对各类场地设施建设提出了标准化要求，例如各类场地建设需要依据当地人口数量而适度规划，合理布局，综合利用。第3期“黄金计划”投资也近150亿马克，其重点有两个：一是改善现有场地，包括现有场地设备现代化，以提高功能，促进节能和环保；二是采取措施来增建新场地。利用自然条件顺势兴建自然步道、徒步步道等设施。因此，德国大众体育政策为该事业的发展提供了依据以及保障，对于德国体育场地建设的作用是显著的。这些由国家推行的大众体育计划使德国的场地建设得到极大的保障，在整个世界都名列前茅，为大众体育的发展提供了充足的条件。

（三）优质的大众体育资源供给

1.财力资源供给以社会为主

德国大众运动机构的资金来源主要有两个：一是政府补助，包括体育彩票和体育博彩；二是社会团体自筹，主要是社团自身收益，主要是社会捐助、资助、场地租赁、门票收入等。国家层面的投资只占10%，而地方投资则高达90%。彩票收入也作为政府财政拨款的一部分，是大众体育经费的一个重要来源，这些资金大部分用在了大众体育上。其获得的赞助金额高于竞技体育，德国储蓄及转账银行协会约90%的体育赞助经费流向大众体育，随着市场化步伐加快和人们消费水平提高，大众体育经费来源中家庭体育消费所占比重不断增大，现已成为大众体育经费最重要的来源。

2.场地设施资源供给充分

德国公共体育设施数量众多，且分布范围广。德国连续实施的“黄金计划”不仅使各种场地设施不断得到维护和完善，还节能环保。1991年底，德国已有5万个儿童游戏场，44900个体育和学校体育运动场，29800个体操馆，3700个室内游泳馆和2900个室外游泳池，33800个室外网球场和3600个网

① 彭国强、舒盛芳：《德国体育战略演进的历程、特征与启示》，《上海体育学院学报》2017年第5期。

球馆，147 座冰上运动馆，209 个高尔夫球场。[①] 德国运动场地数量之多，任何国家无法与之相比。据德国奥体联数据显示，截至 2013 年，德国拥有约计 23 万处体育设施、长达 37 万千米的健身路径与路线，以及 3.8 万个俱乐部的体育设施等。[②] 此外，德国 9 万多个体育俱乐部为大众锻炼提供了数以万计各类体育场地设施。德国较为完备的体育基础设施和众多的体育场馆，为大众体育的发展创造了良好的条件。

3.人力资源供给质量优质

德国拥有数量庞大的志愿者。根据德国奥体联网站公布的数据，2018 年德国体育志愿者总计有 995 万人，其中 185 万人担任某种职务，这其中 85 万在领导层志愿服务，150 万人在执行层面任职（例如教练员），其余 700 万人无偿进行体育志愿服务。这 185 万担任一定职务的体育志愿者平均每人每月志愿工作 20.1 小时，总计相当于每月 3720 万工时。以每小时劳务费 15 欧元计算，每月劳务价值 5.58 亿欧元，每年劳务价值 67 亿欧元。

（四）广泛的大众体育参与情况

德国也是现代体育的发源地之一，大众参与体育活动也有悠久的历史和良好的习惯。在德国，平均每家都有一位成员登记加入运动俱乐部。[③] 此外，约有 1/3 的德国人参加了德国体育联盟（Deutscher Sportbund，DSB）管辖之外的商业健身场所，其全民健身成效是显而易见的。

（五）协同的大众体育监督评估

政府与社会携手共同监管大众体育各个方面。政府通过行政手段对非营利性体育组织的执行活动情况进行监督管理，并依法采取相对应的惩罚措施，对突出贡献者予以奖励。各地方城市都设有非政府组织体育理事会，这些非政府组织有权对体育俱乐部各类活动的开展进行监督评估，社会普通民众也有权行使监督权。因此，德国大众体育监督可谓“全民皆兵”，为大众体育发展提供了良好环境。

---

① 参见李振彪：《二战以来德国体育的发展》，《天津体育学院学报》1995 年第 1 期。

② 参见彭国强、舒盛芳：《德国体育战略演进的历程、特征与启示》，《上海体育学院学报》2017 年第 5 期。

③ 参见徐志军：《发达国家休闲体育政策环境发展特征、经验及启示》，《上海体育学院学报》2021 年第 12 期。

二、德国大众体育发展的启示

(一)构建多元参与的组织体系

德国大众体育组织管理打破了政府垄断的格局,形成了以政府为主导、多方面社会力量参与的新结构。在这种新组织结构中,各参与者分工明确,有效协同,政府负责制定政策、发展规划,为大众体育指引正确的前进道路;社会组织则负责与政府以及基层体育组织沟通联系,对体育公共服务进行全面统筹管理。这些基层体育组织都是非营利性质的,资金主要源于企业资助或自身经营性活动得到的收益,能够自主营收、自主运营。

(二)制定强力有效的政策保障

综观发达国家推动大众体育健身,都有强有力的政策保障,提出了具体的任务目标、政府责任和措施,可操作性强。德国宪法规定从事体育运动是得到国家保障的所有公民的权利,各社会组织的责任在于将公民的这一权利付诸实现。

(三)提供多样化场地设施供给

德国场地设施供给具有多元化特征,形成了以政府为主体、各俱乐部补充的供给机制。政府负责建设与提供的场地设施几乎都是免费服务,各俱乐部运作的场地设施的收费标准也较低廉。两者相互协同,为德国各社区、街道提供了满足其健身需求的各类场地设施。

第五节　其他发达国家大众体育发展经验及启示

一、芬兰大众体育发展经验及启示

最新统计数据显示,芬兰每周参加两次以上体育活动的人口占总人口的62%,其中青少年体育活动参与率高达92%,全国登记注册的体育俱乐部达7800多个,民间体育组织130多个,全国有50万名体育志愿者,97%的体育俱乐部为非营利性俱乐部,俱乐部会员总数超过110万,更引人注目的是2010年举办的芬兰国家体育年会上,芬兰体育协会制定并通过的《2020芬兰体育战略地图》明确提出“2020 年成为世界上大众体育开展最好国家”的远景目标。

芬兰大众体育成功的主要因素有以下三点：第一，国家及地方政府对大众体育给予足够重视。芬兰早在 20 世纪 70 年代就意识到发展大众体育对于提高生产力水平、增强民族素质，进而促进国家经济发展、社会稳定与进步的重要性。1980 年《体育法》的颁布及相关政策的制定成为芬兰大众体育得到长期而广泛开展的必要条件，没有这些也就不会有芬兰大众体育的长足发展。第二，政府多部门联合协作，共同发展大众体育。芬兰大众体育政策是多部门协同制定并协同执行。第三，加大财政投入，切实加强健身场馆设施建设，营造舒适、便捷、健康的外部环境。自从芬兰政府 20 世纪 70 年代体育工作的重心由竞技体育逐步转向大众体育，一直到现在，解决大众体育的头等大事便是大众健身场地设施的建设与完善。政府加大财政投入力度，在修建国有非营利性体育场馆的同时，还充分调动民间资本的积极性，鼓励私人建设对大众开放的营利性体育场地设施，还利用独特的地理气候优势，修建了许多自行车道，开发了大量的滑雪场地，使芬兰成为世界著名的滑雪度假中心。芬兰在大力鼓励相关体育场地设施建设方面的努力，极大提高了场地的可得性、易得性、接受性，有效地满足了大众体育健身活动的基本需求。

芬兰大众体育发展经验给我们如下启示：第一，组织管理法制化，体育强盛的国家都是从立法着手。法规是人类社会行为的准则，大众体育只有纳入法制的轨道，才能得以健康发展。1980 年芬兰《体育法》的颁布及相关政策的制定成为大众体育持续而广泛发展的必要条件，这些政治基础使芬兰大众体育得以长足发展。第二，大众体育的发展与经济息息相关，芬兰政府加大财政投入力度，切实加强健身场馆设施建设，营造舒适、便捷、健康的外部环境，满足了大众体育健身活动的基本需求。

二、新加坡大众体育发展经验及启示

20 世纪末期，随着经济高速发展，体育事业也逐渐壮大，新加坡成为亚洲国际体育中心和世界最佳体育城市。令人诧异的是，新加坡历史上只获得过一枚奥运会金牌，还是在里约奥运会上夺得，大众体育发展状况与竞技体育水平反差巨大，这与新加坡国家体育理念以及战略有着很大的关系，可以让所有公民参与体育锻炼，虽竞技能力无法与其他发达国家相媲美，但正是这样一种理念使新加坡成为世界全民运动的典范，大众体育发展较为成功的国家代表。新加坡体育委员会调查数据显示，2015—2017 年新加坡体育参与率呈上升趋势，2017 年体育参与率到达创新高的 68%。

新加坡大众体育之所以成功，一是因为制定了体育政策。新加坡实行大众体育发展战略，以全民体育为基础，政府在政策和经费上给予倾斜，以保障基层社区体育设施建设和体育活动开展。二是因为建立了完善的大众体育治理体系。政府简政放权，形成“小政府、大社会”的治理模式，体育组织既有满足的需要，又拥有自主权，使决策和管理效率低下的现象得以缓解。

新加坡的大众体育发展经验给我们如下启示：第一，工业发达国家的大众体育事业与经济实力密切相关，新加坡政府在政策和经费上予以倾斜，保障了基层社区体育设施和体育活动顺利开展。第二，国家需要扩建体育场地设施，建立面向全体国民，满足国民需求的充足的开放的体育与娱乐设施，使场地设施利用实现最大化。

第五章　山东省“十五分钟建身圈”建设环境融合分析

随着全民健身研究的深入，人们认识到必须高屋建瓴地对全民健身的发展策略进行系统的规划，才可以使其在未来的社会中拥有较强的社会服务能力。在此基础上逐渐形成以下三种观点：一是实施全民健身战略，使其适应时代潮流，逐渐与我国体育未来发展接轨；二是深度挖掘全民健身战略特色，激发内在潜力，利用内在优势应对抵抗外在挑战；三是将运行机制与评价机制同步共存，形成“双轨制”，这样既可以保证最大限度地发挥制度优势，又可以最大限度地避免社会发展趋势与系统建设“脱轨”。因此，对实际环境进行系统、全面、高效的深度分析，了解阻碍“十五分钟健身圈”建设的重要因素，掌握影响“十五分钟健身圈”的建设路径很有必要。通过对常用的分析工具的深入了解，发现各个工具在分析“十五分钟健身圈”建设系统的实际环境中都具有一定的优势，但是都无法全面地描述现实环境，显然单一分析手段已经无法处理“十五分钟健身圈”建设系统所处的复杂现实环境。因此，通过多种理论支撑下的分析模型融合，充分发挥各个分析模型的优势，从而保证“十五分钟建身圈”、全民健身公共服务体系的建设全面而详尽。本章以PEST分析模型为宏观环境的分析模型，采用SWOT分析模型对山东省城市社区“十五分钟健身圈”建设的可行性进行分析，以此为决策制定者提供全面、详尽、清晰的因素分析。

第一节　山东省城市社区“十五分钟健身圈”建设的宏观环境分析

本节采用PEST模型对山东省城市社区“十五分钟健身圈”建设的宏观环境进行分析。对于一个成熟的全民健身体系来讲，对宏观环境的状况与未来发展趋势的把控，充分利用机遇，及时避开尚存的阻碍对于体系的良好运行与优良效果的呈现具有不可忽视的作用。通过分析，明确当前山东省在城市社区健身体系建设方面存在的优势与不足，从政策、经济、社会、技术方面提出解决方案，以便体系运行更有针对性地服务大众体育需求。

一、政策方面：山东省政策体系逐步完善，政策有力提供有效保障

《山东省全民健身实施计划(2016—2020年)》的出台，标志着山东全民健身系统“软环境”初步形成。山东省建立了以《山东省全民健身实施计划(2016—2020年)》为核心内容，覆盖体育产业发展各个方面的政策框架。政策支持既着力突出对中老年、儿童健康体系的保障和发展，同时也注重区域性的单项体育运动协会出台的政策文件的借鉴意义，切实促进了体育公共服务体系政策框架的全面建立。各个地区政府部门也根据于实地调查情况，对学校体育场馆、体育场地、体育设施的社会开放等情况拟出政策制定意见稿并进行公开征集意见，广泛听取群众意见，了解群众需求，从而真正做到了根据群众需求制定政策与执行。至此，山东省不仅构建了以《山东省全民健身实施计划(2016—2020年)》为核心、单项体育协会规章为辅助的水平政策体系，同时也构建了以《山东省全民健身实施计划(2016—2020年)》为核心、以地方政策文件为分支的垂直政策体系。

党的十九大报告指出，当前我国正处于全面建成小康社会的决胜期，因此对于中国体育事业的发展需要提出新的要求与新内容，其中就包括广泛开展全民健身活动，这意味着开展全民健身运动与全民参与体育锻炼比以往任何时候都更关键，这也是体育强国建设的战略举措。蔚然成风的全民健身热潮已经成为中国继富强、民主、文明、和谐后新的文化标签。对于国内而言，

全民健身国家战略的深入实施、体育强国战略目标的稳步推进以及健康中国战略的全面确立都标志着我国处于发展转型的重大时期，民生工程不断推进，体育的战略地位逐渐上升，成为我国经济转型、拉动内需的重要手段与发展方式；对于国际环境而言，2022 年北京冬奥会与冬残奥会举办已成为中国继夏季奥运会后彰显大国情怀、科技创新的窗口，是世界重新认识中国的良好契机。

为真正更有效落实、推进全民健身发展战略，提高全民健身事业发展水平，满足山东省居民的体育锻炼与健身需求，助力健康中国理念在山东省的推广与普及，结合山东省的具体实际情况，制订了《山东省全民健身实施计划(2016—2020 年)》。该计划提出七大主要任务以及五大保障措施，包括推进体育文化传播、丰富全民健身活动、促进体育社会组织创新发展、统筹建设全民健身场地设施、推进健身服务业发展、深化体育对外交流、强化全民健身发展重点。同时，各级政府基于全民健身国家战略以及《山东省全民健身实施计划(2016—2020 年)》的要求并根据自身所处地区以及经济发展状况制定了地方性发展规划，同时将体育工作纳入政府工作规划作为重点的民生工程之一。此外，地方政府对体育类企业进行政策倾斜，通过减少征税、优化流程、专项发展基金等举措扶持并推动其飞速发展，从而为地区居民提供优质体育服务。

二、经济方面：山东省经济社会平稳发展，为战略转型提供精准支撑

“十三五”时期，山东省综合经济实力大幅提升。2018 年，山东省全省生产总值达 76469.7 亿元，同比往年增长 6.4%，发展质量与效益稳步提高。2020 年，面对错综复杂的国际形势、艰巨繁重的改革发展稳定任务，尤其是在全国都受到新冠肺炎疫情严重冲击的情况下，2020 年山东省仍实现生产总值 73129 亿元，按可比价格计算，比上年增长 3.6%。从产业看，第一产业增加值 5363.8 亿元，增长 2.7%；第二产业增加值 28612.2 亿元，增长 3.3%；第三产业增加值 39153.1 亿元，增长 3.9%。三次产业结构由上年的 7.3∶39.9∶52.8 调整为 7.3∶39.1∶53.6。

山东省就业形势总体稳定，2020 年实现城镇新增就业 122.7 万人。其中，失业人员再就业人数达到 48 万人，困难群体实现再就业 7.5 万人，而城镇

登记失业率仅为3.1%，同比往年降低0.19个百分点。[①]

山东省物价总体涨势保持温和。居民消费价格比上年上涨2.8%。其中，消费品价格上涨4.2%，服务项目价格上涨0.4%；食品价格上涨12.1%，非食品价格上涨0.4%；农业生产资料价格上涨5.6%，农产品生产者价格上涨8.7%；工业生产者出厂价格下降1.9%，购进价格下降2.5%。[②]

经济态势的平稳增长与消费能力的强劲，为全民参与体育锻炼提供良好的经济基石。与此同时，经济的飞速发展也使居民消费观念、消费水平、消费意识以及消费能力发生很大转变，最为显著的变化是居民消费由以前的注重价格转变为注重质量、由以前的注重宣传转变为注重体验、由实物型消费转变为服务型和实物型消费相结合，体育健身服务作为居民释放消费潜力与消费习惯的重要试金石成为当前政府、社会、企业关注的重要领域。

山东省为进一步拓展发展空间，提升区域竞争能力，扩大对内对外开放程度，前瞻性地提出推进“两区一圈一带”发展战略。“两区”主要是指山东半岛蓝色经济区和黄河三角洲高效生态经济区，“一圈”则指省会都市圈，“一带”指的是鲁南城市带。在山东统筹大发展的战略背景下，充分发挥好青岛的龙头带动作用，提高省会济南的辐射与带动能力，快速融入“一带一路”、京津冀经济发展区、长江经济带、黄河流域等国家重大发展战略，促进山东省与周边省市协同发展。

山东省全民健身服务体系建设就是要以“两区一圈一带”发展战略为基调，目标是全面推进区域全民健身发展，全面发挥好青岛的龙头作用，强化济南市的辐射带动能力以及烟台市的示范能力。要利用“1＋1＞2”的城市互动效应以及城市群快速发展的规模效应等管理学相关理论，指导“十五分钟健身圈”建设，使“十五分钟健身圈”建设发展理念与山东省“两区一圈一带”建设理念相吻合，互相促进，协同发展。山东省“两区一圈一带”发展战略的提出与实施，不但为沿带地区经济发展注入新活力，极大地推动了沿带地区经济发展、科技进步以及企业交流沟通，而且随着全球化浪潮日渐高涨，产业集

① 参见山东省统计局国家统计局山东调查总队：《2021年山东省国民经济和社会发展统计公报》，《大众日报》2022年3月1日。

② 参见山东省统计局国家统计局山东调查总队：《2021年山东省国民经济和社会发展统计公报》，《大众日报》2022年3月1日。

群、供应链式发展、城市集群等一系列新理念、新举措的发布与实施，也推动了沿带体育企业发展理念、发展规划、发展方式的革新，为其逐渐成为全民健身体系优秀的体育健身服务供给端打下良好基础。

政府公共财政支出保障有力。2020 年，山东省地方一般公共预算收入 6559.9 亿元，同比增长 0.5%。其中，税收收入为 4757.6 亿元，占比为 72.5%，下降 1.9%。地方一般公共预算支出 11231.2 亿元，同比增长 4.6%。其中，民生支出占比高达 79.4%。①

在健身器械领域，早在 2010 年底前，山东省累计投资达到 1.4 亿元，引导与带动各级政府和社会投资建设资金 60 多亿元，新建国家级全民健身工程项目 67 个，“一点三线”重点工程新增 186 个，县级特色工程新增 108 个，其他各类健身工程新增 986 个；农民体育健身工程覆盖 3.78 万个村落，覆盖率超过 45%。2011 年，山东省各级政府共投入超过 16 亿元建设资金，对 5520 个城市社区（居委会）、1300 个乡镇和 17669 个农村社区（中心村）进行全民健身工程覆盖，其中建设乡镇健身工程 200 个、城市社区健身工程 300 个、农村社区健身工程 1200 个，健身气功活动站点新增 1254 个，健身工程总数名列全国第一，达到 3320 个。山东省体育局充分发挥体育彩票公益金的引导推动作用，全年共投入体育彩票公益金 6 亿元，推动了市、县、镇、村 4 级全民健身工程建设的快速发展。2020 年，山东省内各级体育社会组织达到 9566 个，新增 1108 个；村级体育总会 38678 个，新增 1161 个。农村健身设施覆盖率超过 95%。②

三、社会方面：山东省体育文化氛围浓厚，体育观念传承经久不衰

山东省为弘扬民族传统体育文化，将比较传统的运动项目，如武术、健身气功、秧歌、龙舟等进行传承与推广，使不同城市有自己的独特体育文化品牌，形成规模效应，带动全省的体育大发展。比如，青岛市大力发展水上运动项目，成为著名的“帆船之都”，并创立了著名的“青岛国际帆船周”；德州市着力发展围棋项目，已成为中国围棋文化名城。另外，山东省通过积极举办国

① 参见山东省统计局国家统计局山东调查总队：《2021 年山东省国民经济和社会发展统计公报》，《大众日报》2022 年 3 月 1 日。

② 参见山东省统计局国家统计局山东调查总队：《2021 年山东省国民经济和社会发展统计公报》，《大众日报》2022 年 3 月 1 日。

内外大型全民健身赛事与活动，不仅点亮城市体育品牌，更是带动了该城市群众体育的发展。例如，淄博国际青少年足球锦标赛、潍坊国际风筝节、泰山国际登山节等活动，有力加强城市的体育文化发展品牌效应，更是积极有效的形成品牌带动力，并重点打造山东省品牌赛事。据2020年山东省国民经济和社会发展统计公报统计，2020年山东省在全国最高水平比赛中共获取54枚金牌。①

山东省学校教育事业的发展，带动众多体育参与者参与其中。山东省一直将体育课程作为学校课程的重要组成部分，坚决不允许占用体育课程的情况发生，随着体育强国的战略目标、健康中国战略的提出，以及“双减政策”的实施，山东省各地逐步增加了体育教学时间与上课频率，积极培养学生参与体育活动的好习惯，通过体育加分等一系列举措带动学生积极参与体育活动。在这种全民参与的大环境下，不仅是学生开始参与体育活动，受学生影响学生家长也开始参与体育活动。山东省体育文化事业蒸蒸日上，体育消费观念举日革新。山东省通过积极推动体育锻炼观念，从小培养学生的运动意识，带动家庭成员来参与，辐射范围涵盖成年人、中年人甚至是老年人，从而实现了老一代与新一代新老交替的体育观念的传承与发展。

山东省作为文化强省在文化传承尤其是在传统文化传承方面更是展现出新活力。随着全球文化的推广，中西方文化出现交互融合发展的态势，在体育培训方面，我国传统体育文化受到一定程度的冲击。具体表现在青少年培训市场上，家长们偏重于让孩子学习散打、泰拳以及综合格斗等西方竞技体育项目，对我国本土武术认可度较低，甚至社会上一度出现武术无用论的舆论风潮。山东省在传统体育文化的传承中，继往开来充分吸收现代商业化经营理念却又保持武术传统习惯，通过与大型体育企业合作推广、与学校合作开设武术特长班、与同一类型不同流派组成联盟或者协会等形式进行商业化运作将武术逐步推广，甚至在社会中形成尚武风潮，整个社会充满健康向上的阳刚之气。

① 参见山东省统计局国家统计局山东调查总队：《2021年山东省国民经济和社会发展统计公报》，《大众日报》2022年3月1日。

四、技术方面:山东省基础建设稳扎稳打,三个基本筑牢发展基础

近几年,山东省加强健身设施、体育组织、专业人才等建设力度,取得了丰硕的成果。在全民健身设施方面有了很大突破,2020 年山东省人均体育场地面积达到 2.01 平方米,根据《山东省全民健身实施计划(2021—2025 年)》提出的具体要求,到 2025 年人均体育场地面积将由 2.01 平方米增加到 2.7 平方米以上,城市社区“十五分钟健身圈”更加完善。按照不同的行政区域有不同的健身设施的规划要求,具体安排如下:县(市、区)实现“三个一”工程,包括一个公共体育场、一个全民健身活动中心、一个体育公园或健身广场,乡镇(街道)实现“两个一”工程,包括一个全民健身活动中心或灯光篮球场和一个多功能运动场,行政村(社区)建成一个多功能的文体广场,实现体育健身设施全覆盖;在全省各个城市实施“十五分钟健身圈”发展战略。“十四五”期间,山东省体育公园的建设任务是 73 个,其健身路径、绿色跑道等向公众免费开放。“十五分钟健身圈”的提出与推广,为山东省体育设施建设提供了新的解决思路,即以社区为单位建立健身活动中心,实现集中供给,按需使用,形成了以全民健身活动中心或健身广场为核心,以居民社区健身活动中心为辅的体育健身器械体系,对居民的不同体育需求提供全方位的体育服务。同时,以健身活动中心为单位的供给方式极大地降低了体育健身器械的维护成本与运营成本,以实际行动切实贯彻我国创新、协调、绿色、开放、共享的五大新发展理念。这一系列措施的推行与实践,真正为山东省城市社区“十五分钟健身圈”的更加完善提供了优势与机遇。

长期以来我国体育社会组织的力量得不到充分发挥,现阶段我国体育社会组织价值作用的发挥主要表现在以下两个方面。

第一,可以极大地缓解当前人民对健身需求的日益增长与体育公共服务实际供给不足的矛盾。随着我国社会经济水平的飞速提升与社区居民闲暇时间的逐渐增多,社区居民的健身需求呈现线性增长,并伴随着出现了需求多元化、多层次的特点。然而,与人民健身需求的快速增长形成鲜明对比的是我国健身公共服务供给发展的明显滞后,导致现行服务体系有效供给不足、不平衡等问题频出。国内外已有实践证实,上述矛盾的解决需要一个长期的过程并且其中会涉及社会领域的诸多方面和因素,很难一蹴而就。在这

样的背景下，借助贴近人民生活的基层体育社会组织，开展各种各样接地气的、群众喜闻乐见的体育健身活动，为群众提供体育健身的机会，就成为缓解这一矛盾的有效策略。

第二，可助力我国体育强国建设。“体育强则中国强”，体育强国是我国重要的发展战略目标，也是未来重要的奋斗目标之一。而体育强国的建设，既需要站在战略层面的高度，高屋建瓴地进行安排部署，同时也离不开政府、企业以及各种基层社会体育组织的积极响应。而他国在体育事业建设与发展方面的实践经验也证实，体育事业的高质量发展既需要走体育社会化之路，也必须重视基层体育社会组织的功能与作用。例如：意大利的体育发展极大程度上得益于其俱乐部的丰富，如AC米兰足球俱乐部；澳大利亚体育发展很大程度上依赖于其庞大的体育组织网络，尤其是在老年服务方面。这均证实了体育社会组织在国家体育事业发展中的重要作用。①

山东省通过发挥体育组织的力量开创性大力开展全民健身活动，并通过社会体育指导员的大量专业服务，以期群众体育发展更加科学化。另外，在全省范围内，加强不同体育项目协会建设，带动各单项协会及体育社会组织的发展。全方位支持民间健身团队以及社区健身点等基层体育组织，形成新时期的体育生活化社区模式。

山东省特别注重与重视社会体育指导员的培训及队伍的管理工作，基于国家《社会体育指导员技术等级制度》制定了《社会体育指导员管理办法》，成立了山东省社会体育指导员协会，建立了“国家级社会体育指导员培训基地”（3处）和“省级社会体育指导员培训基地”（10处），并按照国家体育总局关于印发《社会体育指导员发展规划（2011—2015年）》通知的要求，制定了《山东省社会体育指导员发展规划实施方案（2011—2015年）》，提出了六大目标和八项实施措施。根据《山东省全民健身实施计划（2021—2025年）》要求，到2025年山东省每千人公益社会体育指导员数量将达到2.6人以上。山东省通过大力推进社会体育指导员制度和法制建设工作，组织开展社会体育指导员技能展示和交流等活动，逐步建立和完善了社会体育指导员的培训、考核、评审、评比和表彰等激励机制，社会体育指导员的数量、质量和服务能力明显

① 参见范成文、金育强、钟丽萍等：《发达国家老年人体育服务社会支持体系及对我国的启示》，《体育科学》2019年第4期。

提高，队伍不断壮大。与此同时，山东省进一步降低体育行业国家职业资格证书考试门槛，积极吸引社会人士参与体育国家职业资格证书培训，并且严守教学质量，严把证书考核流程全透明，真正做到在开放考试门槛的同时，人员素质与专业技能水平不波动，真正做到为山东省全民健身工程提供优秀的体育人才，助力山东省全民健身工程的飞速发展。而且，山东省在高校中积极推广体育公益讲座与培训，建立体育职业证书双轨制，即为体育事业的发展提供高层次人才，也为体育强国建设的推进培育了专业、优良的人才队伍。

第二节　山东省城市社区“十五分钟健身圈”建设的可行性分析

可行性分析是指通过对项目进行全方位的评估与调查，从而为项目开展和实施提供客观评价和选择依据。本节采用 SWOT 分析模型对“十五分钟健身圈”建设的可行性进行分析，通过对山东省城市社区“十五分钟健身圈”建设环境的梳理与归纳，寻找当前存在的不利之处与蓝海之地，从而帮助“十五分钟健身圈”快速建成与服务供给。

一、山东省城市社区“十五分钟健身圈”建设优势

（一）供应端的多元供给

全民健身体系建设改变了以往单一的供给模式，由单一的体育健身俱乐部供给转换成社区社会体育指导员、健身俱乐部、政府、高校、单项体育协会的多元供给。随着政府购买政策的不断完善，政府在公共服务领域中购买行为愈发成熟。而全民健身体系建设更是进一步推动了政府购买行为的全面发展。由政府购买作为支撑，以社区社会体育指导员作为支点，以健身俱乐部作为高端供给，加之高校与单项体育协会作为技术支撑，构建起满足从初级到高级的全等级健身需求。同时，依托高校的科研平台以及政府的宣传推广，对不同人群进行体育健身课程体系研发，尤其是针对办公室白领等休闲时间较少、工作时间较长的人群，可以预防或减轻职业病，以增进健康为出发

点对其进行体育健身课程定制，从而满足山东省不同阶层、不同年龄、不同人群的健身需求。

（二）需求端的多元满足

多年来山东省经济发展稳居全国第三，居民生活水平不断提高，对健康的需求也日趋多元化、全面化，由以往的单一健康需求转变为以健康需求为内层，以情绪宣泄、休闲娱乐为外层的多层体育锻炼需求。原有的公共服务体系已不能满足居民对于健康生活的需求，因此山东省依托健身体系的多元供给为居民提供全方位的体育公共服务。通过社区体育指导员满足其初级健康需求，通过与体育健身俱乐部以及各类体育类休闲活动俱乐部的联合以发放消费券等方式降低居民投入，使居民在少投入的基础上获得高等级需求的满足。大力发展休闲体育产业，培养居民的体育休闲意识，从而引导居民进行积极健康的休闲活动。同时，依托体育休闲活动对体育观念进行拓展，使其在原本增进身体健康、保持活力的基础上增加休闲娱乐属性，引导居民将体育作为休闲的重要方式之一。

（三）新环境的体系需求

政治环境、经济环境、社会环境的变化急需新的体育公共服务体系。环境是影响体系运行的重要因素，伴随着山东省政治、经济、社会环境的变化，原有的体育社会服务体系已经不能满足发展需求。原本的粗放式供给不能满足居民美好生活的需求，主要体现在山东省居民健身热情高涨，健身硬件设施却无法满足需求；健身行为空前高涨，健身指导却仅局限于各种俱乐部；健身消费需求分层明确，健身市场却没有层级划分；等等。而山东省全民健身体系的推出，正是基于山东省发展环境的变化、居民对美好生活的向往以及经济发展新时代下山东省的发展战略规划下的时代产物。因此，山东省全民健身体系可以说是应运而生，或者说是山东省发展的时代选择。

（四）新体系的不可替代

发展经验可以借鉴，体系构建应立足于本土。在全民健身体系构建中，常州与上海最早起步、最早建立、最早运行，基本已形成从规划到标准再到建设方案的全面体系，已形成体系化、制度化、系统化运行。但是成熟的体系不一定适用于山东省，原因主要有以下三个方面。第一，经济因素。山东省经济发展不平衡、东西发展不同步已成为山东省战略转型中需要解决的问题。

而上海市或者常州市，市区经济发展平稳，波动小，体系运行能基本保持统一标准、统一方案。但山东省东西部的经济发展差距导致统一标准的适用性不强，甚至会对当地政府造成负担。第二，地域差别。西高东平是山东省典型的地理特征，这会对健身中心的选址产生影响，既能保证本地商业活动的发展又能满足居民健身需求以及全民健身标准合适的地域较少。基于以上因素，直接套搬已有成熟体系显然是行不通的，必须立足于本土构建符合本地需求的全民健身体系。第三，区域文化差别。由于我国是多民族国家，每个民族都有其独特的体育文化和传统体育，因此各个地区的全民健身体系都蕴含当地体育特色且具备显著的地域性。

（五）新系统的契合运行

政府多级联动、社会积极响应切实推动全民健身体系构建与平稳运行。国家对体育事业的重视逐年递增，鼓舞各地政府发展体育事业的信心。山东省作为体育强省、经济强省、人口大省，省政府对体育事业发展格外重视，早在 1979 年 8 月山东省体育中心首次承接济南国际体操邀请赛，自这一国际赛事起，省体育中心先后承接了中国跳水公开赛、全国城市运动会、全国花样游泳冠军赛、国际女排邀请赛、全国艺术体操锦标赛、世界超级明星队女排对抗赛、第十三届亚洲杯足球赛、第十一届全国运动会等国内外重大体育赛事。因此，山东省对于体育发展具有丰富的经验，而立足于当下对于全民健身体系的构建与运行，经历众多大型体育赛事的运行已是草船借箭胸有成竹，无论是从省政府到各地方政府甚至到各县区政府，还是各种体育单项协会总会到分会，都具备良好的体育运营经验。因此，全民健身体系的推出更像是将原本散落的体育力量凝聚起来为居民提供优质体育服务。

二、山东省城市社区“十五分钟健身圈”建设劣势

（一）全民健身政策体系建设尚处于初级阶段

山东省目前已经形成了以《山东省全民健身实施计划（2021—2025 年）》为核心，多个项目文件为支撑的全民健身政策体系，但在实际执行中面临诸多问题：政策与实际情况的脱节、政策执行不彻底、政策执行浮于表面等现象仍存在。与此同时，政策执行的监管也出现问题，评价指标不明确、监管主体不明确、责任主体不明确都是导致山东省城市社区“十五分钟健身圈”建设执

行不彻底、设计建造不完善、服务主体不明确的根源所在。

首先,是关于全民健身体系财政方面的政策建设,财政是落实党和国家大政方针的物质基础、政策工具、体制保障和监管手段,一定的财政保障机制总是与一定的发展战略相适应,一定的发展目标对财政保障机制的运行起着决定作用。财政保障机制既是国家战略目标顺利实现的物质基础和财力保障,同时也是国家引导和实施发展战略的政策工具和手段。目前,山东省城市社区“十五分钟健身圈”建设资金需求量大、任务重,尽管各级政府竭尽全力,财政投资仍然不足。因此,要加快山东省全民健身公共服务体系的构建,必须针对山东省不同地域和民族习惯的特点,进一步清晰全民健身公共服务体系构建所需投入的权限与范围,加大财政对体系建设的支撑力度。

其次,应建立完备的全民健身发展资金专项筹备制度,充分发挥社会资本优势,形成以政府财政投入为主导、社会资本为支持的多渠道的资金筹集制度。对参与资金筹集的企业进行税收减免、优先筹备等政策倾斜,确保社会企业良好运行与发展的同时,以实际行动推动全民健身体系的全方位推进以及多维度覆盖,从而推动体育强国甚至健康中国战略的实现。此外,还应建立监管制度,对财政资金的流向与使用范围进行追踪,确保资金流向公开、透明、有效,切实做到专款专用,有效使用。

最后,反馈通道的缺失也是造成政策建设尚处于初级阶段的重要因素。高效的反馈机制能够对实施过程中的每一步骤的客观效果及时作出反应,并对下一步的实施方案进行调整、修改,使计划的实施始终处于动态调整之中。但是需要对反馈中存在的时滞问题予以重视,即从发现实施偏差到更正措施的实施之间可能有时间延迟现象,如在进行更正的时候,实际情况可能已经有了很大的变化,而且通常是已经造成了损失。同时,其对铸成的事实是难以改变的,而且使用新计划代替旧计划、新决策代替原有决策需要一定的时间,是一个较长的过程,而一旦系统不能对变化作出合适的反应,就将会给工作带来不必要的损失。

(二)全民健身专项发展基金的流动难以循环

全民健身服务体系作为具备显著社会公益属性的新型公共服务体系,对于资金支持尤为重要,但是目前山东省并没有形成完整的全民健身专项发展基金管理体系,尽管个别省市甚至设立了专项发展基金进行试点建设,但仍处于无法可管无章可循的状态。全民健身体系的最终目标是为群众提供满意的体育健身服务，从而实现我国体育强国的战略目标甚至是健康中国的终极战略目标。但是在全民健身体系的发展建设中，健身器械与场地建设占据全民健身体系发展基金的绝大部分，甚至是主要部分。当然，此举有一定的可取之处，毕竟良好的体育基础设施是群众参与体育锻炼的基础。但是随着全民健身体系的推进，场地设施的完备，群众的健身体验是否得到提升，是否享受到体育健身带来的幸福感、满足感、成就感以及愉悦感仍是未知数。因此，全民健身体系发展基金的使用不应该仅仅局限于体育场地与体育器械的建设，应该按照全民健身体系建设的不同阶段偏向于不同的侧重点，对于硬件设施尚不达标的地区应优先于设施建设，其次是专业指导人才的培养；而对于硬件设施已经完备的地区应重点发展专业体育指导人才队伍建设与服务实践，其次才是场地器材的维护。因此，应根据各个地区全民健身发展体系的发展阶段以及具体情况制定不同的发展重点进行资金倾斜，从而使资金真正推动全民健身体系建设，提升群众幸福感以及满足体育健身需求。

构建山东省城市社区“十五分钟健身圈”是一个长期性、复杂性的系统工程，受到基层政府诸多供给制度要素的影响。目前，山东省在“十五分钟健身圈”的构建中，基层政府与社会组织是主要的供给主体，但由于基层政府在具体执行中，往往难以全面地从供民所需、思民所想、做民所乐的角度出发，为居民提供体育服务供给。另外，前几年体育行业的无序扩张，造成大量资本涌入体育行业，激增大量的健身房、体育养生等体育场馆，但由于对体育产业缺乏专业的认知、对体育市场的认知不足以及大量资本的刺激，体育健身场馆多数经营不善甚至倒闭的现象频发，更有甚者，以健身房开业筹集资金等形式为手段进行非法集资或者非法营销等，致使基层民众对社会体育组织信任缺失，导致了“信任墙”的出现，民众不愿对其进行消费。

这便导致全民健身服务供给体系资金来源单一，政府的财政拨款仍占据资金的绝大部分而社会资本或者民间资本的参与力度较低，发挥不出应有的作用，不能通过民众参与等行为推动当地体育行业发展，也就无法实现专项发展资金的循环流动，不利于专项发展资金最大效益的发挥。

(三)经济形态的转变发展致使财政压力增大

“十五分钟健身圈”作为全民健身服务体系中的一种新型服务结构，专项发展基金对体系良好运行有着不可替代的作用。全民健身公共服务体系运行所需的社会体育指导员培训、志愿者服务、基础设施建设等基金，主要是对社会体育指导员培训和志愿者服务等各类组织的体育设施更新、健身工程创新和人才培养所需等进行补助，积极支持与引导社会体育指导员培训事业与志愿者服务队伍发展。这是构建山东省城市社区“十五分钟健身圈”实现其自主循环、可持续发展的基础保障。

山东省现在已进入由资源型经济向服务型经济转变、由区域经济发展模式向联合协调发展模式转变的关键期。目前，山东省构建“十五分钟健身圈”及全民健身公共服务体系所需资金量大、建设任务重等，特别是新冠肺炎疫情时期财政拨款以及彩票公益金缩减，尽管各级政府对保障居民基本公共服务体系建设信心十足，但是“十五分钟健身圈”建设投资渠道单一、对政府依赖过重的问题凸显。尤其是伴随着经济发展转型，各地政府需要大量的资金投入新方向以维持本地经济发展，这导致原本全民健身体系财政供给不足的现象进一步加剧，甚至会导致体系运行的资金链断裂，从而可能造成整个服务体系崩溃。全民健身服务体系的崩溃会直接影响全民健身战略的推进，因此保持稳定且持续的专项资金供给以及拓宽投资渠道是确保“十五分钟健身圈”建设稳定的重要前提。

三、山东省城市社区“十五分钟健身圈”建设机遇

（一）国家宏观战略布局的完善推动发展

8月8日“全民健身日”的提出，以及健康中国、全民健身等国家战略的出台，带动“十五分钟健身圈”不断完善。健身圈基础设施的建设、健身市场的不断繁荣、健身意识的不断增强，对山东省加大全民健身场地设施供给，广泛开展社区或全民健身体育赛事，提升科学健身指导水平，激发体育社会组织的服务能力和活力，推动体育产业、体育事业双发展有着重要的引领作用。全运会、省运会、国际赛事的成功举办，扩大了山东体育在国内的影响力，更好地发挥了体育在刺激经济、服务保障民生、促进全民体质健康、打造积极主动健康的生活方式等方面的作用，推动了山东省体育事业“均衡＋优质”发展。

2021年，中共中央办公厅、国务院办公厅出台的《关于进一步减轻义务教育阶段学生作业负担和校外培训负担的意见》对青少年的体质健康也有了一

定干预，社区健身设施和场地成了青少年校外开展体育运动的首要选择，“十五分钟健身圈”的服务对象由以往的老年人向青少年过渡，逐步形成全方位服务的公共服务设施，其建设任重而道远。

此外，2019 年 9 月 2 日，国务院办公厅印发《体育强国建设纲要》，部署推动体育强国建设，充分发挥体育在建设社会主义现代化强国新征程中的重要作用。《体育强国建设纲要》提出，到 2035 年全民健身更加亲民、更便利、更普及，经常参加体育锻炼的人数达到 45%以上，人均体育场地面积达到 2.5 平方米。还明确了体育场地设施建设、全民健身活动普及、青少年体育发展促进、科技助力奥运、体育产业升级、体育文化建设、体育志愿服务与体育社会组织建设九大工程。九大工程相互联系和相互制约，如全民健身活动、青少年体育发展、国家体育训练体系构建工程的实施需要体育场地设施建设、体育社会组织建设等工程的支撑，体育场地设施建设工程的实施需要体育产业升级工程的保障。而“十五分钟健身圈”建设更是九大工程的融合，面对国家政策、战略红利，山东省城市社区健身圈建设将迎来新的契机。

（二）全民体育参与热情空前高涨

总体来看，大众对于参与体育运动的情况总体保持稳定。虽然在新冠肺炎疫情防控常态化的影响下人们的闲暇时间相比往常有所减少，但是大众对于参与健身的热情并未减少。大众日常参与的主要运动项目前五名分别是跑步、羽毛球、健步/健走、游泳和骑行跑步，特别是在一线和新一线城市参与率超过 70%。同时，大部分项目呈现出随着城市线级逐步递减的趋势，其中健步走、广场舞、太极递减趋势尤为明显。羽毛球、骑行、篮球、瑜伽、操课、滑雪等成为较为典型的年轻群体参与项目，健步走、广场舞、钓鱼、太极等项目在老年群体中参与度较高。

关于大众运动行为特征有三点发现：一是运动习惯回归常态，运动参与频次有所提升。每周参与锻炼 3 次及以上的人群比例达到 84%，而每次锻炼时长大于 30 分钟及以上的比例达到 91%。二是运动社交属性凸显。与家人一起运动的比例有一定下降，选择与朋友、共同运动爱好者一同运动的比例分别达到 56%和 42%，运动被认为是主要且稳定的社交手段。三是运动回归体育场馆。健身房/俱乐部、大型体育场馆、体育综合体等专业场馆锻炼选择比例显著提升，同比分别增长 21 个百分点、10 个百分点、9 个百分点，更多人开始走出家门去到专业体育场馆参与运动健身。在群众身边的健身场地方面，家庭健身、户外运动场所的选择比例降低，而小区露天花园、社区露天广场选择比例有所增长。

而在参与场景中，参与频率从高到低分别是公共健身场景、商用健身场景、家用健身场景。在公共健身场景，使用公共健身器材的锻炼者持续增长，器材使用率和人群的锻炼时长均有所提高。社区的全民健身中心已经取代了体育公园成为选择比例最高的公共健身场景。在使用行为方面，平均使用频次为每周 2.21 次，每周在公共健身器材锻炼 3 次及以上的受访者占 44%，每次体育锻炼持续时间 30 分钟及以上的受访者占 32%。

在商用健身场景方面，健身房/俱乐部会员参与率明显提升，本年度样本比例达到了 43%，在每周锻炼频次和单次锻炼时长方面基本稳定。人均年度消费方面达到 4518 元，相比 2020 年增长 13%，其中主要的增长驱动因素是女性与 16—30 岁群体，相应的人均消费增幅分别达到 19%和 30%。商用健身场景的项目选择也体现出较为鲜明的特征，跑步作为主要锻炼项目的比例达到 68%，也在一定程度上契合了本次调研总体样本的"全民跑步"趋势，女性群体主要参与瑜伽、普拉提和操课，力量型训练/肌肉锻炼、拳击/搏击/散打则为典型的男性项目。健身房选择决策原因，前四项分别是健身器械种类齐全、离家近、个性化定制服务、区域划分清晰，但需要关注的是，高消费人群往往会更加注重健身房专业服务能力和智能健身服务的提供，这将成为影响商用健身场景走向高端化、品牌化阶段的重要竞争方向。

在家庭环境方面，家用大型健身器材购买率与认知度、使用频率基本呈正相关关系，即认知度高、使用频率高的器材，相应购买率或升级率也高，例如跑步机的认知度达到 84%，相应购买率 45%，对于划船机、椭圆机等品类需要进一步加强市场培育，提升用户认知。价位选择方面，主要集中在 2000—4000 元的中低段，多数产品的该价位占比为 40%。家用健身器材购买人群普遍拥有良好的运动习惯，其中 88%以上人群每周参与运动在 3 次及以上，"随时锻炼且频率高"是购买多种健身器材的主要决定因素，即需要体积轻巧、能够在家庭场景有效满足运动需求。①

① 参见张小可:《〈2021 年大众健身行为与消费研究报告〉发布大众体育消费意愿进一步加强》，《中国体育报》2021 年 5 月 19 日。

可以看出，健身热潮的不断高涨，健身需求的多样化，对于“十五分钟健身圈”的建设具有积极的促进作用，一方面对健身圈的建设规划有影响，另一方面对健身圈的建设标准也有着较大监督作用。

（三）中产阶级健康意识觉醒推动体育发展

根据柳叶刀数据，我国成年男性和女性肥胖人口在 2014 年超过美国，跃居世界第一。艾媒咨询数据显示，2019 年我国肥胖人口规模超过 2.5 亿人，占全国总人口比重超过 17%。肥胖容易导致身体机能下降，使得糖尿病、慢性心脏病等疾病发病率上升。以Ⅰ、Ⅱ型糖尿病为例：肥胖者细胞对胰岛素不敏感，为了保持细胞正常代谢，胰岛分泌的胰岛素一般高于正常人；而当其分泌不足时，就会导致糖尿病的发生。而对于长期肥胖者来说，糖尿病的发病率较非肥胖人群明显上升，最高可达普通人群发病率的 4 倍之多。随着肥胖人口增加，我国糖尿病新增患者在增加，发病率在上升。根据《英国医学杂志》，2020 年中国成年人Ⅰ、Ⅱ型糖尿病患病率为 12.8%（按美国糖尿病协会标准），较 2010 年上升了 3.1 个百分点，且国内糖尿病前期患病率为 35.2%，亟须受到重视。

我国中产规模不断扩大，消费品质走高带动健身行业发展以家庭为单位，我国中产阶级规模日益壮大。麦肯锡咨询公司将中产阶级进一步细分，其中年收入在 6 万至 10.6 万元之间的中国城市家庭被定义为大众中产阶级，年收入在 10.6 万至 22.9 万元之间的中国城市家庭被定义为上层中产阶级，但不论哪一层级的中产阶级群体在生活必需品上的花费比例都小于 50%。麦肯锡的报告指出，中国中产阶级占中国城市家庭的比重从 2000 年的 4%上升至 2012 年的 68%，其中上层中产阶级占 14%。麦肯锡预测数据显示，2022 年中国中产阶级比重将超过 75%，其中上层中产阶级占比将上升至 54%左右，成为新主流阶层。

轻中产阶级将成为消费主力军。随着社会发展，在中产阶级的基础上，新中产阶级、轻中产阶级概念萌生。新中产阶级以“80 后”为主，在丰富物质和良好教育下，内心安全感和进取心强烈，产生于精神消费时代背景。轻中产阶级包括“80 后”和“90 后”，产生于理性消费时代，既追求品质升级，又懂得适度节制，是介于普通大众和新中产之间的阶级群体。

中国家庭金融调查与研究中心调查数据显示，2015 年中国中产阶级成年人口占全国成年人口的比例为20.1%，平均财富约为13.9万美元；根据欧睿信息咨询，2020年我国中产阶级人口占比将接近50%；根据艾瑞咨询，含轻中产家庭中未成年个体的条件下，2020年我国轻中产阶级人数达到3.5亿人，占全国人口比重接近1/4，规模较新中产阶级更大，是推动消费的主要力量。

中产阶级的消费行为，推动国内经济变革和消费转型。根据艾瑞咨询，中产阶级尤其是轻中产阶级的消费需求呈现出四大特征：品质消费兼顾高性价比、回归理性而非炫耀消费、崇尚健康生活、注重精神消费。对于健身类消费而言，健身既可以锻炼身体，提高个人健康素质，又能够减轻当代人的工作压力，维持个人心理健康。根据艾瑞咨询，轻中产阶级认为最能带来生活品质和幸福感的消费方式是旅游和健身，65.1%的轻中产人群赞同旅游能提高生活质量，64.1%的轻中产人群认为健身和运动是进阶品质生活的必备。随着中国阶级结构的变化，日益庞大的中产阶级将会成为推动健身行业发展的核心力量。①

四、山东省城市社区“十五分钟健身圈”建设挑战

（一）体育场地开放与运营的双向制约

随着山东省城市社区“十五分钟健身圈”建设的推进，山东省逐年加大对体育基础设施的投入与建设，截至2020年山东省基本完成了城市和农村体育器械全覆盖，农村健身设施覆盖率超过了95%。然而，山东省作为人口大省，体育设施的高覆盖率一定程度上缓解了“用地焦虑”，但是“无地可用”的局势依旧不容乐观。一方面，学校场地的高闲置率、低利用率突出；另一方面，社会居民“无地可用”现象突出。虽然有相关政策文件对学校开放场地进行一定程度的引领，但是具体实施仍要求由学校来安排，这就导致使用流程不规范、不明确、不具体，甚至有的学校直接不对外开放场地。造成以上现象的因素主要有以下三个方面：一是安全问题，包括场地开放后参与人员的健身安全责任归属问题；二是场地设施维护问题，场地设施的维护是体育设施建成后的重要支出，目前主要是学校作为主要承担方；三是采取何种开放制度的问题，对开放的场地是采取收费制度还是完全免费制度？如果采取收费制度那么由谁进行收费、收取多少费用、收取费用后其流向由谁监管、怎么进行收

① 参见魏红梅：《健身行业深度报告：健身需求有望上升产业链发展可期》，2021年7月31日，https://baijiahao.baidu.com/s?id=1706763593798650544&wfr=spider&for=pc。

费等问题亟须解决。

学校场地的公益属性限制了场地市场化运营的可能，场地维护完全依赖学校财政拨款或自由经费，对于学校来说是一项较大的负担。如果采用完全公益的开放制度，那么怎么开放、何时开放、怎么对场地器械进行维护、场地维护资金来源等问题需要明确的解决措施。如果以上问题得不到明确的解决或者有效的政策支持，那么学校体育场地的开放问题便得不到根本解决。

随着我国老龄化社会的推进，人口结构呈现中间宽两头窄的形状。山东省亦是如此，甚至有超过全国平均水平的趋势。参与体育活动的人群主要以中老年人为主，青少年活动范围主要集中在学校，随着“双减政策”的颁布，青少年体育活动范围已由学校向社会方面转移。作为社会劳动生产力主力人群的青年人因忙于工作或者生活琐事积极参与体育活动的频率无法达到体育人口的界定范围。因此，“十五分钟健身圈”建设无法适应于全部人群，必然会对个别人群产生偏差，不能很好地满足全社会人群的需求。当前社会发展对老年人和青少年进行重点突出，形成了以青少年和老年人为主的体育锻炼人群两极化发展，造成体育人口分布严重失衡、体育消费结构失调。而作为“十五分钟健身圈”的设计规划、建设标准目前未有一套通用的或者普适的指导意见进行干预，使其在有效空间、时间下，为健身人群提供最为有效的公共体育服务设施，提升其使用效力，降低重复建设或建设使用低下的问题，为全社会人群提供较为普遍适用的建设场所和设施。

(二)体育社会组织发展与联动的低效

虽然山东省的全民健身体系建设进入飞速推进阶段，但核心的体育社会组织网络的构建成为体系良好运营的重大影响因素之一。如美国提供体育公共服务的社会组织主要包括体育协会、宗教组织、体育俱乐部、相关的社会组织和企业等，仅全国性体育协会就有 206 个，这些协会大部分都在各州和地方设有分会，通过网络化的组织布局推广其体育项目，吸引更多人参与，特别是青少年从事该项目，如美国的职业篮球联盟和职业冰球联盟都注重在社区推广他们的运动，派优秀教练员和球星给青少年传授技能，并推广街头篮球和冰球运动。反观山东省的全民健身体系，体育社会组织、社区、企业之间的联动并不令人满意，主要原因是由于其联动的核心理论点不同所导致。体育社会组织即具备公共属性也具备经济属性，其双属性的特质便要求对于目标回报的多样化，但由于我国体育社会组织处于转型发展阶段，自身发展模式尚处于探索阶段，对经济属性的追求便上升至首位；而居民社区则是以公共属性为主，主要是致力于为社区居民提供优质服务，但是奈何其自身经济依托于政府，加之供给端的不稳定与不均性，难以为居民提供有力的体育服务；体育企业作为核心环境，其经济利益的实现是影响其效能的主要因素。

（三）体育志愿服务供需的严重失衡

在发达国家，体育志愿者在体育公共服务体系中扮演着至关重要的角色。担任体育志愿服务的力量主要是体育指导员和志愿者，是体育发达国家大众体育工作的重要支撑力量，体育志愿服务为发达国家体育事业的发展节省了大量人力物力，政府普遍重视志愿服务管理方面职能的履行，通过立法保障、建立激励机制等措施扩大体育志愿者群体人数，通过加强业务培训，体育志愿者专业水准、服务质量得到提高。体育志愿服务产生了巨大的社会和经济效益，体育指导员和志愿者的高质量、无偿性的体育服务能为体育活动的开展降低运营成本，为政府减少公共财政负担。然而，我国体育志愿者队伍的建设规模与发展水平一直处于相对模糊的状态，在中国志愿服务官网的志愿者、志愿组织和志愿项目等多个板块中，均难以查询到与体育相关的总体数据。近年来，党和政府高度重视推进全民健身志愿服务，在《体育强国建设纲要》中更是将体育志愿服务列为9项重大工程之一，要求重点推进全民健身志愿服务的评价、激励和保障等机制建设。[①]

社会体育指导员作为全民健身体系中主要的专业指导人才供需不平衡现象突出。现阶段，我国的社会体育指导员主要是以各高校的社会体育指导与管理专业毕业生作为人才补充来源。然而，随着我国高校学科建设的需要，社会体育指导与管理专业招生人数却呈现逐年递减的现象。这主要是由于社会认可度不高，以及专业学生毕业后就业困难。山东省全民健身体系的推进必然会调动大量的社会体育指导员，一方面，就目前来说，山东省全民健身体系尚处于初级阶段，社会体育指导员队伍尚可满足基本需求，但随着体系推行的加深必然会导致人才供给不足现象突出。另一方面，全民健身体系对社会体育指导员的吸引力是否足以满足其自身需求尚存争议。

---

① 参见张大为、刘兵、郑旗：《奥运遗产视角下英国体育志愿者培养计划的实践经验与启示》，《体育学刊》2020年第5期。

第六章　山东省城市社区“十五分钟健身圈”建设思路与规划

根据《全民健身计划 2016—2020》中指出的着力构建“十五分钟健身圈”指导意见，各级各地政府均作出了相应的政策与规划要求。“十五分钟健身圈”旨在方便居民进行体育活动，满足居民对体育运动多样化的需求且全面覆盖城区整体的公共服务体系，促进社区居民实现体育锻炼生活化、户外化、终身化，从根本上提高社区居民的体质健康、生活质量和幸福感，引导大众养成健康生活方式，形成终身运动好习惯。结合山东省体育事业、体育产业发展实际，本章对山东省城市社区“十五分钟健身圈”建设进行了探讨，提出了建设基本思路、建设规划和标准依据，对今后山东省全民健身公共服务提出了更为严密的设计思路。

第一节　山东省城市社区“十五分钟健身圈”建设基本思路

山东省城市社区“十五分钟健身圈”标准化建设始终践行“对接需求、协同创新、融合发展”的建设理念。2014 年，国家针对现阶段我国体育基础设施建设无法满足居民多元化体育健身需求的现状，首次提出构建“十五分钟健身圈”的应对策略，极大地推动了我国全民健身工程的发展。随着时间的推移以及人民生活水平的提升，人们的体育需求不断发生变化，如何应对当前社会经济发展形态，满足不同人群的基本公共体育需求，成为高效建成“十五分钟健身圈”的前提。

一、建设理念

（一）对接需要

“十五分钟健身圈”应满足健康中国发展需求。伴随着工业化、城镇化、人口老龄化以及生产生活方式的变化，近视、肥胖、高血脂等疾病人群不断扩张，我国居民体质健康水平并未随着医疗卫生水平的提升、经济收入水平的提高而有大幅度提高，相反，一些职业病、青少年疾病等逐渐增多。体育活动作为提高健康水平最经济、最有效的手段，已成为建设健康中国、小康社会的基本要求。为全面提高我国全民身体素质，2014 年国务院颁布的《关于加快发展体育产业促进体育消费的若干意见》首次提议构建“十五分钟健身圈”。文件指出，现阶段我国体育锻炼场地设施总体供给不足与群众体育需求不断增长之间的矛盾不断突出，为满足群众多样化的体育需求，需要全面建设全民健身服务体系，推动体育事业蓬勃发展，应全面构建城市社区“十五分钟健身圈”。现阶段人们的生活节奏快，工作压力大，能够参与体育锻炼的闲暇时间不足，构建城市社区“十五分钟健身圈”能在节约时间的基础上满足群众基本的体育需求，提高群众的体育参与度，落实“十五分钟健身圈”也是提高中华民族身体素质和健康水平的必然要求。随着全民健身计划以及《“健康中国 2030”规划纲要》相继提出城市社区“十五分钟健身圈”，可以看出我国对全民健身公共设施的重视程度不断提高，进一步说明了建设“十五分钟健身圈”是至关重要的。城市社区“十五分钟健身圈”是指社区的居民从家到健身区总路程不超过 15 分钟，在健身场地中可以进行健步走、广场舞、球类运动等群众性健身活动。这些场地设施包括公园、广场、体育中心、体育馆、健身步道、社区体育设施、学校体育设施及民办体育场馆设施等。

加强体育公共设施建设，满足健身需求。体育公共设施建设均等化，第一，是指对不同的体育公共设施均等化，体育公共设施应满足老年人和青年人的多维需求；第二，是指城市社会生活圈的建设过程，城镇公共区域应实现居民使用率的均等化；第三，是指城乡建设和发展过程中体育公共设施供给的均等化。这种均等化要求地方政府对各自地区实施的基本公共服务制定相应的具体标准;第四,均等化的实施还存在地域差别的问题,如新建社区和老旧社区一定存在场地设施不均等的问题,因此我们要加大对老旧社区体育设施的改造,合理规划现有场地设施,确保社区居民拥有一定种类的健身场所,满足其健身需求。

(二)协同创新

当前,社区居民存在体育意识相对较弱的问题,体育参与度各个群体参差不齐,青少年、中年人、老年人的体育活动时间各不相同。青少年因为课业压力,虽然有一定的学校活动时间,但课后体育参与时间明显不足;中年人作为社会的中坚力量,承担的压力最大,体育活动时间因其加班等原因相应缩短;老年人活动时间在这三类人群中是最充足的,但由于公共体育健身设施没有专人进行活动指导,老年人的体育活动量达不到促进健康的标准。可以发现,现在大多数人的生活水准都已达到小康标准,但身体健康水平仍存在很大问题,随着竞争越来越激烈,年轻人的身体素质也在不断下降,这种恶性循环易导致中国人的基因素质不断下降。[①] 老一辈人缺乏运动意识,导致身体素质变差。而年轻人都在中国越来越激烈的就业市场中为未来拼搏、竞争,几乎没有时间锻炼。因此,“十五分钟健身圈”不仅是建设规划问题,还存在如何引导社区居民进行健身的问题。

山东省城市社区“十五分钟健身圈”的协同创新性建设需要满足下列要求。

一是体医融合的治理理念与管理思路。以人为本,社区公共体育健身基础设施应满足社区居民的健身需求,将医学知识融入体育健身中,充分发挥健身的促进作用。二是多主体共同治理。以政府主导多部门协作共同构建山东省城市社区“十五分钟健身圈”,充分发挥政府的统筹领导作用,并将权力下放给街道、社区。三是服务全覆盖。根据社区人群的多样性,将社区体育公共服务基础设施资源进行整合,结合群众的健身服务需求,在原有的体育公共服务基础设施中进行改造。四是管理智能化。利用智能信息技术对居民的运动时间、运动方式、运动轨迹进行监测与分析,利用监测数据建设城

① 参见李佳:《浅析国民体质下降原因》,《高考》2017 年第 6 期。

市社区"十五分钟健身圈"体育服务信息平台。[①] "十五分钟健身圈"正是在此背景下孕育而生,通过全民健身来增强国民的身体素质,通过"十五分钟健身圈"缩短路程来增加健身的时间,从而进一步提高国民身体素质。[②]

城市社区"十五分钟健身圈"的协同创新还体现在,以城市居民的体育生活为抓手,打造城市社区部门联动、多区域合作的体育活动空间,以实现全面均衡城市体育公共服务为基本目的的城市居民体育活动空间系统。从"十五分钟健身圈"管理主体的角度来看,各地应以政府主导、部门协同、社会力量参与的多主体共同协同推进,打造多层级的健身区。从地域空间来看,应是包含小区(居住小区)、社区(街、镇)和跨社区(区、县)等地域空间范围和层级的多圈层城市体育生活圈。

(三)融合发展

在人们日常的生产场所和生活环境中,社区、楼宇和学校是人们活动频率较高的地方,也是社会场所基本的组成部分,因此将体育设施与居民生活场所相互融合是打造居民身边"十五分钟体育生活圈"的关键。融合发展不仅仅是对基础设施的融合,也是对医疗设施的融合。要了解群众需要什么,根据群众的需求融合发展,将群众的需求放到首位,才能真正地打造好城市社区"十五分钟健身圈"。

把城市社区"十五分钟健身圈"建设成"更亲民"的体育服务体系,党的十九大报告明确提出"广泛开展全民健身活动,加快推进体育强国建设","十五分钟健身圈"是推进全民健身活动的重要举措。提高国民的身体素质是国家繁荣昌盛的基础,也是建设体育强国的中坚力量。为实现国家繁荣昌盛和建设体育强国的建设目标,各级政府应深入了解民情民意,满足民众的体育需求,完善体育工作,提升服务品质,提供人民群众满意的体育服务。

城市社区"十五分钟健身圈"的建设融合发展,利用闲置的资源建设惠民利民的公共基础体育设施,将其融入城市社区之中,提升居民体育消费水平,进一步带动经济发展。城市社区"十五分钟健身圈"打造惠民利民的公共体

---

① 参见朱晓东:《上海 30 min 体育生活圈建设评价指标体系研究》,《首都体育学院学报》2016 年第 5 期。

② 参见张小沛、戴健、张瑞林:《社区体育公共服务精细化治理:科学内涵、创新动力与现实路向》,《体育学刊》2021 年第 5 期。

育基础设施，需要融合公园、广场、体育中心、健身步道、社区体育设施、学校体育设施及民办体育场馆设施等资源，利用智慧化系统进行建设，使城市社区体育设施的覆盖率达到100%。政府应积极推进体育场馆、学校场地向公众开放，增加居民体育健身的场所。在《体育改革发展“十三五”规划》中提及不仅要做好社区体育健身设施的完善与管理工作，同时也要在居民中广泛开展体质健康教育，关心居民的身心及健康，通过全方位的举措逐步形成全面发展的“十五分钟体育生活圈”。

二、建设原则

（一）建设规范化与特色化共融

各级政府要进一步强化《全民健身条例》和《全民健身计划（2021—2025年）》中的有关规定，落实国家有关部门和市、县体育局联合制订的体育场馆用地使用标准，进一步明确建设公共体育场馆的施工标准与建设标准，并制定了严格有效的监管政策。在进行健身基础设施建设时，应符合业界主流标准与规范，确保基本健身服务需求得以满足。与此同时，各地健身设施的规划、设计应充分凸显我国各地已形成的地区体育文化特色，结合区县、街道、社区三级健身设施网络，突出分级服务、分级管理等方面的特点和优势，让更多的人能够享受“十五分钟健身圈”的成果，同时促进国民体质的全面提升，推动全民体育事业的发展。

（二）经费政府化和多元化互通

城市社区“十五分钟健身圈”的建设需要资金的大力支持，积极构建政府拨款中创新投融资制度，建立政府主导、民间资本参与的多元化、多渠道筹资路径，鼓励和引导民间力量参与到全民健身工程中来。以信贷保证的方式使用，并将其业务结果付清，不断增加公益性群众健身场所。同时，也要通过对体育产业的政策进行调整，通过政府的政策性贷款，通过体育产业的入股来分配体育产业的基本资源，这样既可以避免政府的补贴等政策造成的市场供需失衡，同时也可以采取股权的方式避免某些体育行业的风险，从而使得后期的高收益因素更加突出，从而有利于聚集大量的社会资本，引导社会资本在体育行业中实现市场的高效、合理的配置。

（三）领域多样化与协调化结合

山东省城市社区“十五分钟健身圈”建设不仅是体育基础设施完善的体

现，在娱乐、旅游、医疗和都市发展等方面都有很大的关系。“十四五”期间，体育与上述各方面的交互需求将会越来越大，其合作的价值也会越来越大。“体旅文商”融合发展，是体育、旅游、文化娱乐的重要组成部分。在医疗卫生领域，以健康中国为目标引领，将“体育是良医”的理念根植民众内心，逐步建立全民健身与全民健康协调发展的体制机制。城市发展方面，通过完善城市功能，拓展体育发展空间，推动体育高质量发展。

（四）政府主导化与服务化协同

首先，加强政府对全民健身的引导，加强政府对全民健身的体育公共服务供给模式转化，在保证一定设施建设的基础上，以政府为主导，吸引社会力量、企业公司为建设圈建设买单，通过 BOT、PPP、PFI 等管理模式，增强全民健身的供给能力和水平。其次，加强全人群、全地域、全共享的全民健身公共服务，以满足广大群众的基本体育需要为基础，把全民健身公共服务作为提高山东省基本社会保障水平、推动民生领域改善的重要内容。坚持平等原则，保障全民健身的基本权利，保障全民健身公共服务，促进社会公平。最后，因地制宜、可持续发展。要根据各地区的实际情况，进行科学规划、综合开发、分级指导，拓宽其供给主体，丰富其供给方式，拓展其供给渠道，实现“十五分钟健身圈”建设精准供给。

三、建设思路

（一）“一个定位”明确发展目标

依据山东省经济社会发展需要，以实现山东省城市社区“十五分钟健身圈”全覆盖，办好人民满意的体育，让更多的群众动起来为根本目标，将山东省建设成为国内领先的全民健身强省，以促进体育工业高质量发展为总目标，努力在新世纪创建体育强国新局面。目前，我国体育产业发展面临着城市修复的重大契机。例如，济南市正在进行“拆违拆临”工作，明确提出“以绿化为主，不建设为特例”，广泛征求广大人民群众的意见，合理布局多样化的场馆设施，让民众离得近、用得着，而不是一味地追求“高大上”，有效促进了“十五分钟健身圈”项目的落地，是实现全民健身便民、利民、惠民的重要举措。

1.归属感——抓好体育组织建设

通过对国内外健身城市、健身圈的研究，发现其城市“十五分钟健身圈”

的建设离不开社会组织的支持，同时“十五分钟健身圈”建设完成也是实现公共体育规划全覆盖的具体表现。全省要确保实现县级体育总会全覆盖和乡镇级体育组织全覆盖，积极推广日照市建立乡镇体育总会、临沂市岚山区建立乡镇社会体育指导站、泰安市建立乡镇老年体协等成功经验，把推进乡镇和街道普遍建立“1＋4”发展模式作为今后的工作重点，即乡镇级建立1个体育总会，1个老年人体育协会、1个社会体育指导员协会和2个以上单项体育协会。全省各乡镇和街道至少建成一家体育组织，协助抓好群众工作，打通全民健身服务“最后一公里”。

此外，在城市“十五分钟健身圈”的建设中社会体育组织起着重要的作用，保证社会体育组织健康快速地成长离不开各级政府的保驾护航，政府不仅要在政策上给予支持与帮助，更要为社会体育组织营造良好的环境。政府部门应加快落实对体育设施采购改革意见的实施，按照“应编尽编、应买尽买”的原则，制定符合本地区发展的体育公共服务指导目录。通过积极培育体育社会组织发展，加快形成一批承接服务能力强、影响力大、品牌效果好的体育社会组织。城市居民体育健身归属感的培养，离不开社会体育组织的支持，完善体育组织的建设是推进城市社区“十五分钟健身圈”工作的重要保证，也是确保居民能够通过社会体育组织找到自己感兴趣、适合自己的体育运动项目，进一步加强居民对社会体育组织的认可与信赖。

2.获得感——抓好健身设施完善

加快“十五分钟健身圈”落地最为关键的措施是加强“六边工程”中的群众身边健身设施建设。山东省体育局在资助建设8类省级全民健身示范工程的同时，还新增加对城市社区冰场项目的资助，加强冰雪运动普及工作，助推“三亿人参与冰雪”行动。

此外，全省各市要实现本辖区乡镇、城乡社区、行政村健身场地和健身设施全覆盖，以公共设施均等化带动其他基本公共服务均等化。充分发挥“互联网＋”等现代化管理手段的作用，积极探索建立全民健身公共服务平台。全省推广“郯城体育”“大众游泳”“上海社区体育”等做法，以此督促全省各级体育部门、各项目管理中心和各体育协会推出全民健身网站、手机App或微信公众号，发挥在线发布信息、提供场地预订、群体活动赛事报名以及健康管理等功能，提供多项便民惠民服务。

3.成就感——抓好赛事活动组织

健身活动和体育比赛的结果将会让健身者有满足感和成就感。在2017年举办的第七届全省全民健身运动会，坚持省、市、县三级层层办，多办系列赛、联赛、分站赛，让比赛活动开展的时间更长。要把赛事资源推向社会，通过政府购买服务等形式，让体育协会、俱乐部、企业等社会组织来承办，提高办赛效果。这样做的最终目的是将体育活动推往农村和社区。通过推广济南市社区趣味运动会、济宁市乡镇农民运动会等成功经验，广泛开展涵盖各类人群、不同层次、各个行业、各具特色的全民健身赛事活动，健全群众性竞赛活动体系，实现健身活动常态化。

此外，山东健身活动也要突出地方特色，打造品牌特色活动。积极鼓励和扶持“一市一品牌、一县一特色”健身活动，组织开展好黄河三角洲、蓝色经济区、西部经济隆起带、省会城市群经济圈4个区域健身联动活动，通过赛事活动吸引更多的群众参与体育活动。

4.安全感——抓好健身指导服务

专业的事要靠专业的人来做，正确的健身指导会让群众在锻炼的时候体验感更好。优秀的社会体育指导员队伍建设将有助于带动社区健身活动长效有序开展。全面落实“十四五”全省社会体育指导员工作规划，要把培训社区志愿者相关的服务内容提上日程，以点促面，保证全民健身活动顺利开展。

以优秀典型城市做法为先锋，进行推广、普及。如全面推广日照市推行的指导员上岗制和星级制的经典做法，推进指导员挂靠站点制度。通过扶持建设健身示范点，评选出星级社会体育指导员，以此激励更多的指导员在社区亮出身份、一线上岗、发挥作用。鼓励各市积极实施“全民健身技能推广入户工程”，通过网络、媒体等宣传媒介对日常健身进行指导，推进健身技能传播入户。加强体质监测工作的执行，推进“我的体质我知道”行动。在完善市、县、乡三级体质测试服务机构的同时，与各级卫生计生部门合作，开展家庭医生开具运动处方试点和医学体检结合体质测试试点，让群众健身更加科学。

此外，选取2—3个市作为试点城市，以城市社区为单位完善基本体育公共服务网络，深入开展全民健身志愿服务活动。

5.认同感——抓好健身文化宣传

体育健身文化构建程度是衡量群众能否持续参与健身活动、能否带动他人参与健身活动的重要指标之一。城市社区文化作为区域性集体文化的聚集具有强烈区域特色和地域性，同时也是社区文化精神的体现。伴随着我国全民健身战略的全面推进，各地政府依据地方特色开展特色体育健身活动，形成极具地方特色的体育健身文化。

充分借鉴临沂市、青岛市地方特色体育赛事的成功经验，深度发掘社区文化资源并将体育健身融入城市社区文化中，形成“一区一文化、一社一活动”的体育健身文化布局。同时，通过城市社区网络、社区自媒体、社区活动展板等途径加强对城市社区文化的宣传与传播，切实增强居民的社区体育文化认同感和自豪感。

加强体育健身宣传与培训，提升居民体育健身认知与体育健身文化素养。通过定期组织社区居民参与健康培训，“以培代宣”，促进城市社区体育健身文化的传播，让居民在获得体育健康知识的同时提升社区认同感、自信感、自豪感、荣誉感、责任感，彻底激活城市社区居民作为社区集体一分子的责任心与参与积极性。

(二)“两个突破”解决关键问题

1.突破原有模式

山东省城市社区“十五分钟健身圈”建设需要突破居民参与度低，体育设施利用率低、体育设施设计不规范等问题。“十五分钟健身圈”规范化建设要切实发挥体育基础设施的作用，提升体育公共设施建设的质量，对体育场地设施的各层次、各要素、各方面进行统筹规划，集中全市资源，发挥最大价值，构建合理有效的体育健身圈。在设备供应上贯彻共享的观念。共享经济是一种以网络为基础，通过合理分配社会资源，使社会资源得到最大限度的使用。体育部门制定的有关政策内容，应与公共财政制度、城镇规划制度、土地政策及其他有关制度相互补充、支持、联动。如场地设施的规划布局应与规划局联动、社区内健身场地的配备应与住建局联动、学校场地对外开放应与教育局联动等。以往由体育部门单方规划的格局对新时代下的体育健身圈已不再适用，只有多方联动、共同参与的政策保障制度，才能充分保证全民健身公共服务体系持续发展。

“十五分钟健身圈”突破原有模式具体实现路径需从五方面入手，具体包括多方联动的政策保障、科学合理的规划布局、社会资源的有效利用、配套服务的逐步完善、健身信息的创新供给。在此基础上，各县市根据地区实际情况进行调整，以达成体育健身圈便民、利民、惠民、乐民的根本目的。“十五分钟健身圈”标准化建设是全民健身工程推进的重要路径，是人民通往美好生活的幸福之路，是造福百姓、服务民生的实事、要事和急事。

2.突破建设边界

“十五分钟健身圈”建设有效推动了体育的高速发展，全面提高了全民健身水平，让真正服务于民的体育保证系统落实到实际行动中，促进了“十五分钟健身圈”与地区文明建设的有机结合，持续满足了人民对体育的要求。把“人人运动，人人健康”的城市建设作为全民健身的突破口。通过营造良好的体育氛围、打造高质量的体育场所、提倡现代生活方式、提高人们的健康意识，使广大市民在全民健身活动中获得健康，使整个社区乃至城市充满动力和活力。

推进“十五分钟健身圈”高质量全覆盖，实现市级、区级体育场地设施和体育健身组织、体育赛事活动全覆盖，带动全区、全市乃至全省城市社区体育服务配送全覆盖，继续推进智慧健康驿站和体质监测服务网络社区的全覆盖。加强青少年、职工、老年人全民健身公共服务供给，增加残疾人、妇女、农民、军人、少数民族和外来务工人员等人群全民健身公共服务供给，实现人人享有高品质基本体育公共服务的目标。

（三）“递进一个模式”满足多样化体育活动破解普适难题

采用都市体育圈层理论，以城市的体育文化与体育精神为内涵，以体育运动为载体，以环境资源为基础，探讨如何形成具有健身、休闲、旅游、娱乐等多种功能的体育空间。都市圈理论是城市快速发展的先决条件，当其发展到一定程度时，就会形成一个运动圈。体育圈不只是纯体育设施的建设，其中包含了文化的建设，体育圈的场地，设施的建设都蕴涵着本土的文化，体育圈还包括群众体育与学校体育。体育圈层是将多种杂乱物质资源进行整合，发挥最大的价值服务群众（见图 6-1）。“十五分钟健身圈”受到城市人口、城市文化、城市地域环境等因素影响，常以圈串点，以点带面，以面扩圈，圈圈呼应，形成全面协调发展新格局，不仅为居民提供科学健身环境，还符合城市发展规律，兼具休闲娱乐功能。因此，在“十五分钟健身圈”进行规划设计时，依据都市体育圈层理论和互动理论，结合步行、骑行和车行的健身圈建设，逐步实现城市社区“十五分钟健身圈”分层、分级、互动性管理。

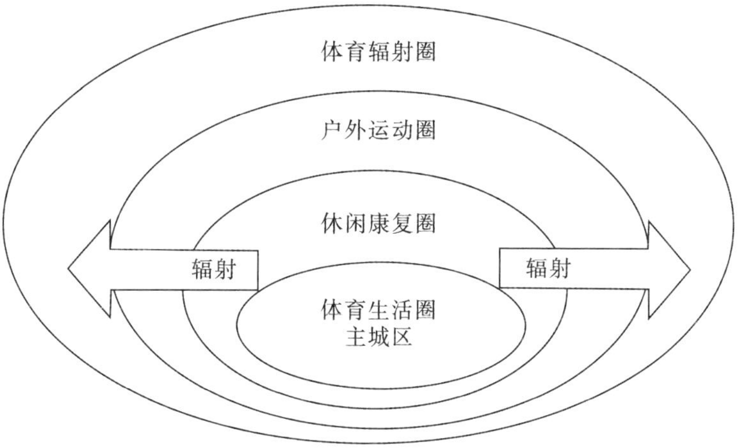

图 6-1 都市体育一体化圈层

资料来源：王全昌、侯令忠等：《西咸一体化都市体育圈的构建研究》，《西安体育学院学报》2011 年第 6 期。

1.体育生活圈

体育生活圈是体育圈层的核心，以社区体育为中心。加强对公共开放公园、广场的维护与管理工作。大力发展健身行业，建设连锁型的健身场所，通过活动推广，挖掘赛事的内涵与经营水平，打造知名的品牌赛事。加强对社区体育公共设施的建设，多开展体育活动，满足居民对体育生活的需求。相关部门有效地组织建设社区—学校—家庭一体化体育资源服务网络，提高居民的参与意识和健身热情。加大宣传力度，让居民了解明白运动促进健康、体育文化、绿色健身等的含义，打造生态体育观念。结合“十五分钟健身圈”的概念界定，健身圈的步行、车行、骑行是衡量健身圈是否规划合理、建设规范、服务全面的主要指标。在体育生活圈，因其以社区体育为中心，服务对象主要为社区居民，因此健身圈的步行建设应是该范围的重心，如健身步道、开放的学校体育场馆等以满足居民日常体育活动的场地设施，成为此处汇聚居民开展体育活动的重要场所。

2.体育休闲圈

体育休闲圈主要以休闲服务为主。将体育康复区、高档体育休闲区、运动服装业、制造产业有机地结合起来。努力打造、引进、培育一批运动用品研发、生产、服务的龙头企业，加速培育一大批体育器材、运动服装、体育用品制造企业。大力开发和研究具有广大普及性的群众性康复系列产品以及竞技体育损伤恢复的高端产品。此外，提高体育体验活动的参与，注重休闲体育供给，进行“体育＋旅游”“体育＋娱乐”等休闲板块的融合，打造多元体育休闲服务圈。在该圈层，服务对象除了社区居民以外，更多的是寻求休闲体育体验的体育参与者。“十五分钟健身圈”骑行建设成为此圈的建设重点，从空间距离来看，它要比体育生活圈离社区居民的居住地距离更远，因此步行不再是进行休闲体育体验的主要方式，骑行成为居民首选的到达该圈层的交通工具。适当的骑行距离既保证了休闲体育设施建设的完整和完善，又保证了居民不会在路程上花费太长时间进行体育参与。在此阶段，体育参与者对体育活动有一定的目标和目的性，同时对体育环境有一定要求，是体育生活圈的进阶。

3.户外运动圈

依托城市现有资源，发展户外运动。依托山水资源建设、发展登山、漂流、攀岩、穿越、滑雪等户外休闲体育项目。在平原的城市可以建设骑行圈，通过户外骑行运动让人们接近大自然，进而进行体育锻炼。户外运动圈不仅要建设，更要作出品牌。通过举办高质量的户外运动赛事，提升知名度，提高居民的参与意识，打造符合大众户外运动知名品牌。该圈层因为要依托山水等自然资源开展户外运动，因此车行成为主要交通方式。相较于体育生活圈和体育休闲圈，参与户外运动圈层活动的人，通常是户外运动的爱好者，对于户外运动体验和参与态度积极，同时具备一定的户外运动能力。因此，该圈层的项目功能设计一方面要依托自然资源，另一方面还要符合当前户外运动爱好者的偏好，户外运动的产业链条相对完整。该层圈的产业辐射和完整产业链条也是发展体育产业、建设体育强国的重要体现和支撑。

第二节 山东省城市社区"十五分钟健身圈""321"建设工程

一、3年夯实基础

城市社区"十五分钟健身圈"利用3年的时间夯实社区的公共体育基础设施建设。在《山东省全民健身计划实施(2020—2025)》指导意见下,构建城市社区"十五分钟健身圈"是实现全民健身的重要手段,进一步提高居民的体质,使经常参与体育锻炼的人数比例上升到42%以上①,让山东省居民国民健康体质合格率高于全国平均水平,进一步完善城市社区"十五分钟健身圈"的建设,充分利用空闲的城市土地,加大对公益用地的开发力度,使人均体育场地面积达到2.7平方米以上。济南市及各区县累计投入8700余万元,新建健身场地861处,配建健身器材8526件,更新维护健身器材10204件。

政府将提高公共体育场馆的开放服务水平,政府部门联合多部门完善居民小区建设配套的体育场地,将城市的"金角银边"、公共资源与自然资源充分利用,完善城市社区"十五分钟健身圈"建设,丰富居民身边的健身场地设施。制定符合本地区发展的城市社区"十五分钟健身圈"建设规范,明确各级的建设标准,以标准化促进各地区的体育设施建设。合理规划山东省国家步道体系,进一步扩大体育公园的建设数量。公共体育设施对居民全面开放,进一步推进符合开放条件的公办学校的体育场馆面向居民开放,制定相关体育场馆开放绩效评价机制,将开放与补助挂钩。随着新冠肺炎疫情防控常态化,学校体育场馆全面开放。

通过开展赛事活动加快城市社区"十五分钟健身圈"的建设。创新社区运动会的比赛形式,丰富赛事活动的内容,在山东省全民健身运动会、全省单项赛事的基础上进一步创办社区运动会,2021年山东省已经在8个市区开展创新社区运动会的试点活动,一共举办3000场,取得了良好的效果,获得了广

① 于晓波:《〈山东省全民健身实施计划(2021—2025年)〉发布让体育健身融入更多人生活》,2021年08月21日,http://www.shandong.gov.cn/art/2021/8/21/art_97560_426930.html。

大居民的支持。推广特色健身运动项目，大力推广烟台螳螂拳、淄博的蹴鞠、潍坊的孙膑拳、潍坊的青州花毽、临清的肘捶等本地特色体育运动项目活动，不仅可以增强身体素质，更能够推广这些传统运动项目的发展，更能够打造具有特色的体育品牌活动。制定组织和参加体育活动的准则，组织业余体育协会，普及体育文化，发展体育人口。支持举办各类残疾人体育赛事，开展综合性体育健身活动。

完善城市社区“十五分钟健身圈”的建设，科学技术指导也是必须考虑的内容。一是山东省各区县规划建设科学智慧化健身服务指导平台，按照国家体育总局统一规划，利用数字化网络开展“体育健康大讲堂活动”，宣传体育、健康知识，提高居民通过体育增强身体健康的体育意识。二是强化居民“十五分钟健身圈”志愿者服务意识。打造一批服务体育意识强、专业素质较高的志愿者服务团队，健全完善信息管理系统。通过开展“十五分钟健身圈”最美服务志愿者的选拔活动，增强居民参加“十五分钟健身圈”服务工作的成就感与荣誉感。弘扬“十五分钟健身圈”全民健身志愿服务精神。此外，在“互联网＋体育”的背景下，开展线上线下志愿服务，开展具有地方特色的全民健身志愿服务项目，打造全民健身志愿服务品牌。

二、2 年加速发展

城市社区“十五分钟健身圈”的加速发展不仅需要政府的大力支持，也离不开各级体育社会组织的参与推广。以“十五分钟健身圈”为基础，联合各级体育行业、协会与体育社团、体育民办非企业单位、体育基金会等主体，健全体育社会组织。基层体育社会组织是链接群众与政府的纽带，对完善城市社区“十五分钟健身圈”的建设起着重要的推动作用，重点加强对基层体育社会组织建设，将体育社会组织向街道延伸，向社区延伸，由点及面进行体育组织覆盖。同时，由体育社会组织者牵头将有共同爱好运动项目的居民组成健身队伍，通过专业素质较高的志愿者对其进行指导、培训，提高居民的参与感与幸福感。

城市社区“十五分钟健身圈”加速推广应注意对重点群体的关注，展开健身活动。2020 年公布的《我国青少年体质健康发展报告》指出，目前青少年面临的主要问题是超重与肥胖。加快青少年体育活动方案的实施，促进青少年

"体育+体质""体育+健康"的实施，都是在解决青少年健康问题。城市社区"十五分钟健身圈"的建设应将青少年的健康促进问题也考虑其中，在进行体育设施、设备建设过程中也应考虑青少年健身需求和标准。通过城市社区"十五分钟健身圈"的建设不仅可以缓解青少年超重与肥胖问题，也能通过完善适合老年人的健身设施与项目活动，发掘适合老年人群体健身休闲项目，还盘活了专业志愿者组织，使之及时开展体育活动服务。"十五分钟健身圈"还应考虑公共健身设施无障碍环境建设，通过社区范围开展残疾人康复健身等公共服务内容，最终通过"十五分钟健身圈"的建设普及、交叉覆盖，达到服务全社会人群的目标，保证其公共服务效率不打折扣。

三、1年模式推广

城市社区"十五分钟健身圈"建设有助于体育产业高质量发展。政府对城市社区"十五分钟健身圈"基础设施采购有助于拉动体育建造业的蓬勃发展，此外对于体育服务业也有价值增值的促进作用，体育用品制造业与现代体育服务业的融合发展对于体育产业结构优化升级有着积极推动作用。此外，推进体育产业的数字化转型，鼓励体育企业"云端数据、智能赋能"，促进整个产业链的协同变革。把体育资源集中到企业中，培养一批"专精创新"的中小企业，把"单项冠军"企业作为培育重点，鼓励有实力的企业把体育资源做强做大。在国家体育消费试点城市的基础上，选拔一批山东省"十五分钟运动圈"体育消费示范城市，充分发挥试点城市的作用。示范、鼓励创新体育相关政策要求、体制机制，推优体育产品和体育服务供给组织或企业，促进体育消费转型升级。

推动"十五分钟健身圈"融合发展。推进学校运动活动与教学融为一体。健全校园运动教学模式，确保全国中小学生每日在校一小时的体育活动。整合各级不同类别青少年运动比赛，健全不同学校、跨领域青少年运动比赛制度。建立有着传统运动特点的中小学校、各级各类运动学校和高等学校高水平运动队，大力培训体育教师和教练。规范少年儿童体育运动社区队伍发展，引导和扶持少年儿童运动俱乐部发展壮大。推进"十五分钟健身圈"体康融合。积极推进全民健身运动，开展有关体育与康养的知识讲座，让居民进一步了解体育对康养的作用，以体育促进身体健康。推进全民健身运动全面覆盖，在社区建立科学健身门诊。对健康综合理论、科学与实践进行创新，促进普通慢性病的体育干预计划与方法，探索健康体育融合发展的典型经验。

城市社区“十五分钟健身圈”的建设推广有利于营造良好的社交氛围，拉近居民间关系，建立有效的社区社交，加强居民间互动。推广“十五分钟健身圈”文化，增加广告投放，宣传体育精神，讲好全民健身故事。

第三节　山东省城市社区“十五分钟健身圈”建设标准依据及内容

山东省城市社区“十五分钟健身圈”具体建设标准是在前期调研基础上经过三轮专家论证确定的标准体系，具体的制定标准依据及内容如下。

一、场地建设标准依据及内容

在宏观上，场地建设标准作为编制土地利用总体规划和土地利用计划的依据，可以起到控制建设用地总规模的作用；在微观上，作为编制项目可行性研究报告和审批用地的依据，可以起到控制每个具体项目用地的作用。

具体要求体现在：一是体育场馆的选择应考虑城市和地区的体育设施布局，并根据人口密集、交通便利的原则，选择合适的场地，充分利用自然地形地貌。为了满足交通和疏散的需要，土地应当至少有一个或两个面向城市的道路；二是在城市和农村的规划中，所有公共体育设施都必须满足城市和农村的规划。

二、场地开放标准依据及内容

除适用于受中央财政资金补助的地方体育行政部门所属县级及以上公共体育场、公共体育馆、公共游泳馆和全民健身中心外，各地可参照《公共体育场馆基本公共服务规范》要求，因地制宜地对其他类型公共体育设施的开放服务进行规范指导。

《第六次全国体育场地普查数据公报》数据显示，我国体育场馆有一半以上是为了教育而建设的，因此教育系统中体育场地和体育场馆的对外开放成为解决当前居民体育健身需求飞速增长的有力措施。

三、健身指导标准依据及内容

健身指导应直接作用于广大人民，为增强人民体质、善度闲暇服务，为在全社会建立科学、文明、健康的生活方式，不断提高生活质量发挥至关重要的作用。当前体育公共服务的现实问题在于，广大群众锻炼的科学化水平普遍较低，缺乏必要的锻炼知识和科学方法，容易导致锻炼不当造成身体损伤等问题。健身指导能在健身过程中纠正健身者的错误动作，帮助其改正动作，避免其不正确的动作造成的损伤危害。

衡量指导活动是否到位的健身指导标准主要包括两个方面：一是科学健身知识宣传咨询活动，计 5 分，其中参与人数 100 人以上的，每次计 0.5 分；参与人数 100 人以下的，每次计 0.1 分，累计最高 5 分；二是体育技能培训活动，计 5 分，其中每人计 0.005 分，累计最高 5 分。

四、设施管理标准依据及内容

设备管理标准化的对象可分为“物”与“事”两大方面。所谓“物”，是指设备、材料、零部件、工具量具、备用配件、润滑油等，所谓“事”，是指对事物的处理方法、使用方法、维修方法、工作程序、管理及服务等。实行设备管理标准化，就是按照科学的规律，运用标准化的方法，将企业在设备管理和维修中经常重复出现的“物”和“事”用标准的形式确定下来，作为指导设备使用、维修和管理的准则并加以贯彻实施，使企业生产、技术活动合理化，达到高质量、高效率、低成本运行的目的。设备管理标准化工作制定的技术标准、管理标准和工作标准是实现技术标准的重要保证。

在具体的评分标准中应按照以下标准进行评分，即场地设施设备器材完好，场地设施有安全防范须知、警示标识、安全设施设备使用说明等内容，准确清晰性、张贴覆盖面、醒目度等。

五、组织建设标准依据及内容

按照新时代的建设总要求，坚持问题导向，找准发力重点，把基层组织建设提高到一个新水平，更好地发挥基层组织的战斗堡垒作用和党员的先锋模范作用。基层组织担负着组织群众、宣传群众、凝聚群众、服务群众的重要职责。

组织建设标准包括社区体育服务中心、社区体育俱乐部，每个计 2 分，各类社区单项体育协会，每个计 1 分。国家级社会体育指导员，每人加 1 分，一级社会体育指导员每人加 0.5 分，累计最高 10 分。晨晚练健身站(点)及健身团队，计 5 分:晨晚锻炼点、指导站等，每个计 1 分，项目健身队伍、体育锻炼小组等，每个计 0.5 分，累计最高 5 分。

六、活动建设标准依据及内容

活动建设就是指为了完成在工作分解结构中规定的可交付物而必须进行的具体活动，并将其形成实际的过程。为使项目目标得以实现，在项目管理过程中对活动作出定义无疑是必要的。完成每一项目，不论项目大小，都必须完成特定的活动。

活动建设标准主要包括两方面，一是组织开展经常性的体育比赛和竞赛表演活动、群众性运动会；二是组织开展日常性的全民健身活动，开展《普通人群体育锻炼标准》测试活动。

七、体质监测标准依据及内容

《国家学生体质健康标准》主要内容是身高标准体重评价表、其他各单项指标评价表、体质综合评级表。其过程是先制定不同年龄段人群各单项指标评分表(同时也可作为单项指标评级标准)，再将各单项指标得分按等权方式相加，制定各年龄段人群体质的综合评价标准。考虑到不同年龄段人群身体形态与机能、素质指标之间的发育、变化的不等速性，身高标准体重评价表的参照人群年龄划分不同于机能、素质指标的年龄，不同年龄人群的机能、素质的参照人群的年龄划分也不相同。

以《国家学生体质健康标准》为依据，从学生的身体形态、身体素质等方面进行评估监测。体质监测标准包括组织社区居民进行体质测定，每年接受体质测定的人数不少于社区居民总人数的 10%，计 10 分，每人计 0.005 分，累计最高 10 分。其中，少于 10%占比的不得分。

八、信息服务标准依据及内容

根据拉斯韦尔“5W”信息传播模型的框架要素和《服务业组织标准化指南》，标准维度包括六个类别：基本概述、服务人员、媒体、信息内容、受众和效果评估，结合政府供给和公众需求的实际，得出体育信息服务标准。根据信息发布平台发布健身活动安排、健身设施布局、晨晚练健身点情况、健身指导员情况等。在宣传栏或电子显示屏常年宣传科学健身知识，发布健身活动信息，每涉及一个方面计 1 分，累计最高 5 分。

除去以上八个方面，标准化建设过程中，如果近三年社区全民健身工作受表彰，获得国家主管部门表彰加 2 分，省级加 1.5 分，市级加 1 分，区级加 0.5 分，可累计，最高不超过 10 分。

第七章　山东省城市社区“十五分钟健身圈”标准化体系建设

切实强化山东省城市社区“十五分钟健身圈”理念的落地执行及发展，首先要做的就是要建设完善山东省全民健身公共服务体系。“十五分钟健身圈”作为公共服务体系建设中的一部分，对于满足一定空间范围内的大众体育需求有着积极推动作用，因此构建科学规范、高效透明、可持续发展的“十五分钟健身圈”体系，是促进全民健身、体育强省建设的关键与核心。

第一节　山东省城市社区“十五分钟健身圈”体系发展总策略

研究山东省城市社区“十五分钟健身圈”体系运行策略，首先要明确体系运行“十五分钟健身圈”的作用路径，即从大总体和小模块两个层面探究“十五分钟健身圈”在运行过程中的实施方法和策略，以有效提高山东省城市社区“十五分钟健身圈”多主体的运行效率，实现各体系间协同的稳定、有序、高效运行，促进山东省“十五分钟健身圈”建设。

一、体系化思维统领全局

“十五分钟健身圈”体系的建成，标志着我国全民健身工程取得阶段性成果。然而，单一的点对点行政性质的管理方式并不适应新时代全民健身公共服务体系的运营和管理，因此体系化的管理思维应运而生。

体系化思维是认识事物的一种思维模式，在面对问题的时候，能够针对复杂的问题提炼出关键的要素和解决方法，将散乱无序的管理问题变得逻辑清晰，有章可循。完整的体系化管理，包括明确目标、拆分问题、细化方案、执行落地、闭环总结等项目迭代的几个关键部分，将体系化思维映射到实体化管理工作中，快速搭建起一个体系化的运营架构，据此步步为营，稳扎稳打，持续优化运行，提高工作效率。

（一）明确目标

目标是一个计划或方案所要达到的最终的、具体的、可量化的结果。它是在组织目的或宗旨的指导下，在一定时期内组织活动所要达到的具体效果。在系统运行的各个时期、各个阶段，目标是衡量完成任务进度的唯一指标。目标分为总体目标和子目标，子目标是总目标的一部分，总体目标可分为多个子目标，总体目标的完成依赖于各子目标的完成。通过测量数据，能够得到系统运行中各方面、各阶段的反馈信息，根据反馈信息与总体目标比对，对子目标加以调整，以便实现总目标。

“十五分钟健身圈”目标的建立便是以满足群众日益增长的体育服务需求为出发点，以提高居民的身体健康水平为落脚点，以促进体育健康意识传播为宣传重点，以提高群众健康意识和体育意识为转折点，从而推动我国体育强国和健康中国建设。从管理过程来看，明确目标不仅在指导运营活动中有着不可或缺的重要作用，还在提高参与人员的积极性、提升运行效率方面有着重要作用。当前体育公共服务的参与人员，特别是方案实行人员主要依靠政府人员来完成，作为国家公职人员可以更深入理解健身圈建设的根本目标和任务，可以在目标引导下对工作各个环节进行反思，并对有问题的地方进行调整，以确保尽最大的努力实现目标。

任何一个运营活动都需要一个明确的目标，比如对外推介产品，增强用户黏性，提升用户活跃度，提高功能点渗透率，优化用户付费率等。目标是运营工作的指向灯，不同的目标所对应的运营内容和方法也大相径庭。清晰明确的目标是运营活动开展的终极驱动力，是做好运营工作的第一步，一切运营活动都源自目标，为此建立“十五分钟健身圈”系统，明确具体的、可操作性的目标是关键。

(二)拆解问题

拆解问题能让思维清晰明了,是解决问题中的关键一环。埃隆·马斯克(Elon Reeve Musk)提出的第一性原则,也是基于找到了事物最本质的内核。通常情况下,在完成目标的过程中,会遇到多种不得不解决的大问题,为了完成目标,需要解决掉这些问题。那么如何做呢?就是要将大问题分解成若干个环环相扣的小问题,最好能拆成元问题,也就是无法再继续往下拆解的问题,再寻求解决方法,各个击破。为什么不叫拆解目标而叫拆解问题呢?主要考虑两个因素:一是针对问题的拆解是直接面向解决过程的,能够让我们更清晰地认识到资源分配的合理性以及科学性;二是拆解问题是为了最终目标的实现,如果目标太多,反而会容易分不清主次,使问题变得更加复杂。

虽然"十五分钟健身圈"服务的对象为社区大众,但是在建设过程中同样存在目标人群确定的困难。这是因为目标人群的确定对于健身圈建设规划有着重要的指导意义。现实中,健身人群可以按年龄段分为青少年、中年人、老年人等,亦可以按性别分为男人、女人等,不同人群的体育需求是不同的,因此健身圈建设规划需要统合各类人群的健身需求,在一定的空间内对健身设施进行规划设计。

(三)细化方案

细化方案就是要明确事务具体实施步骤、人员分工、落实管控等细则。细化方案好比为了过好人生,要对人生进行规划。规划每个阶段具体要做什么,系统具有复杂性,不是所有的问题都能被预见,还会出现很多意想不到的问题,要具体问题具体分析。实际上,可能同时出现多个问题,要分清楚问题性质,把握主次矛盾,要分清急需解决且重要、急需解决但不重要、重要但不急需解决、不重要也不急需解决的这四个维度,依重要度和紧急程度对诸多问题进行排序划分,按照第一性原则对问题进行拆解并依次解决问题。

"十五分钟健身圈"体系的良性运行,必须认真划分每个阶段,明确每个阶段的具体任务分工和战略目标,以及具体的流程管理。特别是必须尽可能地预想可能出现的问题,并提出针对性的预防方案和解决方式。在一个问题中,可能存在多种诱因,要梳理清楚关联关系,把握主要因果关系层级架构。问题拆分后,要尽可能详细地列出每个问题的解决方案,在对方案进行细化的同时还要保证方案具备极强的操作性和可评价性,以便于方案的落地实施以及后期方案效果的评估。“十五分钟健身圈”系统的运行具有整体性、动态性以及规范性，一个问题解决的稍有偏差便可能会带来很多意想不到的状况发生。

（四）执行落地

执行落地是运营工作中关键的一环，很多时候并不是方案本身结构或内容不合理，而是在方案的执行过程中出了偏差，造成方案实施后并没有达到预想的效果。山东省城市社区“十五分钟健身圈”建设方案在执行中要做到方案目标明确、实施方法可行、各个环节良好沟通、实施流程合理、人员激励到位、实施效果考核有效。

毫无疑问，健身圈的建设目标是衡量建设工作完成度的唯一指标，因此目标必须明确。要做好工作，首先要寻求能完成目标的方法，明确不同方法的不同作用及优缺点，选择合理的使用方法。建设方案执行过程中人员沟通必不可少，良好的沟通能够更有力地推动工作开展，甚至能起到事半功倍的效果。同时，保证项目组内部的信息高度一致，因此适当组织相关会议就显得十分有必要。在会议上，对项目的重大进展和资源协调情况进行共享，让每个部门以及每个成员找好自己的定位，明确自己在项目中的价值，促进项目稳步推进。实施流程合理的本质，在于理清工作中事物的逻辑关系，把握其本质，根据特性安排可操作性的过程。人员激励到位，可以提升工作完成度与工作质量。实施效果考核是完成工作中必不可少的监督措施，能及时反馈问题并予以纠正，同时也是对工作质量的检查。

（五）闭环总结

闭环总结中有两个值，分别是期望值和实际值。期望值是项目控制者给出的基准值，又叫期望值。然而希望与实际总归有些差距，实际上得到的值叫作实际值。它是了解完成目标的指标。项目的总结可以从三个方面进行：效果数据总结、方案流程总结、沟通执行总结。前两者是针对工作过程的总结，重视处理专业问题的能力和方法，是硬实力；后者针对的是团队成员“人”的总结，重视个人发展和团队培养，是软实力。硬实力与软实力缺一不可，要注重两者间的辩证关系。

山东省城市社区“十五分钟健身圈”通过软硬结合的方法来全局梳理项目的目标完成情况和体系发展情况，那么总结就变得尤为重要，总结的目的主要有以下三个方面：一是充分继承完成项目所取得的创新成果和珍贵经验；二是吸取项目中存在的不足和教训；三是让系统中各环节充分看到自己的成长和提升。通过总结来实现项目不断迭代优化和自闭环，提升系统的适用性以及供给力，为居民提供满意、贴心、高质量、契合需求的健身服务。

二、模块化管理贯穿体系

"十五分钟健身圈"运行体系的逐渐庞大，系统的良好运行是制约体系成效的重要因素。而原本单一性的原则并不适用于模块化的体系，主要原因有以下几个方面：执行主体与客体的同体性、同一组织承担不同模块导致执行策略的偏差以及体系本身所具有的复杂性。

首先，模块并不是具体指什么东西，而是在现代社会条件下逐步呈现出来的用于解决复杂系统问题的新方法，它通过每个独立的组织个体按照一定的联系规则统一起来，构成更复杂的体系或过程的行为，具有复用性、稳定性、客观性、开放性和强制性的特征。

（一）管理模块

把一个项目的管理体系分解为若干个管理模块，每个管理模块下设若干个管理子模块及管理单元，管理子模块之间及管理单元之间有明确的管理边界，并且各管理子模块或管理单元有明确的管理内容，形成管理流程。模块化管理也可以说就是把问题细化，分级别管理，各负其责，管理模式就呈金字塔状。项目负责人首先要明确各级各部门的职责，明确各部门必须完成的任务。作为项目的一个有机组成部分，任何部门和个人都有其具体的职责范围，如果没有，则是项目管理制度的问题。

（二）执行模块

执行模块可以简单地分为内部和外部两大块。外部职责主要是接收项目其他部门传递进来的任务以及反馈相应的信息，另外也包括向其他部门人员传递任务。内部职责主要是指接收到外部的任务后，内部人员相互协作共同达成目标。其实个人与部门的任务职责也是相似的，个人与外部衔接及反馈，自身完成接收到的工作。对于一个项目的总负责人而言，在准备任务时要清楚需要哪些资源（例如人力、物力、财力等），部门及公司内外哪些资源是可以使用的，该如何优化分配这些资源以期更好的达成目标。清楚内部每个成员的工作能力及特点，适当分配各自的任务模块。清楚项目的财政预算，合理分配各个任务模块的资金。清楚物品的数量及规格，合理调配。项目负责人还应对整体的项目进程进行跟踪，还须有能力解决各个环节遇到的问题。

早在2009年，叶旻在《公共治理的模块化治理方法研究》中就将模块化的治理方法应用于公共事务治理，她将治理对象视为模块进行"封装"，再对治理目标进行层层分解并转化为治理对象的子目标，最后组装成整体治理方案。因此，将模块化治理这一治理方法应用于"十五分钟健身圈"系统的运行中可以说是在前人研究的基础上继续稳步前进。

（三）监督模块

"十五分钟健身圈"系统要良性运行，就是要把问题细化，分级别管理，各负其责。通过官方文件等一系列的政策文件或者规章制度，明确本级/本部门的职责。各级/各部门管理人员根据工作人员特性分配工作，建立责任问责制以及责任连带制，以求高效率、高质量地落实项目方案，得到良好效果。各个成员以及各个部门之间互相帮助，互相监督，充分利用现有的内外资源与优势，解决项目进程中遇到的问题。

监督渠道的数量与质量是衡量监督机制是否健全的重要指标之一。监督机制作为反馈环节中最重要的一环，其功能与价值是其余环节所无法比拟的。监督反馈渠道的多少代表着反馈机制能够覆盖多少人群、涵盖多少领域、渗透多少深度；并且作为反馈机制的重要开始部分，其效能的发挥对全民健身系统运行的优化调节起到重要作用。单一的反馈渠道既容易造成信息堵塞影响工作效率，也容易造成覆盖面较小无法完整体现大多数人的实际需求，同时渠道的单一性还容易造成信息误导。因此，建立高效的、多通道的监督反馈机制是极为重要的。

三、市场化运营贯穿始终

体育市场化是以体育竞技本身所具有的娱乐性所带来的享受、竞技性所带来的刺激为主要产品，以成熟的商业模式为主要运作手段，以平衡各方面利益达到互利互惠目的的一种体育运动发展模式。

（一）运营基础

"十五分钟健身圈"系统可以采用商业化的运作方式，推动健身圈市场化发展，一是推动体育服务业转型升级，推动体育培训业发展。提高高级体育人力资本供给，满足大众需求的同时提高体育专业人才就业率，推进体育供需平衡。二是加大财税、土地、水电等政策支持，积极营造良好的营商环境。对于从事体育产业经营管理的企业，给予财政税收优惠，为企业减负；对于“十五分钟健身圈”健身场地设施等用地，给予特定的土地规划用于全民健身活动；对于非营利性体育企业，给予水电优惠，并按不高于一般工业标准执行等。[①] 通过推动体育市场化发展，激发体育市场活力，促进体育消费，发挥体育产业的经济效益和社会效益，以推进体育强国建设。

（二）运营效益

1.经济效益

经济效益指社会在生产过程中投入和产出的比较。投入指的是再生产过程中消耗的人力、物力和财力的总和，一般称为劳动消耗或劳动占用量。所谓产出，指的是再生产过程中提供的劳动成果，一般指满足社会需要的劳动成果。由此可知经济效益好是指用较少的投入取得较多的劳动成果。我国处在社会主义初级阶段，人民生活水平不高，体育消费水平较低，体育市场规模不大，加之市场经济体制还不够完善，市场机制的运作模式在健身圈的经营中还不成熟，所以我国社区健身圈的经营在相当长的一段时间还不容乐观，经济效益还不理想。

从对山东个案调研得知，其投入主要有设备维修费用、能源费用、人员工资、经营税收等方面。产出主要渠道有物业管理费与经营收益。具体为建设器材使用收入、物业租赁收入、大众健身收入、冠名权收入等。在投入方面省钱和加大产出两方面所得就会使经济效益增大。健身场所投资大、回报期长、运营成本及维护费用很高，而且须兼顾公益性和社会效益，所以到目前为止国内外大型健身场所在扣除固定资产折旧费后，能够赢利的并不多。所以经营者在想方设法进行创收以期使经济效益最大化。

2.社会效益

社会效益指的是文化产品和文化服务对社会所产生的效应，从长远和全局看，是否符合人民生活、国家建设和社会发展的根本利益，主要体现在公众

---

① 参见任波、黄海燕、戴俊等：《新时代我国体育产业结构性矛盾与优化路径》，《体育文化导刊》2019 年第 3 期。

反映和社会评价体系上。根据我国经济社会和体育事业发展的需要,“十五分钟健身圈”免费或按成本收费对国民开放,体现了公平享用的公益性。山东根据市场情况及经济发展水平面向社会经营收费,以市场供给状况为基础来定价,这本身也就是政府从人民利益出发为公众考虑,也是体现社会效益的一方面。而且健身场所对于一个城市或地区的体育文化精神方面的构建起着十分重要的作用,并且有助于塑造城市窗口形象,增强城市或地区的影响力和知名度,提高城市核心竞争力等,使社会公众共同受益。

目前,作为山东城市人文景观的一道风景线,健身场所和体育馆越来越受到市民的关注,也已成为市民进行体育观赏、参加体育锻炼、娱乐健身休闲的主要场所。山东管理层坚持以人为本,努力做到亲民、便民、利民,既通过自身努力提高承办赛事和业务训练及开放服务的质量,又为提高市民健康素质,培养体育后备人才,构建和谐社会服务,从其所经营的活动中充分体现出社会公益性的作用。实际上,大型健身场所提供的满足社会共同需要的、具有公益性的产品和服务的最终承担者还是广大纳税人。

第二节 山东省城市社区“十五分钟健身圈”的组织建设

在现阶段,各级政府是责任主体,能够有组织地、最大限度地向人民群众提供“十五分钟健身圈”体育公共服务。服务机构主要包括企业、非营利组织、社区及个人等,它们在政府的统一指导下,有效配置公共体育资源,保障公民体育权利的实现。“十五分钟健身圈”公共服务体系的建设,是一个政府主动作为和社会全面参与的“双向互动”过程,二者既要权责分工明确,又要相互协作、共同推动,最终形成以政府为主导,各种社会主体共同参与的“十五分钟健身圈”服务治理格局。

一、有为政府

当前我国正在大力推进政府职能转变,建设服务型政府。就发展“十五分钟健身圈”服务而言,政府的职责在于制定“十五分钟健身圈”发展规划,确立基本的国家标准和评价体系,加强对"十五分钟健身圈"的全面监督。政府的一切工作以做好服务为出发点,强化政府的公共服务职能。然而目前我国政府的职能转变比较缓慢,政府的体育公共服务职能还比较薄弱,制约体育公共服务发展的体制机制性障碍仍然存在。因此,必须加快推进政府职能转变,明确各级政府全民健身公共服务的责任,加强依法行政和制度建设,强化对公共服务权力的监督和制约,建立健全绩效评估体系和行政问责制度。

充分发挥政府的主导作用,强化政府提供全民健身公共服务的职能,提高全民健身公共服务的供给能力和水平,加大政府购买全民健身公共服务的力度,鼓励社会力量参与全民健身公共服务的提供。强化全民健身公共服务的全人群、全地域共享,立足于满足人民群众基本体育需求,将全民健身公共服务的提供纳入提高城市基本社会保障水平和促进民生领域改善的重要内容。按照均等化原则,确保每个人的基本体育权利,实现全民健身公共服务全覆盖,促进社会公平。

从示范区实际出发,科学规划,统筹发展,分类指导,鼓励示范区结合实际制定全民健身公共服务具体工作目标,立体构建全民健身公共服务体系。全民健身公共服务的提供应与当地经济社会发展水平相适应,并随着经济发展和人民生活水平的提高,不断增加内容,不断提高层次。结合当前供给侧结构性改革的总体要求,不断优化全民健身公共服务的供给结构和方式,提高供给效率,以需求为导向,实现全民健身公共服务供需的有效对接。创新全民健身公共服务提供模式,增加供给主体,丰富供给手段,拓宽供给渠道,实现全民健身公共服务的精准提供。

二、有效市场

针对"十五分钟健身圈"内容要素包括"十五分钟健身圈"相应工作人员、资金要素、场馆与设施、健身服务信息等类型,我国体育组织管理体系具有两个层次、三个系统的特点。两个层次是街道办事处和居民委员会。三个系统中,第一个系统是街道和社区居民健身领导小组负责的社区体育,以居委会为单位进行运动;第二个系统是职工体育社区体育协会,在本系统负责的区域内进行体育活动;第三个系统是体育活动站,它是由社区体协与全民健身领导小组共同组织管理的。我国社区体育管理体制是以行政手段为主导的纵向结构。但随着我国社区体育的发展，街道办事处不可能对社区体育的“十五分钟健身圈”活动进行日常管理以及具体指导。

可见我国社区体育的管理有些鞭长莫及，不能发挥其职能，缺少灵活性的运行机制。为进一步推动我国社区体育“十五分钟健身圈”组织管理的发展，应积极借鉴先进国家经验，根据我国的特色，不断完善具有中国特色的社区体育场地设施管理的法律法规，并在此基础上加强对社区体育场地设施的结构体系的建设，改变现有的管理体制，注重地方培养社区体育特色，从而有助于构建具有中国特色的“十五分钟健身圈”服务组织管理体系。

此外，还要调整体育产业政策，向全民健身领域中的体育企业提供政策性低息贷款或者采用体育投资参股等方式，对其进行市场基础资源配置，这不但可以消除补贴等优惠措施所导致的价格和市场供求关系的扭曲，而且由于参股方式的运用，还承担了体育产业经营中的部分风险，使后期高收益的因素凸显，有利于体育产业集聚大量社会投资资金，引导社会资金在体育产业以市场为基础达到有效合理的流动和配置。

第三节 山东省城市社区“十五分钟健身圈”的组织运行

为保障人民群众健身权益，“十五分钟健身圈”公共服务体系的构建需要有着更高的要求。制度保障是“十五分钟健身圈”健康发展的坚实后盾，只有政府在执法工作中加大执行力度，“十五分钟健身圈”的组织建设才更具有科学性与完善性；人才保障在任何一个组织中都占有绝对的主导与支配地位，“十五分钟健身圈”建设亦是如此，加大人才培养在“十五分钟健身圈”建设过程中发挥着主导作用；经费保障是“十五分钟健身圈”发展的有力支撑，扩大资金来源渠道，平衡资金支出，完善“十五分钟健身圈”资金建设管理体系是做到保障的问题关键；场地设施是联系“十五分钟健身圈”理念和实际的桥梁和纽带，是实现社会公众体育需求的基础保障和良好平台；体育信息的传播是建设“十五分钟健身圈”的活力源泉，以达到快乐、健康地引导人们喜爱体育、参与体育，同时也体现了“十五分钟健身圈”发展的活力与张力；监督和评价在“十五分钟健身圈”发展中占据着核心位置，为“十五分钟健身圈”长期发展打下坚实基础。

一、制度保障

要促进我国全民健身活动顺利开展，首先要建立一个科学和完善的保障机制。我国各级政府应坚持服务为本、协调为重的基本原则，不断增强全民健身体育组织的凝聚力和影响力。要充分发挥好宏观监督和调控的作用，动员社会各方面力量，逐渐将权力交给基层群众体育组织，为基层群众体育组织的自主发展松绑放权，突出基层群众体育组织在全民健身中的主导地位，从而共同推动我国体育事业的向前发展。“十五分钟健身圈”的发展离不开相关的制度保障，因此加强制度创新与发展势在必行。法律法规是我国“十五分钟健身圈”建设组织管理的有力武器，也是全国全民健身工作健康发展的网络纽带，如果没有法律的制约，那么“十五分钟健身圈”的管理工作就松散等一系列不正常问题就会随之而来。法制保障体系不仅为“十五分钟健身圈”的发展指明了方向，更为其发展提供了必需的激励和约束作用。然而，目前我国“十五分钟健身圈”公共服务法制建设却存在一系列系统漏洞，这为我国社区全民健身乃至全国全民健身的发展蒙上一层阴影。在“十五分钟健身圈”工作中，建立与制定完善的健身组织管理规章制度和法律，从上至下对管理者与参与者进行法律上的保障和约束，确保全体公民的权利和义务。有了法律作为后盾，管理者可以做到有法可执，参与者可以做到有法可依，这样全民健身组织的管理工作也将有条有理，迈进到法制化进程中。

建立“十五分钟健身圈”运行规章制度既是提升构建体育公共服务体系水平的有力保证，又是保证体育公共服务体系健康运行的必要条件。公共体育政策服务体系是由政策主体、政策客体及其与政策环境相互作用而构成的体育服务政策系统。要保证公共体育政策服务体系能够顺利建立并高效运行，需要解决两个关键问题，一个是围绕政府主体，保证体育公共服务体系构建与运行的一系列政策服务体系，主要包括科技创新政策、制度安排、法律支持政策、财政支持政策、人力资源政策、自主创新政策以及科学管理的措施和手段等；另一个是围绕市场主体，保证中介组织、专业协会和龙头企业协调配合、有效运行的政策支持体系，主要包括有效的制度安排、法律支持政策、财政支持政策、税收支持政策、自主创新政策、金融保险政策、产业融合政策、交易市场政策、市场监管政策等。公共体育政策服务体系的基本框架体育公共服务体系构建内容的多元化必然要求与政策服务体系的多元化相适应。因此，各级地方政府应在认真领会党和国家关于构建体育公共服务体系发展的一系列政策、法规的基础上，立足区域实际，制定适合本地区体育公共服务的多元化政策服务体系，加强体育公共服务体系资源的开发和保护等。

在全民健身发展的过程中，大力创新基层体育组织管理制度，规范经营性服务标准，对经营性体育组织和从业技术人员进行必要的资质认定。加强对基层体育组织工作的检查和考核力度，将体育工作纳入干部政绩的考察内容，建立完善目标责任制。制定基层体育组织的评估指标体系和评估标准，建立以保障体系、管理机制为主要内容的评估激励机制，有效激励管理人员的积极性，保证组织活动的顺利开展。通常来说，基层“十五分钟健身圈”的顺利运行需要得到政府部门的大力支持，包括政策支持和资金支持。坚持体育社会化和产业化的发展方向，鼓励全社会投资兴办经营性体育健身组织，举办各种产业经营培训，适度发展体育产业，从而推动我国整个体育事业的发展。

一些发达国家对社区体育组织管理都制定了相关的政策和法律，主要包括保障社区体育俱乐部的独立法人资格的法律、体育组织在财政上享有的优惠政策、关于公共体育设施和学校体育设施免费或低租金向全社会开放的政策和法律、俱乐部中进行酒精类饮料等商业性经营活动的政策和法律等与基层体育组织相关的政策与法律，是保障社区体育持续健康发展的重要依据。基层群众体育组织要健康发展，就必须做到“有法可依、有法必依、执法必严、违法必究”。为此，体育部门应会同民政、工商等有关部门建立基层体育组织管理制度，制定长期发展目标、科学的工作计划和经营规则志愿者负责制、竞争机制、奖励政策和监督机制落实管理服务主体，细化管理服务职责，建立长效机制让基层体育组织按照规范程序来管理和运作规范基层体育组织的发展。“有法不依”的问题在体育界还相当程度地存在，因此建立一支优秀的执法监督队伍是非常重要的，其可以保证体育法规得到深刻的贯彻与实施。

二、人才保障

体育人才资源是促进我国体育事业科学发展的第一资源。2019 年，国务院发布《关于实施健康中国的行动意见》,对全民普及健康知识、参与健康行为和健身活动提出了新要求。社会体育指导员作为群众体育健身知识的承载者、健康行为的引导者和健身活动的引导者,在促进“全民健身”的发展和健康中国战略的实施中发挥着重要作用。随着《全国体育人才发展规划(2010—2020年)》的有序推进,我国社会体育指导员数量增加,为国家体育战略的实施奠定了重要的人力资源基础。然而,社会体育指导员供给不足、区域分布不均衡等矛盾仍是新时代全民健身、健康中国等战略实施中需要解决的重要问题。自1993年实行社会体育指导员技术等级制度以来,我国社会体育指导员经历了一个变化和发展的过程,2001年颁布了《国家社会体育指导员职业标准》,2011年颁布了《社会体育指导员管理办法》,其间国社会体育指导员队伍逐渐成长,工作内容和范围越来越广,参与更多的社会和政策支持的部门和人员需求在不断增加,社会影响力不断扩大。

从我国社会体育指导员的发展情况来看,2008—2017年,我国社会体育指导员人数呈现出明显的逐年增长趋势,从2008年的106万人增加到2017年的364.8万人,年均增长率为0.06%。他们在促进群众体育健身活动的发展和全民健身、健康中国等国家战略的实施中发挥了重要作用。

虽然近年来社会体育指导员的数量显著增加,但与快速发展的群众体育需求相比仍存在较大差距,社会体育指导员的地域差异和分布不均衡依然明显。截至2017年底,华东地区社会体育指导员人数最多,其次是华南地区(51.38万人),西北地区社会体育指导员人数最少,只有25万人。相比之下,社会体育指导员在东西部的分布仍有较大差异。

2016年,国务院发布的《全民健身计划(2016—2020年)》提出了加强社会体育指导员队伍建设的要求。同年,国务院发布的《“健康中国2030”规划纲要》明确提出到2030年每千人社会体育指导员达到2.3人,并对加强社会体育指导员队伍建设提出了具体要求。

到2020年,我国公益性社会体育指导员数量已超过250万人,但总体数量仍远远达不到《“健康中国2030”规划纲要》的要求。解决社会体育指导员短缺问题,不仅要解决数量问题,还要提高社会体育指导员的就业率。只有增加真正服务于一线的社会体育指导员的数量,才能将相关计划付诸实施。

三、经费保障

山东省城乡居民体育消费调查结果显示，2019 年全省城乡居民人均体育消费 2049.8 元，占人均可支配收入的比例为 6.49%，按照 2019 年山东省常住人口规模计算，全省体育消费总规模 2064 亿元。①

随着经济体制的改革，我国经济呈现总量增加但增速逐渐放缓的状态，经济发展趋于平衡，而体育经济在国民经济中承担着日益重要的角色。体育经济源于体育自身的经济价值，体育对经济发展有着促进作用。体育经济发展离不开市场大环境的支持，市场环境良好，人民生活水平提高，消费能力逐渐提升，消费观念也在改变，体育本身所蕴含的重大的经济功能与价值便得到挖掘，例如体育事业以及体育产业的发展。体育事业是由国家财政支持的不核算经济利益的体育部门；体育产业即体育服务业的总称，是提供各类体育服务的行业。体育产业不同于体育事业，体育事业的主要目的是满足社会精神文明的需求，是一项社会主义公益事业，更注重社会福利；而体育产业的重要任务则是促进经济增长，更注重经济效益。

当前，我国经济增长逐渐平缓，体育事业和体育产业有望成为我国经济进一步增长的突破点，极大地促进国民经济发展，也使得体育经济越来越受到人们的重视。但是我国体育经济的发展也存在一些问题。例如体育产业在国民经济中占比很小，约占 GDP 的 0.94%，与发达国家存在较大差距。美国体育产业占比高达 3%，总值超过千亿美元，而日本、法国、英国等发达国家，体育产业占比在 1%—1.5%，产值超过上百亿美元，均高于我国体育经济发展水平。我国体育产业的发展仍处于起步阶段，资金、技术、劳动力等各项体育资源分配不均衡，导致地区发展不均衡。在发达国家，体育经济已经成为国民经济的支柱力量，而我国体育产业地区发展差异巨大，进一步限制了我国体育经济发展。同时，体育产业市场化程度低，缺乏完善的规章制度以及高素质的经营、管理人才。因此，要想大力发展体育经济，必须重视体育经济地域发展不均衡、现代化市场管理程度低等问题。而体育经济投入是影响体育经济发展水平和规模的一个重要指标，各个地区对体育的投入可以直观

---

① 参见于晓波：《山东省体育消费调查报告出炉》，2021 年 2 月 28 日，https://baijiahao.baidu.com/s? id=1709227438407006301&wfr=spider&for=pc。

反映出对体育经济的重视程度。如何进行合理的资源配置，提高有限的资源投入利用率，已经成为体育经济发展不可忽视的一部分。因此，有必要对我国体育经济投入地区差异进行细致的研究，考核国家财政在各地区投入的力度，有利于认识到我国体育经济投入地区差异的现状及发展趋势，提出合理的体育资源配置方案，对我国体育经济长远发展有着理论和现实意义。

四、场地保障

体育场地与基本设施是我国“十五分钟健身圈”发展的重要物质保证，在服务“奥运争光计划”和“全民健身计划”中发挥了重要作用。城市社区“十五分钟健身圈”是指社区居民从居住地步行不超过15分钟路程的区域内，有可进行健步走、广场舞、球类运动等群众性健身活动的体育场地。这些场地包括公园、广场、体育中心、体育馆、健身步道、社区体育设施、学校体育设施及民办体育场馆设施等。但从目前我国公共体育设施建设的现有条件看，无论是总体面积要求还是基层的设施布局情况，尤其是城乡之间，东、中、西部之间的差距较大，要实现“十五分钟健身圈”计划中提出的目标任务还很艰难。因此要逐步提高各类体育场地建设的数量，扩大面积、全面提升全民健身路径、农民体育健身工程、全民健身活动中心以及各类体育公园、体育广场、户外营地设施建设的速度。特别是在城市社区和农村社区内建设的体育场地设施，包括社区体育场馆、社区体育广场、社区体育设施、社区休闲体育公共设施建设要突出整体规划，体现满足当地人民群众体育文化健身消费需求的多功能特征。如体育场馆建设涉及面广，持续时间长，服务质量体系复杂。体育场馆建设要在满足体育赛事使用功能的同时，注重体育场馆赛后建设的多功能化，做到“一馆多用”，适应比赛和全民健身的需求。因此，在体育场馆建设中要通过整体规划、优化设计、合理建设、科学管理等手段，提高体育场馆建设的环境质量，提升体育场馆内外环境要素的功能和作用。

体育场地设施建设是“十五分钟健身圈”工程建设的重要组成部分。要求各级体育部门的体育基本建设经费要向农村体育乡镇和城市社区体育倾斜，重点在尚没有公共体育设施的城市街道、社区建设公共体育设施。加强对公共体育设施建设的维修与管理，规范公共体育设施建设的服务标准，扩大服务项目的内容，实现公共体育设施建设、使用与维护和管理的一体化服务。根据课题组《对我国公共体育设施管理与维护的调查》发现，目前，我国公共体育设施的损坏程度严重，多存安全隐患。如很多“全民健身路径”“农民体育健身工程”的器材，由于长期维护不及时或无人维修，出现有人盗窃和故意破坏等不良现象，影响了全民健身活动的开展。因此，必须要建立起良好的公共体育设施建设的管理机制，在建设包括学校体育设施和城市社区体育设施建设的基础上，促进新农村公共体育设施建设与维修档次的提升与覆盖延伸率，按照新建与改建相结合的方针，加大市民身边体育健身场地设施建设与维修力度，逐步提高公共体育设施建设与维修的质量，建立专门的建设与维修资金，提高公共体育设施建设的有效利用率。

五、信息保障

体育服务信息是以政府为主，体育类企业和第三部门为辅的多元化供给主体，以“十五分钟健身圈”服务需求为导向，借助现代通信、网络和计算机技术等手段和工具，构建“十五分钟健身圈”信息资源服务整合平台，对体育信息服务资源进行整合、开发与利用，充分实现体育信心资源的共享，通过建立完善的绩效评估与监督机制，以提高“十五分钟健身圈”服务质量的一种信息化服务体系。

目前我国体育媒介建设还处于起步阶段，仍有诸多问题需要解决。在体育信息传播内容方面，几乎所有商家都会追求利益最大化——选择竞技类、娱乐类体育信息。这一现象的持续进行必将影响整个体育事业的平衡发展，甚至会造成体育本质的异化——竞技体育价值功能的被商业化。竞技运动的本意是以娱乐和健康为目的，但在全球市场经济的背景下竞技运动又不能完全脱离市场化、商业化。因此，如何激发竞技本质功能(快乐、健康地引导人们喜爱体育、参与体育)，如何调整竞技类、娱乐类和健身类传播内容的比例均应该成为体育信息传播的重点改革内容。在体育信息传播方式方面，要紧随时代潮流，采用动态发展模式，即不同时代、不同时期，选择和侧重不同的体育媒介来促进“十五分钟健身圈”信息传播途径的科学化。而在网络媒体日益便捷的今天，我们要紧抓网络给体育带来的良好发展机遇。

体育信息服务体系是与“十五分钟健身圈”利益密切相关的信息和咨询构成的体育信息管理系统。公共体育信息服务体系建设，是一项利国利民的巨大工程。目前我国体育信息服务资源不足，对体育信息服务的内容十分有限，体育信息服务存在“信息孤岛”瓶颈，大量的体育信息资源无法发挥应有的作用。体育信息服务缺乏需求运作机制以及完善的绩效评估与监管机制等。目前，我国“十五分钟健身圈”信息服务体系建设，主要由政府通过公共财政机制进行资金的筹措和投资。因此，在“十五分钟健身圈”信息服务体系建设中，需要合理把握信息服务资源建设的边界，以使政府投入与私人投资形成相得益彰的合作模式。政府既要充分重视满足直接的“十五分钟健身圈”信息服务资源的资金要求，又要注意在信息资源服务体系建设中协调机制、技术提供及共建共享等方面资金的投入。在“十五分钟健身圈”信息服务资源建设过程中，政府要逐步强化“十五分钟健身圈”的宣传教育工作，为国民提供基本的健身网络、信息咨询和信息供给等服务。在整合和优化现有资源的基础上，实现资源共享和服务效能最大化。建立包括互联网、广播电视、报纸杂志等多渠道体育公共服务信息网络系统和信息管理系统，加大多元化现代体育公共服务体系信息化建设。通过信息互联网络的建设、信息资源开发的建设、人才队伍的建设、服务平台的建设以及管理机构的建设，构建以“十五分钟健身圈”信息服务为主体的，多层次、多渠道、多元化的公共体育信息服务体系科技平台，提高“十五分钟健身圈”信息服务效率，加快体育信息化进程。

六、监督保障

有效的监督机制，有利于国家各项全民健身政策在基层的落实，下至农民个体，上至国家政府，进行全面监督；设立专门的投诉建议绿色通道，使基层能够及时地举报和反馈，可以促进“十五分钟健身圈”管理工作效率的提高。只有调动了所有的监督力量，包括国家的、个人的、政府的以及民间的等，才能促使“十五分钟健身圈”计划落到实处，才能保证整个“十五分钟健身圈”工作的顺利开展。“十五分钟健身圈”公共服务体系是否满足了人民群众的基本体育权益、是否满足了人民群众的体育需求，需要一套完整、科学的监督评价体系去衡量，包括对政府的宏观管理、绩效评估与反馈、审计监督、社会监督等。监督评价系统是全民健身公共服务体系的考核依据、是保障公共服务质量的有效机制，通过不断地总结经验与发现问题，从而提高公共服务的绩效与水平。要建立健全的"十五分钟健身圈"服务体系监管机制，构造多元监督主体，联合人民群众与大众传媒形成一个立体监管网络，对政府的政策执行状况进行全面的监督。政府可以采取公开听证、民意调查、咨询委员会等多种形式，便于公众参与和社会监督。

国民体质监测服务体系在促进群众体育事业发展中所起的作用巨大，全面推行国民体质监测服务体系保障制度，组织有关部门对公民进行体质测定服务时，应按照国家体质检测服务标准与规范操作，为被检测者提供可靠测定数据和结果，并给予科学健身指导服务。第一，构建国民体质监测服务体系，为"十五分钟健身圈"的运行提供强力保障，加强民众体质健康监测服务，建立国民体质健康的监测服务系统，构建国民体质健康监测服务机制，对体育健身者实施体质监控和追踪研究，定期公布健身可促进体质健康的监测结果。第二，大力推广"十五分钟健身圈"促进国民体质健康的科学锻炼手段与方法，编制健身可促进国民体质健康的监测内容、要求、标准等项目手册并免费向市民发放，通过对公民体质健康的日常测试，依据个人体质状况提供有针对性的科学健身指导服务，增强全民健身以促进全民健康的吸引力，提高国民的生命质量和健身水平。

七、评价保障

在"十五分钟健身圈"的组织管理过程中，建立完善的评价体系，不仅可以进一步促进监督工作的执行力度，还能提高全民健身公共服务的质量和水平。"十五分钟健身圈"组织管理工作，应该因地制宜，在管理和服务的评价中，参考国家和省市的评价标准基础建立一套适合当地状况和发展的标准，以保证各地的全民健身工作不落后，并能依照此评价标准，定期检查和反馈，促使全民健身理念落到实处。第一，应对模糊层次分析法的基本结构模型加以确定，即在当前已有的"十五分钟健身圈"服务评价体系基础上，结合社区公共体育建设需求，构建符合"十五分钟健身圈"基本发展情况的、包含评价指标、原则、依据等内容的服务评价体系，并结合这一相对科学的服务评价体系对模糊层次分析法所具的结构模型加以完善。第二，应根据评价需要组建相应的模糊判断矩阵，邀请相关专家对其进行多方论证，对评价指标之间各类相关关系加以反映，进而对"十五分钟健身圈"作出客观、可靠的评价。此外，由于当前全民健身环境的影响下社区体育公共服务工作的开展受到诸多因素的影响，所以在对科学评价体系进行构建和完善的过程中，为了保证评价体系的科学性，还应结合实际情况解决当前"十五分钟健身圈"体系建设中存在的问题，进而逐步改善当前我国城市"十五分钟健身圈"现状等。在具体操作方面，相关社区体育公共服务部门应该坚持政府领导，号召社会群众积极参与其中，并通过促进政府与群众之间的和谐交流使二者之间形成一种良性互动关系，进而提升"十五分钟健身圈"体系的科学性。同时，为了推进全民健身的深入发展，政府还应在"十五分钟健身圈"服务建设方面增加经济投入，加强基础设施建设，为服务体系的构建奠定坚实的物质基础。

第四节　山东省城市社区"十五分钟健身圈"的模块运行

研究山东省城市社区"十五分钟健身圈"模式的运行策略，首先要明确系统运行"十五分钟健身圈"的作用路径，即针对大总体和小模块两个方面，探究"十五分钟健身圈"在运行过程中实施的方法策略，以有效提高山东省城市社区"十五分钟健身圈"多主体间运行效率，实现各体系间协同的稳定运行，促进山东省"十五分钟健身圈"建设发展。

一、管理模块运行

（一）目标激励

目标是一个计划或方案所要达到的最终的、具体的、可量的结果，是在组织目的或宗旨的指导下，在一定时期内，组织活动所要达到的具体成果。目标是什么？应该怎样做？为什么这样做？这是管理模块不得不思考的问题，清楚为什么要管理，应该如何管理，都要基于目标而作出深思熟虑的抉择。目标为管理的方向、内容和性质提供了导向，是管理必须遵循的原则。总目标不仅在管理模块有着不可替代作用，在完成工作方面也有着不可或缺的重要作用，它还能指引个人对子目标的认同感、责任感、使命感，激励个人或团体对完成目标进行不懈奋斗。目标导向的激励作用不仅体现在"十五分钟健身圈”系统的工作上，也体现在参与全民健身的人民身上。在全民健身中，制定具有时代特征，山东特色和符合实际的全民健身公共服务体系构建的目标。不论是政策指引还是个人计划的制订，都是人民锻炼目标的一种，人民心中目标的完成愿望越强烈，其执行力，坚持力就越强，目标的作用发挥的就越大。全民健身系统的构建与发展必须始终坚定不移的以人民对美好生活的需求作为战略目标，这是坚决不允许动摇的战略目标，全民健身系统的出发点在于人民对体育健康的需求，全民健身系统的最终落脚点就在于提高人民的体质健康水平，增强人民生活的满足感与幸福感。

（二）以人为本

以人为本，就是把人民的利益作为一切工作的出发点和落脚点，不断满足人民日益增长的体育物质文化与精神文化的需求，通过运动促进人的德智体美全面发展。坚持以人为本是由我国国家性质决定的，始终保持同人民群众的血肉联系，不断实现好、维护好、发展好最广大人民根本利益，是为人民执好政、掌好权的必然要求。坚持以人为本，是赢得人民拥护和支持的必然要求。要做到以人为本必须重视如下举措：经济基础决定上层建筑，要不断提高人民群众物质文化生活水平，为人民群众参与体育活动提供保障，经济是以人为本的基础；要以人为中心，在保障人民的政治、经济和文化权益的同时提高人民身体素质。

全民健身系统始终将居民作为健身的中心，一切建设规划都是围绕居民便捷参与体育活动这一核心目标展开，通过就近参与体育锻炼、就近满足基本生活需求从而真正做到以人为本。“十五分钟健身圈”本身就有以人为本的非营利的性质，它的服务对象是人，因此首先要保证满足人民群众的需求，强化服务意识。在满足人的多元化需求的同时，要注重实现人与自然协调发展，大力发展生态文明建设。另外要加快发展配套设施以及衍生产业，改善交通条件，为群众的健身活动提供便利。此外，要将全民健身示范区的发展与当地的经济文化发展相结合，实现三者之间相互促进、协同发展。

（三）统一领导

统一领导就是在系统中政府宏观领导，体育社会组织微观实施从而实现符合各地区实际情况的体育健康服务，满足居民健康需求。同时，统一领导又是充分发挥社会体育组织主体积极性的重要方式，有效调动社会体育组织的能动性，充分发挥其所担负的指导作用。在总体布局上，政府作为顶层战略的设计者与规划者，对全民健身体系的发展方向、发展目标、发展战略进行整体掌控，始终确保全民健身系统沿着预设轨道运行；而在局部实施中体育组织作为承担者与实施者，根据实际情况在不违反全民健身系统的总体战略目标与战略布局的前提下可进行一定程度的自主调控。

在建设“十五分钟健身圈”的过程中，要充分发挥政府的主导作用，政府应该主动承担起自己的使命职责，提升组织能力，把任务落实到每一个职能部门，提高服务意识和水平，加大财力投入力度，鼓励社会力量参与，确保全民健身事业的有序进行。如上，通过宏观调控与微观自主相结合的策略，充分发挥系统运行效能，满足居民的实际体育需求。

（四）有效控制

这一原则对于体育生活化来说尤为重要，体育生活化是指人们在生活中依据个人的兴趣爱好，以及具体实际条件所进行的个人或群体的自发或有组织的体育健身与娱乐活动，旨在将体育融入日常生活之中，在日常生活中贯穿体育活动，使体育真正成为生活的一部分。体育生活化不仅可以锻炼体质，提高人们的身体素质，也可以为人们的生活增添乐趣，陶冶情操。不同年龄层的人有着不同的生活乐趣与体育活动的选择。从全民健身的人口统计指标因素与整体发展现状来看，中老年人一般喜爱适合自身体力的运动活动，区别于精力与体力旺盛的年轻人，这类人群一般选择运动强度较低的项目，例如太极、下棋、散步等；青年人由于处在人生的体力与精力巅峰时刻，通常会选择运动量和运动强度较大的运动项目，比如各种球类运动、田径、武术等；青少年和儿童由于天真烂漫则喜欢捉迷藏、跳橡皮筋等游戏。不管什么年龄阶段的参与人群，这就要求对不同人群所选择的项目实施有效控制原则，不仅控制训练内容，还要对量进行有效控制和适当调节。

有效控制原则还应该体现在体育生活化走进社区的范畴与理念之中。具体来讲，对于大部分居民而言，社区仍是他们活动范围最广、活动时间最集中的区域，很多城市社区不断提升社区的健身器材及场地数量，以期为本社区的居民参与体育锻炼与运动健身提供更多条件与可能性。另外，在提高社区健身多样性和便利性的同时，还可通过社区体育志愿者及社会体育指导员对社区健身群众的活动实施有效控制，不断提升社区健身文化氛围，提高居民健身的科学性，增强体育公共服务能力，改善体育公共空间，优化健身设施的使用。同时，在推进体育生活化的过程中，重视社区建设的推进，可充分利用公共空间，彻底改变过去社区居民运动设施老旧单一、场地简陋的状况，让社区居民拥有更多足不出户的多重选择。

有效控制原则对于体育生活化具有深远的影响，不仅影响着全民健身的科学发展，让体育嵌入生活、让生活嵌入体育的全方位融合概念也是对整个社会发展的大力推进。运用有效控制原则科学参与体育锻炼与健身运动对提高人的生活水平和生命质量起到了一定的作用，个人与家庭的体育行为融于个体和家庭生活中，逐渐成为个体和家庭生活方式的组成部分，个体的健康也直接关系到一个家庭的幸福指数。各城市街道建立社区体育健身俱乐部、社区社会体育指导员站、社区体质监测站等群众健身组织机构，使社区体育组织全覆盖，为开展“体育生活化”社区打下坚实的组织基础。有效控制原则适用于全民健身活动中个人或团体为达成训练目标所做的事情，要注意对量的把控。“十五分钟健身圈”模块化运行过程中，其原理也具有适用性。认真把控每个部门的责任与义务，把控项目进行过程中的内容、度量及实施，并对它们进行及时和必要的调节，以使“十五分钟健身圈”系统能够按照预先设计的方式运行，保证“十五分钟健身圈”系统的实现。

（五）奖惩结合

没有规矩，不成方圆。奖惩原则在各项目中运用广泛，良好的发挥奖励与惩罚的激励作用，能够起到事半功倍的效果。有奖有惩，可以利用员工之欲，提高参与人员重视度与项目任务完成度。但是奖惩原则的实施必须要注意及时性、公平工作、精神与物质并重、奖励与惩罚并重。并及时给员工一个反馈，在具体的实施中必须做到一视同仁，以最终成果作为评价指标，坚持成果责任制既要保证成果的归属问题也要注意成果的效能问题，同时坚持惩罚与奖励措施的多样性，只有这样才能正确发挥奖惩的效能，增强员工的工作积极性。

二、执行模块运行

（一）执行方法

根据山东省自身发展基础与发展实力，参考 4Ps 营销理论对山东省城市社区“十五分钟健身圈”建设体系进行全面的分析，以期发现山东省全民健身体系尚存的不足，推动全民健身体系全面发展和“十五分钟健身圈”服务效率提升。

4Ps 理论起源于“营销组合理论”，是重要的市场营销理论之一。理论通过产品、价格、渠道、促销四个维度对企业营销战略进行制定与衡量。本部分在保持原有 4Ps 分析框架的基础上，结合“十五分钟健身圈”建设影响因素，对山东省“十五分钟健身圈”运行情况进行分析。

1.产品

多年来山东省经济发展稳居全国第三，居民生活水平不断提高，对健康的需求也开始变得多元化、全面化，由以往的单一健康需求转变为以健康需求为内层，以情绪宣泄、休闲娱乐为外层的多层体育需求。因此在原有公共服务体系建设布局的基础上，根据当前健康中国、体育强国建设要求，以及人们对健康需求的增加，健全完善全民健身服务体系，打造“十五分钟健身圈”建设为居民提供全方位的体育产品成为必然。

在体育赛事产品方面，1979 年 8 月山东省体育中心首次承接济南国际体操邀请赛这一国际赛事开始，省体育中心先后承接了中国跳水公开赛、全国城市运动会、全国花样游泳冠军赛、国际女排邀请赛、全国艺术体操锦标赛、世界超级明星队女排对抗赛、第十三届亚洲杯足球赛、第十一届全国运动会等国内外影响巨大的体育赛事。2020 年，山东省共举办马拉松赛事 44 场，参与人数 56.3 万人；第十届全民健身运动会赛事活动 3364 项次，参与总人数达 311.6 万人次。同时，山东省对品牌赛事的培育也初显成效，2020 年中国 · 青岛时尚体育产业大会在青岛国际会议中心开幕，在会议中共评选出“十大精品体育赛事”“十大自主知识产权体育赛事”“十大马拉松赛事”四项精品体育赛事。

在体育旅游与体育康养方面，山东省共有 13 个省级体育旅游示范基地、25 家省级康养旅游(中医药健康旅游)示范基地，并且每年均有体育旅游项目上榜“中国体育旅游精品项目”。

在体育健身服务供给方面，省、市、县、乡各级体育社会组织 9566 个，新增 1108 个；村级体育总会 38678 个，新增 1161 个。农村健身设施覆盖率超过 95%。[①]

① 参见山东省统计局国家统计局山东调查总队：《2020 年山东省国民经济和社会发展统计公报》，《大众日报》2021 年 02 月 28。

在体育用品方面，不仅积极推进体育器材标准化进程，积极承接国家体育用品质量监督检验中心落户山东，而且通过举办体育用品博览会的形式推动体育器材企业交流，不断增加以民众需求为导向的多元体育产品供给。

此外，产品供给过程中还应注意加强"体育＋数字"技术的融合。发展体育产业需要高度重视数字化问题。我国数字技术应用广泛深入，人民生产生活和娱乐社交中的较大部分迅速向线上迁移，以数字形态呈现。体育产业要持续快速增长，必须向网络化数字化智能化方向发展。①

体育服务供给缺乏智能化。当前山东省城市社区"十五分钟健身圈"，尚未建成智能化的信息服务平台，尤其是像常州市所采用的健身地图、六大智慧平台、体育设施二维码等。这在一定程度上影响了居民的健身体验，尤其是伴随着智能手机的普及，越来越多的人开始习惯于短视频等碎片化时间获取知识，因此体育设施二维码是极为有必要的。体育设施智能化有以下四个方面的益处，一是使用成本降低，体育设施智能化。通过二维码等链接视频教程，可以达到一次部署终身使用，相比较传统的社会体育指导员来说成本更加低廉。二是见效快，体育设施器材的使用视频和进阶视频制作完成后，仅需要将视频与二维码链接，便可进行投放，无需考虑时间、地点、天气等因素，这些都是传统的社会体育指导员所不能比拟的。三是更新快，相比较与传统的体育健身依靠于社会体育指导员自身的知识与经验积累，视频教学可以通过对大数据下的健身方案进行搜集与整理从而做到实时更新，避免了社会体育指导员知识局限造成的错误指导，并且数据更新也更加方便，快捷；四是能够形成智能化的健身服务网络，通过对体育器械进行智能化改造，不仅能为参与锻炼者提供健身指导，而且还可以作为公共健身服务网络的子节点，从而完善体育公共服务体系。体育设施智能化是体育现代化发展又一新的浪潮。

2.价格

山东省积极布局全产业链发展模式，通过产业链的完善与发展逐步实现经济发展的战略转型。作为制造业大省、也是制造业强省的山东，工业门类齐全、体系完整，是全国唯一一个拥有 41 个工业大类的省份。山东省全面推

① 参见江小涓：《数字时代中国体育产业发展展望》，2021 年 1 月 4 日，https://baijiahao.baidu.com/s? id=1687922637823022288&wfr=spider&for=pc。

行的产业“链长制”，聚焦10个重点产业、35条关键产业链，明确链长负责。山东省十三届人大五次会议提出要大力发展普惠优质的医养健康产业与特色鲜明的精品旅游产业，其中明确指出在医养健康产业中涉及医疗、养老、养生、体育等众多领域。得益于全产业链的布局，山东省在健身活动中的居民价格消费指标为100.1，体育娱乐用品销售额较2019年增长9.3%。山东省先后出台了《关于促进全民健身和体育消费推动体育产业高质量发展的实施意见》和《“十四五”体育产业发展规划》等关于体育消费的政策文件，为山东省体育消费提升提供了积极的政策红利，通过积极举办山东省体育消费季，发放消费券1000万元，直接带动体育消费近7000万元，创建国家体育消费试点城市2座。体育消费的提升，为“十五分钟健身圈”建设奠定了群众基础。

山东省体育消费总体向好，但真正让体育消费常态化、生活化或需努力。山东省政府为促进省内体育消费的发展，专门发放了各种类型的体育消费券，以期促进体育消费的发展。在消费券的刺激下，山东省体育消费获得长足发展，尤其是济南、青岛等地。根据2020年济南城乡居民体育消费调查报告，2020年济南市城乡居民人均体育消费支出为2861.35元，占人均可支配收入的6.6%，占人均消费支出的10.3%，较2019年(2829.96元)增加了31.39元，增幅为1.1%，体育消费规模整体呈现稳中有进的攀升趋势，女性体育消费涨势明显。[①] 在消费结构中，体育用品消费稳居第一，其次分别是体育旅游、体育健身休闲、体育彩票、体育教育培训、体育文化、体育赛事观赏以及其他体育消费。但是通过查阅各个地级市的体育局发现，仅有济南市发布了完整的城市居民体育消费报告，其余城市中仅有青岛市对本省的体育消费状况做了统计，其余城市中均未出现相应体育消费报告。由此可以看出，体育消费仍需要强力的经济基础作为支撑，同时当地政府的重视程度也是主要影响因素。

3.渠道

全民健身体系的建设改变了以往单一的供给模式，由单一的体育健身俱乐部供给转换成由社区社会体育指导员、健身俱乐部、政府、高校、单项体育协会所构成的多元供给体系。随着政府购买政策的不断改进与完善，政府在

① 参见孙肖娜:《2020年济南城乡居民体育消费调查报告发布》,2021年11月11日,http://ty.shandong.gov.cn/tycy/cyxx/202111/t20211111_3770977.html。

公共服务领域中购买行为愈发成熟。“十五分钟健身圈”作为全民健身体系建设的重要环节，其建设更是进一步推动了政府购买和社会参与的全面发展。由政府购买作为支撑，以社区社会体育指导员作为支点，以健身俱乐部作为高端供给，以高校与单项体育协会作为技术支撑，构建起满足从初级到高级的全等级健身需求。同时，依托高校的科研平台以及政府的宣传推广，对不同人群进行体育健身课程体系研发，尤其是办公室白领等休闲时间较少、工作时间较长的人群，以预防或减轻职业病，增进健康为出发点对其进行体育健身课程定制，政府通过媒体等途径对其进行宣传推广，从而满足山东省不同阶层、不同年龄、不同人群的健身需求。以全覆盖为导向的多维度体育供给成为主流。

推进全民健身公共服务的多样化。要形成参与主体多元化、供给内容多元化、供给模式多元化的发展模式。要形成党委领导、政府主导、部门协调、社会力量参与的参与主体。在提供内容上，建设多层次健身设施和城镇社区“十五分钟健身圈”；围绕全运会群众赛事、全民健身大会、全国社区运动会等，建立多层次多样化的体育赛事活动体系；加强科学健身指导，推广普及冰雪运动知识技能，巩固拓展“带动三亿人参与冰雪运动”成果。

受新冠肺炎疫情的影响，居民对健康的需求日渐迫切，进一步激发了健身热情。当前居民健康意识尚处于初级阶段，有参与体育锻炼的计划，但没有明确的锻炼目标，例如参与体育锻炼常有以下出发点：增强体质、减肥、塑形等。随着智能化社会的发展，任务目标的分工愈显精确。因此应基于运动筛查，根据居民不同时期对健康标准的界定，按照运动处方进行有目的锻炼。

4.促销

政治环境、经济环境、社会环境的变化急需新的体育公共服务体系。环境是影响体系运行的重要因素，伴随着山东省政治、经济、社会环境的变化，原有的体育社会服务体系已经不能满足发展需求与需要。原本的粗放式、大水漫灌式供给不能满足居民美好生活的需求，主要体现在山东省居民健身热情高涨，健身硬件设施却无法满足居民需求；健身行为空前高热，健身指导却仅局限于各种俱乐部；健身消费需求分层明确，健身市场却没有层级划分等一系列问题。而山东省城市社区“十五分钟健身圈”的推出，正是基于山东省发展环境的变化、居民对美好生活的向往以及新时代山东省的发展战略规划。因此,山东省城市社区“十五分钟健身圈”的提出可以说是应运而生,是山东省体育事业、体育产业发展的时代选择。

山东省政府网发布《关于加快推进新时代社会主义现代化体育强省建设的实施意见》明确了建设体育强省的路线图和任务表:实施体育文化建设传播突破行动,在加强体育文化建设和传播、传承优秀齐鲁体育文化和拓展体育对外交流合作上持续发力,努力扩大山东传统体育项目、体育文化在全国和全世界的影响力,成为齐鲁大地一张优秀的文化名片。

山东省无论是在硬件基础还是软件实力上都具有显著的优势,如何将软硬实力结合才是当前面临的问题。虽然“十五分钟健身圈”建设在制度层面一定程度上将软硬实力相结合,但在实际运行中遇到诸多问题,如体系运行的责任主体归属、财政拨款及使用监督等,这也是新的体育服务体系运行过程中不可避免的。山东省城市社区“十五分钟健身圈”从建立之初便具有得天独厚的优势,然而成熟经验告诉我们一个体系从建立到运行再到平稳运行需要时间。因此,短时间内山东省的全民健身情况不会得到太大的改善,这是任何制度运行所必须经历的。这一定程度上会导致社会对“十五分钟健身圈”认知与认可度存在一定的偏差,“十五分钟健身圈”建设前和建设后是一个样的情况可能会成为社会诟病的重要话题。

(二)执行效率

管理的目的,最基本的就是要提高效率与效果。效率是办事速度与过程,效果是办事的结果。高效率是正确地做事,好效果是做正确的事。做事快是效率,事做得好是效果。作为全民健身系统的管理者,要牢记的一条是,把效率与效果搞出来,这才是真的管理效力。所有举措在实施过程中都应将提升项目效率与增强项目效果作为底线。坚决杜绝低效、无效、拖延、迟缓等问题,始终坚持简化流程,提高效率。

任何一个项目的诞生,实施运行都伴有某种目的。我国是人民当家作主的社会主义国家,人民是国家的主人。建立“十五分钟健身圈”的目的就在于提升国民身体素质,同时为满足人民日益增长的物质文化的需要提供良好条件,从而达到增强综合国力的最终目的。运用绩效性原则达成目标就是要注意以下三点。

第一,绩效刺激。绩效是活动策划的动力,可以刺激人、激发人、激励人,使人产生策划冲动，形成利益认同，继而产生对一个绩效目标的持续追求。绩效刺激，是项目实现策划的第一个阶段和首要因素，没有绩效刺激，就没有策划动力，反映了其因果关系，这个因果关系决定了绩效和策划的互联性。要有绩效就必须进行策划，一个人、一个团体、一个企业在绩效的激发下，从不自觉走向自觉选择了策划作为产生绩效的助推器。

第二，绩效动作。如果只有刺激，没有行动，显然就不是一个动作过程，而只是一个思维过程，而策划本身并不是一个思维过程，它应该更注重于行动。因此，刺激之后就是行动，这是刺激产生的必然结果。

第三，绩效竞争。当今社会，是一个竞争的社会，一个企业不参加竞争行业，等于是自行投降，结果也必然失败，绩效是刺激企业产生思想的动力，各企业为追求绩效而竞争，这种竞争关系并不是敌对关系，而是伙伴关系，竞合关系是当今的潮流。

（三）执行效果

数值化、进程化、绩效化的评价并不适合作为全民健身系统的评价体系，而应该采取多元的、可调整性的评价指标。首先，单纯地追求数值上的飞速发展，而不以居民实际需求，政府实际能力、地区实际情况为出发点，既不符合全民健身系统的原则，也无法满足当地居民的实际需求，同时还会给当地政府造成财政负担，不利于当地经济发展，从而使全民健身系统的运行陷入恶性循环，反而阻碍了全民健身战略的全面推进。其次，相较于单一的指标性评价体系，多元评价体系更加契合，其主要原因包括以下两个方面：一是居民需求的变更，由以前的健康需求转变为健康为主、休闲娱乐为辅的多元综合体育需求，不仅要注重身体健康，更加注重精神上的放松与愉悦。二是注重公平性，全民健身系统的运行会覆盖诸多地区，地区与地区之间的差别是影响评价的重要因素，不同地区不同评价标准才是有助于系统良好运行的重要举措。最后，指标应具有波动性与调整性，受制于地区各种因素的综合影响下，应根据地区特色与特点量身定制评价指标体系，突出地区指标的差异性，从而避免给当地政府造成过重负担。

全民健身系统会伴随着运行的不断深入覆盖范围不断扩大，惠及更多民众；然而在具体推进工作中各地政府以及社会体育组织应以实地情况、实际需求、未来发展为重点考虑因素。地域文化的差异性、地理位置的特异性、地区经济的不均性、地区社会观念的不一性，都是全民健身系统运行中重要的考量因素。因此，既要满足全民健身系统的开展，又要符合居民需求，同时更要兼顾地区的差异性。在具体的执行中，依据地方特色和财政能力决定全民健身系统运行的进程。

三、监督模块运行

城市社区“十五分钟健身圈”系统的良好运行离不开健全的监督机制，将隐患扼杀于萌芽，将问题解决于发生时。居民作为全民健身系统的使用者与体验者和全民健身系统成效的主要监督者，最具有发言权和权威性。同时政府作为领导者与调控者，作为系统运行的主要监督者也应同时接受社会大众的监督，做到流程透明、财政透明、政策透明。通过政府与民众的同时监督，从而健全监督机制，充分发挥监督的作用，推动全民健身系统的良性运行以及可持续发展。

坚持发现问题、解决问题、追踪问题、预防问题的链式闭环处理方法。全民健身系统作为新兴的体育公共服务系统，在其运行过程中必然会产生诸多问题或情况，这是新系统运行时所必然发生的、无可避免的发展过程。然而，在问题的处理中应该做到发现一个解决一个、解决一个预防多个。对问题进行解剖，深入分析问题发生的诱导因素，并将诱导因素作为分析对象与问题发展点进行发散性分析，通过一个问题点形成多个问题的解决预案，从而做到分析一个，解决多个。

四、反馈模块运行

（一）及时性

反馈系统对被控系统偏离目标值的。信息应及时发现、及时传递、及时处理，使决断系统能够及时地对偏离系统目标的行动加以调节。出现问题、发现问题和解决问题的时间间隔越短，越能减少或避免脱离系统的不必要损失。为了能得到及时反馈，就要充分利用互联网的传递功能，开通专门意见网站。同时，线上与线下相互配合，信息相互传递。

（二）有效性

反馈的信息要真实可靠，必须有高效能的分析系统，过滤和加工检测到的各种信息，去粗取精，去伪存真，由此及彼，由表及里，排除信息反馈渠道各个环节上的干扰。客观地反映情况，并对反馈信息进行去伪存真的加工处理。通过反馈得来的信息是纷繁复杂的，要通过大数据整合，及时筛选出具有普遍代表性、急需解决的问题，做到精准落实。要以遵循全民健身“市场”行为为主，政府控制为辅。反馈既要有力，又不能过度。反馈机构的力量要强大，手段要齐全，抗干扰能力要强。

（三）系统性

系统性用来衡量决策是否能够保证整个被决策系统内外联系处于最佳状态。它强调决策对象的系统性，强调科学决策须考虑所涉及的整个系统及与其相关的系统以及构成各个系统的相关环节，以免作出顾此失彼、因小失大的错误决策。这一原则不但可以衡量决策是否局部最佳、整体最佳，而且可以考虑是否与它所处的环境协调一致，有利于协同发展。

（四）权威性

权威性主要是指专家审批和制定反馈措施。专家指从事群众体育领域十年以上的人群，对反馈意见层层选拔，筛选出具有可操作性、针对性的反馈意见并按照紧急性指标和难易程度进行排序。在制定措施上，要确保正确性、准确性和精准性。

第八章　山东省城市社区“十五分钟健身圈”体系建设评价标准

“十五分钟健身圈”体系建设评价是体育公共服务理论应用于实践的重要组成，一方面，它作为体育公共服务的一种，在推动山东省全民健身、小康社会、体育强省建设过程中发挥着重要作用；另一方面，评价水平的高低关系到体育公共服务机构、组织的运行效率和效果，对于提高山东省体育公共服务质量、改善体育公共服务责任机制、提升体育公共服务管理水平，有着重要的促进作用。

第一节　评价原则、依据及内容

城市社区“十五分钟健身圈”体系建设对提高公共体育服务质量，改善公共体育服务管理水平有重要意义。建设城市社区“十五分钟健身圈”可推动人民身体健康发展，对于增强大众体质具有重要意义。因此需要按照严格的评价原则、依据及内容来对体系进行评估，从而制定出符合属地实情的建设方案，为区域性全民健身工作提供强劲有力的顶层支撑，确保城市社区“十五分钟健身圈”体系朝着正确的方向建设与发展。

一、评价原则

评价过程中应根据国家、行业、山东省相关法律法规及政策方针，遵循客观公正、科学严谨和综合精确的总方针，同时结合以下具体原则开展评价工作。

(一)目标导向原则，推动人民身体健康发展

在模块化的全民健身系统中，总体目标作为导向性的引领不再是具体实施目标。以总体目标为导向是一种区别与以往理想目标即等于实现目标的传统策略的新型方式。

如今，我国已达成全面建成小康社会的总目标。人民身体健康是全面建成小康社会的重要内涵，而全民健身是全省人民增强体魄、健康生活的基础和保障。全民健身体系所有措施的制定与实施都是围绕以满足居民的体育需求为出发点，从而实现增强人民体质的战略目标。因此，我们要发挥“十五分钟健身圈”的带头作用，促进群众体育和竞技体育协调发展。各级党委和政府也要高度重视体育工作，把体育工作放在重要位置，切实抓紧抓好，使全省人民拥有健壮的体魄、积极向上的精神状态，全身心地投入工作中去。

在对城市社区“十五分钟健身圈”系统进行评价时，要以总体目标而不是具体实施目标为导向。以总体目标为导向是一种区别于以往理想目标即等于实现目标的传统策略的新型方式。因此，以实现总体目标为导向根据所处板块的不同，制定专属于各自板块的具体目标才是确保总体目标顺利实现的重要保证。

(二)创新原则，推动“体育+”系统发展

“十五分钟健身圈”建设需要创新。创新是指以现有的思维模式提出有别于常规思路的见解为导向，利用现有的知识和物质，在特定的环境中，本着理想化需要或为满足社会需求，而改进或创造新的事物、方法、元素、路径、环境，并能获得一定有益效果的行为。智慧体育是基于大数据、云计算及物联网技术于一体，将教育、医疗、旅游、文化等“体育+”资源整合起来发展的一种生态系统的总称。智慧体育将提供更加个性化、科学化、智慧化的运动体验，真正实现全民健身与全民健康深度融合。通过建设全民健身电子地图、社区智慧化健身房、智慧公园等，为民众提供科学规范的健身指导服务。

“十五分钟健身圈”建设创新可以是创造一个全新的东西，也可以是吸取别人的东西加以改进或实现，创新可以是概念创新、标题创新、思路创新、内容创新、手段创新、办法创新、行为创新、方式创新、传播创新、广告创新、色彩创新、口号创新等。“十五分钟健身圈”建设体育智慧化就是在社会原有基础上，创新性地使锻炼空间更加延展，增加普通百姓运动的可能性，真正实现全民健身与全民健康的深度融合。人们可以随时随地获取体育信息，大到最新的体坛战况、最新的体育新闻，小到离家最近的运动场所位置等，人们基于数据获取，作出最优决策。人们通过体质监测和运动能力评定，可以获得阶段性的健身计划与运动处方；在跑步时通过智能跑步机、智能手环等硬件实时记录心率、卡路里消耗，计算运动强度；想去运动时，可以通过相关 App 查询并预约场地、教练，匹配健身伙伴；如果遇到极端天气不便于外出健身，可以在家里打开智能终端，通过虚拟现实 VR 技术与体育仿真技术应用的结合，满足不同阶段、不同情境下的体育锻炼需求，获得个性化、科学化、智慧化的运动体验，形成“健身＋体能监控＋健康管理＋旅游社交”全方位的“大体育”战略与概念。

“十五分钟健身圈”建设体育智慧化的创新还体现在数据化、网络化、智能化三方面。首先，数据化是基础，通过人脸识别、可穿戴设备、动作捕捉、硬件外设等，物体可以通过数据的计算方式被认知与计算，从而将传统的物质世界数据化；其次，网络化是保障与条件，随着互联网的发展，通信技术的不断进步，一切都可以通过互联网连接到一起，5G 时代已经到来，网络速率、容量极大提升，使物理世界、虚拟世界与人类社会的全面互联成为可能；最后，智能化是发展核心，正是因为有了可度量的数据以及全面互联的网络，借助系统的计算、加工、挖掘，将数据转化为洞察和预测，使获取信息和作出决策变得更加“智能”。创新就是不要墨守成规，要走不一样的路，当然，也不能为了创新而创新，而是有针对性、可行性，能比现有方案“更上一层楼”的创新，不能达到良好效果的创新不是我们所说的创新。创新，一定要清楚全局，根据局势进行选择。一定要坚持“大胆设想，小心论证”的原则，立体思维过程中往往能够产生新的思想。

关于“十五分钟健身圈”系统创新的想法，传统的全民健身都是直接说明锻炼的重要性，呼吁人们重视锻炼，加强锻炼频率。这种推广策略虽实在，但是太过单调。在互联网发达的今天,如何创新呢?“十五分钟健身圈”建设中的体育智慧化将解决这一问题,例如可以跟随潮流,采用拍短视频讲故事的方法,进行创新性宣传。不同的宣传方式或者说是推荐方式可以让人耳目一新,自然而然地被带入其中。

(三)融合原则,促进社会资源整合

体卫融合。将社区卫生服务中心融入城市社区“十五分钟健身圈”的建设之中,提高社区卫生服务中心建设质量,充分发挥在社区健身的医疗保障功能。社区卫生服务中心不仅能够治疗常见疑难病,还要做到对疾病进行预防、保健、康复与健康知识宣传等作用。对社区体育指导员进行简单的医疗培训,将健康的医疗知识融入体育健身之中。同时,体育部门也需要通过社区卫生服务中的广泛辐射性将服务推送至大众身边,利用其医学检测设备提升体质健康检测评估能力,利用其更加广泛的医生资源和专业医学知识提升大众对运动处方的信任度和执行率。体卫融合是实现健康身体、健康环境、健康经济、健康社会,并最终实现健康中国的关键。

体教融合。体教融合是党中央、国务院深化体育和教育领域改革的一项重大的决策部署,是教育事业和体育事业发展的重点改革事项,是教育和体育两个战线的重大政治任务。“十五分钟健身圈”服务部门人力资源匮乏,尤其缺乏具有运动康复专业知识的人才。而体育院校拥有丰富的专业人才,通过体教融合,一方面可以有效解决“十五分钟健身圈”人力不足的难题,另一方面可以为高校科研、实训和大学生创新创业提供舞台。体教的融合强调的不但是体、教的融合,学校体育是中坚力量,但体教融合并不只是学校一方的责任,需要摆正学校体育的位置,充分认识家庭体育教育的作用,因此体教融合更应该是让经济、政治、文化、家庭因素全面融合。事实上,“十五分钟健身圈”在促进家庭体育教育方面发挥巨大作用,通过整合社会资源,使每个家庭更近距离的贴近体育生活,从根本上潜移默化地改变了社会的观念,使全社会意识到健康、人的全面发展的重要性。

体旅融合。推进“体旅”的紧密融合,凭借“体育+旅游”产业的整合优势,积极发展“赛事+旅游”“健身+旅游”“体育+研学”等新业态,推动体育旅游与传统文化、赛事节事相结合的立体化发展模式,通过入境游客的直观感受与“二次传播”,将体育领域作为讲好中国故事、体现中国发展、传播中国文化的重要载体。不断提升体育市场层次，提高体育元素的融入能力，引导体育与旅游产业间分工转向体育产业内分工，促进以体育产业链为核心、以旅游元素为驱动的新业态快速发展。“体育＋旅游”，作为体育产业重点发展的体育服务类别，涉及的内容十分广泛。在体验经济时代，体育旅游作为体验经济的一种，随着旅游者旅游经历的日渐丰富且多元，人们对旅游体验的需求日益增加，很多游客不再满足于大众化的旅游路线和产品，旅游者更加注重在旅行过程中的参与性、体验性和独特性。“十五分钟健身圈”的健身爱好者们更乐于体验不同地区的特色体育，我国是一个国土辽阔、历史悠久、民族众多的国家，体育运动的类型多样，几乎每个地区都有其独特的体育民俗活动，因此这不仅满足和适应健身爱好者的各种专项体育需求，为旅游者在旅游过程中提供融健身、娱乐、休闲等为一体的服务，也是促进社会物质文明和精神文明发展，丰富社会文化生活的一种社会活动。

（四）共赢原则，推动城市品牌化

“双赢”是指无论是个人、组织还是国家之间的合作，都能让各方获益。“十五分钟健身圈”的建设不仅能提升健身参与群体的身体素质，也能推进城市品牌的发展。当前体育城市建设背景下，“没有体育的城市是没有活力的城市”“让体育融入城市的发展中，通过体育更加点亮城市”等口号的提出，让城市发展渠道由单一的经济发展、旅游文化或者其他内容，向体育领域转移，通过体育赛事影响一座城市的知名度，带动城市转型发展与再生发展，提升人民生活质量。“体育促进城市发展，城市带动体育发展”这些新的理念无不体现出体育的重要性。“十五分钟健身圈”越来越成为很多城市体育公共服务最基本的选择，以体育作为城市的核心竞争力，打造“体育＋商业”“体育＋旅游”“体育＋文化”等城市品牌，提升城市影响力，促进城市再生发展，提高居民生活质量。

我们处在一个重视全民健身的新时期，共赢原则需要点亮与号召。体育的发展与城市品牌的提升是一对很好的“共赢”伙伴。随着社会发展到一定程度后，体育已经成为人们生活不可或缺的重要组成要素，体育的发展在建设小康社会中的作用越来越大，地位也越来越高。我们国家处在城市化进程高速推进的阶段，体育在城市品牌的建设中起到带动发展、扩大影响、提升品质、促进融合的作用。城市发展需要体育，体育发展同样需要城市，体育与城市共同成长，相互作用，优势互补，相得益彰。在建设有中国特色的社会主义经济、政治、社会、文化和生态文明建设"五位一体"的总布局中，我们看到城市发展在以体育为载体的品牌建设当中，有了很多有益的探讨和尝试。一位体育明星、一项体育赛事、一座具有标志性的体育建筑物，为城市的发展增添新活力。体育运动的特点发展不仅可以提高城市的知名度，更能为一座城市带来可观收入，提供大量就业机会。根据城市的不同体育发展特色，举办属于自己的体育精品赛事，并鼓励社会团体、企事业单位承办 CBA、中超联赛、中甲联赛等全国大型体育活动，在提高群众的体育参与中进一步提升城市的影响力和美誉度，让"体育＋"点亮城市品牌。

运营观念的树立和城市品牌的建立对于实现全民健身示范区的长足发展起着重要作用，要不断丰富体育健身项目，发展自身特有的项目，形成具有自身特色的标志性健身项目，进而形成整个城市乃至整个区域化的体育发展特色。另外，要实现对资源的最大化利用，比如，实现场地的多功能使用，提高全民健身示范区场馆的开放程度和利用率等，可以把旅游景区设计成融入运动设施的体育综合体，使自行车道连接不同旅游道路，打造成体育综合体；将各种营地、体育休闲小镇打造成体育综合体，让体育产业和旅游产业共同发展，把城市最美的地方给予游客休闲体育运动。通过凭借特色优势的运动项目树立品牌的发展，进而发展衍生产业、配套服务以及相关周边第三产业，以此来缓解示范区的经济压力，促进示范区快速发展。

在烟台"十五分钟健身圈"的带动下，山东省致力于打造一批高质量有自己特色的城市体育文化精品工程。与打造体育名城相结合，全力推进"十五分钟健身圈"建设，展现创建工作的示范性，更好地推动全民健身运动的大范围推广。争取在未来几年将山东省不同城市打造成具有不同体育文化特色的体育名城，借助于不同城市的地理环境、城市特色，突出其各自的优势和体育特征。例如，潍坊、临淄，鼓励开发具有不同特色的运动项目与体育活动，以此来满足不同地域、不同年龄层人群的需求，举办"一市一品牌、一县一特色、一区一活动"的全民健身品牌特色健身项目与活动，开发更多精品体育赛事，以点带面，拉动整个山东全民健身事业大发展，国家也能根据国民身体素质的提高，增强国际竞争力。"十五分钟健身圈"系统一经检验，发现其成果斐然，就能为全世界提供中国方案，提升国家话语权，推动人类社会进步。

（五）绿色原则，推动体育生态化

“十五分钟健身圈”的系统化运行，必然与其所在地区的经济、社会、人文、地理相互结合、相互渗透。例如，“体育生态化”是指各大城市根据自身的体育文化定位，发挥城市特有的体育文化的特点和优势，例如篮球之乡、帆船之乡、足球之乡等，在整理与挖掘区域体育文化特色的同时，找准各个城市的发展定位与推进目标，塑造不同城市的体育文化品牌，力求建设具有地域性特色的体育生态圈。

在推进“体育生态化”的发展过程中，要从观念、规划、管理等几个视角进行综合考量和全面推动。第一，从观念视角看，通过生态体育的特色发展思路，从最早追求体育发展的“量”到今天更多强调体育发展的“质”，从希望人均体育占地面积的提高发展到如今追求体育大环境的改善与优化，从追求传统体育项目的普及到期待新兴运动项目的推广，生态体育化需要贯穿于全民健身事业的全过程；第二，从规划视角看，将特色生态体育切实作为城市规划要素，注意挖掘区域生态资源，科学规划体育资源的种类、数量，使之科学配置，优势互补，定位准确，循序渐进的推进系统建设；第三，从管理视角看，在推进生态文明的过程中，着力促使体育事业积极转型，开拓体育优化的发展空间，以满足居民走进与亲近自然的想法，实现草木苍翠、虫鸣鸟啼、水木清华、鸢飞鱼跃、人水至和、欢声笑语的生态体育环境。而且通过对以上环境的深入分析，依据“十五分钟健身圈”系统化运行的总体策略，制定出符合实地情况的策划方案，从而为地区的全民健身工作提供强劲有力的顶层支撑。

（六）制高点原则，推进建设进程正确发展

在策划任何活动、项目时，都要考虑到一个问题，那就是要不要占据制高点，这在城市规划中也很重要。站在高处看远，在谋划中占据制高点，有利于把握事情的大局，有利于把握事情的发展和运行状态。

首先，人们在策划时很容易被事物的闪光点或具体部分所吸引，从而对这些部分投入大量精力，尤其是在战略方面，容易片面化，导致事物之间缺少联系而不能顾及全局，难以从战略性的角度占领制高点。其次，策划是一种创新性极强的活动，而创新最忌讳的就是抄袭、模仿，这就要求我们在进行策划时要在不违背事物发展规律的基础上开动脑筋，将独特性和差异性融入其中，从独特性的角度占领制高点。最后，策划的方法有很多，在做选择时千万不要犹豫不决，应心中定好方向从一而终，占领方向性的制高点。

各级政府部门十分重视推进体育建设进程，体育的发展不是孤立的，是多方面融合与协同的，体育的建设要融入国家的经济建设中，同时也要与政治建设、文化建设相结合，更要与社会建设的各个方面协调发展。因此应从三个方面占据制高点，在与各个领域的融合中推进体育建设进程。

二、评价依据及内容

在衡量一个地区“十五分钟健身圈”建设情况时，还要因地制宜、根据各地优势制定有针对性的评价指标。由于建设是一个动态的过程，因此要选择既能从静态上反映项目的发展情况，又能动态地评估项目的长期发展潜力，具有现实和操作意义的评估指标。

在评价时首先要明确各个地区以及城市和农村的评价依据是不一样的，不能一概而论，在评价时可以以城市社区“十五分钟健身圈”建设指标为依据，根据调查结果进行相应的加减分，对于社区服务半径1000米内体育场地设施面积情况指标评价中的球类场地尺寸应依据城市社区“十五分钟健身圈”建设规范中提出的常见室外球类场地尺寸来进行，最后根据总分评出等级，这个等级并不是一成不变的静态指标，而应根据各地区的发展情况持续追踪并不断改进，确保评价指标的变化性和聚焦度，让评价指标更深刻地反映各地区“十五分钟健身圈”建设情况。

第二节　评价方法、机构及程序

城市社区“十五分钟健身圈"标准化建设是全民健身公共服务规范化发展的必然要求，是推进全民健身、体育强国国家战略的有效路径与抓手。通常，为了确保评价结果的可信度、有效度和精确度，开展城市社区“十五分钟健身圈“"标准化建设要依靠科学的评价方法和评价程序，并委托第三方评价机构来进行，避免将私人情感掺杂其中，作出公平、科学、合理的判断。

一、评价方法

评价方法采用社会学常用的方法，如实地考察、查阅健身设施建设、维护等方面的记录和报告，以及通过对居民进行健身过程观察和提问以及发放调查问卷的形式(发放比例不少于社区总人口的 5%)进行满意度测评。通过查取或计算间接得到指标数据，对健身圈建设进行定性和定量评价。

指标项目包含场地设施配置、场地设施管理及社区体育服务。其中场地设施配置占到了 70 分，包括社区服务半径 1000 米内场地设施种类情况和社区服务半径 1000 米内场地设施面积情况这两个方面，其中社区服务半径 1000 米内场地设施面积情况这两个方面占到了 50 分。场地设施种类情况的评价依据是：低于 3 类的不得分，有 3 类的计 10 分，每增加 1 类并满足最低面积要求加 5 分，最高不超过 20 分，符合要求的体育设施场地包括时间设置合理的对外免费开放的学校体育设施。

场地设施面积情况的评价依据分为 8 个方面：

(1)健身广场面积 150—200 平方米计 4 分(单片面积少于 150 平方米不计)，面积每增加 100 平方米加 2 分，最高 10 分。(500 平方米及以上)

(2)全民健身路径 100—150 平方米计 4 分(单片面积少于 100 平方米且少于 6 件健身器材不计)，面积每增加 100 平方米加 2 分，最高 10 分。(450 平方米及以上)

(3)健身步道场地且宽度不少于 1.5 米，累计 1000—2000 米计 6 分(距离低于 1 千米不得分)，累计 2000—3000 米计 8 分，宽度小于 2 米，在相应的基础上减 1 分，最高 10 分。(宽度不少于 1.5 米，3000 米以上，宽度小于 1.5 米，4000 米以上)

(4)球类场地符合球类场地的尺寸要求每片计 5 分，基本符合球类场地的尺寸要求(尺寸误差在 10%以内)每片计 4 分，严重不符合球类场地的尺寸要求不得分，最高 10 分。

(5)其他类室外健身场地面积 100—150 平方米计 4 分，每增加 100 平方米加 2 分，最高 8 分。(350 平方米及以上)；

(6)社区全民健身中心、全民健身中心、体育公园，使用面积大于 3000 平方米每个计15分，2000—3000平方米每个计10分，少于2000平方米每个计5分。

(7)单项体育类场馆(含健身房)，使用面积大于2000平方米每个计8分，1000—2000平方米每个计5分，少于1000平方米每个计2分。

(8)其他室内健身场所面积200—300平方米计4分，每增加100平方米加2分，最高8分。(500平方米及以上)

社区服务半径1000米内体育场地设施面积情况指标评价中的球类场地尺寸应依据表8-1。

表8-1 常见室外球类场地尺寸

运动项目	长(米)	宽(米)	两侧缓冲区(米)	两端缓冲区(米)	总面积(平方米)
标准篮球场地	28	15	1.5—5	1.5—2.5	560—730
三人制篮球场地	14	15	1.5—5	1.5—2.5	310—410
11人制足球场地	90—120	45—90	1—2	1—2	4900—12550
7人制足球场地	45—90	45—60	1—2	1—2	2210—6020
5人制足球场地	25—42	15—25	1—2	1—2	460—1340
网球场地	23.77	10.97	2.5—4	5—6	540—680
排球场地	18	9	1.5—2	3—6	290—390
气排球场地	12	6	1.5—2	3—6	170—240
软式气排球场地	15	7	1.5—2	3—6	210—300
羽毛球场地	13.4	6.1	1.5—2	1.5—2	150—175
门球场地	20—25	15—25	1	1	380—730
乒乓球场地(两台一组计算)	10—13	5.5—9.5	—	—	55—125

场地设施管理占15分，包括5个方面，评价管理及定期维护情况时：有责任单位或组织进行管理，并有专人对场地设施进行定期维护，计1分；查看维护记录，每周维护1次计2分，每月维护1次计1分，低于每月1次或无检查

记录 0 分。评价管理制度情况时：公共体育场地设施实行免费或低收费开放，经营性场地设施公示开放时间、收费标准，计 5 分，未达到要求的每处减 1 分。评价场地设施开放情况时：公共体育场地设施实行免费或低收费开放，经营性场地设施公示开放时间、收费标准，计 5 分，未达到要求的每处减 1 分。评价场地设施设备器材完好情况时：符合全部条件且正常运转计 3 分，每缺 1 项或每有一件不能正常运转扣减 0.5 分，直至 0 分。评价使用须知、安全须知、警示标识情况时：准确清晰、齐全完整、合理醒目计 2 分；部分计 1 分；未设置 0 分。

社区体育服务占 15 分，包括 4 个方面，评价科学健身知识普及情况时：全年每次计 0.5 分，累计最高 3 分。评价全民健身活动开展情况时：全年综合性活动每次计 1 分，单项活动每次计 0.5 分，累计最高 6 分。评价体育社团组织情况时：各类社区体育社团组织每个计 1 分，项目健身队伍、体育锻炼小组等每个计 0.5 分，累计最高 3 分。评价健身技能指导、居民体质健康测定情况时：全年每次计 0.5 分，累计最高 3 分。

最后根据标准计算出总分，再根据总分来划分等级，优秀、良好、合格、不合格评定分数可分别设置为 90—100 分、80—89 分、70—79 分、70 分以下。城市社区“十五分钟健身圈”建设指标应依据表 8-2。

表 8-2　城市社区“十五分钟健身圈”建设指标

指标项目	指标内容	指标评价	得分
场地设施配置(70 分)	社区服务半径 1000 米内场地设施种类情况(20 分)	场地设施低于 3 类的不得分，有 3 类的计 10 分，每增加 1 类并满足最低面积要求加 5 分，最高不超过 20 分 符合要求的体育设施场地包括时间设置合理的对外免费开放的学校体育设施	

续表

指标项目	指标内容	指标评价	得分
场地设施配置(70分)	社区服务半径1000米内体育场地设施面积情况(50分)	1.健身广场面积150　200平方米计4分(单片面积少于150平方米不计),面积每增加100平方米加2分,最高10分。(500平方米及以上) 2.全民健身路径100—150平方米计4分(单片面积少于100平方米且少于6件健身器材不计),面积每增加100平方米加2分,最高10分。(450平方米及以上) 3.健身步道场地且宽度不少于1.5米,累计1000—2000米计6分(距离低于1000米不得分),累计2000—3000米计8分,宽度小于2米,在相应的基础上减1分,最高10分。(宽度不少于1.5米,3000米以上,宽度小于1.5米,4000米以上) 4.球类场地符合球类场地的尺寸要求每片计5分,基本符合球类场地的尺寸要求(尺寸误差在10%以内)每片计4分,严重不符合球类场地的尺寸要求不得分,最高10分 5.其他类室外健身场地面积100—150平方米计4分,每增加100平方米加2分,最高8分。(350平方米及以上) 6.社区全民健身中心、全民健身中心、体育公园,使用面积大于3000平方米每个计15分,2000—3000平方米每个得10分,少于,2000平方米每个计5分 7.单项体育类场馆(含健身房),使用面积大于2000平方米每个计8分,1000—2000平方米每个得5分,少于1000平方米每个计2分。 8.其他室内健身场所面积200—300平方米计4分,每增加100平方米加2分,最高8分。(500平方米及以上)	

续表

指标项目	指标内容	指标评价	得分
场地设施管理(15分)	管理及定期维护情况(3分)	有责任单位或组织进行管理,并有专人对场地设施进行定期维护,计1分;查看维护记录,每周维护1次计2分,每月维护1次计1分,低于每月一次或无检查记录0分	
	管理制度情况(2分)	有完善的管理制度,计2分,无完善的管理制度计0分	
	场地设施开放情况(5分)	公共体育场地设施实行免费或低收费开放,经营性场地设施公示开放时间、收费标准,计5分,未达到要求的每处减1分	
	场地设施设备器材完好情况(3分)	符合全部条件且正常运转计3分,每缺1项或每有1件不能正常运转扣减0.5分,直至0分	
	使用须知、安全须知、警示标识情况(2分)	准确清晰性、齐全完整、合理醒目计2分;部分计1分;未设置0分	
社区体育服务(15分)	科学健身知识普及情况(3分)	全年每次计0.5分,累计最高3分	
	全民健身活动开展情况(6分)	全年综合性活动每次计1分,单项活动每次计0.5分,累计最高6分	
	体育社团组织情况(3分)	各类社区体育社团组织每个计1分,项目健身队伍、体育锻炼小组等每个计0.5分。累计最高3分	
	健身技能指导、居民体质健康测定情况(3分)	全年每次计0.5分,累计最高3分	
总分合计:			

注:1、2、3、4、8条中涉及多个场地的面积或距离可累加计算,其中2中累加的面积不必考虑器材数量。1—8累计最高50分

二、评价机构

评价机构，或称第三方评估机构，是指两个相互联系的主体以外的某个客体，我们把它叫作第三方。第三方可以和两个主体有联系，也可以独立于两个主体之外，以公正、权威的非当事人身份，根据有关法律、标准或合同进行商品检验活动。独立第三方检测评估机构有其自己特别的意义，它既是政府监督的有效补充，帮助政府摆脱信任危机，又能为产业转型提供强有力的服务平台。

第一，为保证全民健服务类项目更好的落实和实施，以及对相关项目的分析和考核，要及时进行项目绩效管理，评估工作的开展必不可少。评估应当由体育行政部门指定的第三方评估机构进行，第三方评估也是政府绩效管理的重要形式，第三方评估作为一种必要而有效的外部制衡机制，弥补了传统的政府自我评估的缺陷，在促进服务型政府建设方面发挥了不可替代的作用。

第二，在项目评估的过程中，第三方评估机构在保持自身价值中立的原则下，应熟悉与工作人员业务相关的城市社区“十五分钟健身圈”标准，发挥自身专业能力和素质，旨在提高政府决策的质量和水平，提高政府的社会公信力，提供高水平的专业监督。通过沟通协调、信息传达、利益诉求等工作方式，使项目实施的绩效管理具有横向可比性，有利于相关项目更好地协调发展，有利于促进社会和谐，协调利益关系，以打造更加开放、透明、高效的政府形象。

三、评价程序

第三方机构绩效评价实施程序由准备和现场工作阶段、评价分析和报告阶段、归档阶段三个阶段组成。具体内容及工作要求如下。

（一）准备和现场工作阶段

组建绩效评价小组，在接受相关方委托后，第三方评价机构要及时组建绩效评价工作小组。评价工作小组应由若干名与被评价项目无利益关系的人员组成，同时，小组人员的组成结构要满足一定的条件，包括但不限于财政、经济、相关领域体育行业专业人员等，要根据大众体育项目和体育产业项目特点及实际工作需要进行选择。绩效评价小组负责整个评价工作，包括与委托方、全民健身公共服务以及相关部门项目执行单位等的工作协调。

建立联络沟通机制，在接受项目委托的同时，评价工作小组需要与委托单位充分沟通，清楚地知悉评价目的。绩效评价的主要目的是了解“十五分钟健身圈”项目实施情况，发现问题，总结经验。还应了解委托方还有哪些特定的诉求。此外，绩效评价工作小组应与委托单位、大众体育健身相关项目执行单位以及有关部门建立联络沟通机制，以便于问题沟通、资料收集等工作的开展。

事前培训及相关工作计划。在确定绩效评价项目后、进入现场工作阶段前，第三方评价机构应选聘相关专业人员对工作小组成员进行培训。培训主要是了解“十五分钟健身圈”项目基本情况。项目基本情况主要包括两项内容，一是项目背景与目的，二是项目内容。项目内容包括两个方面：简单介绍评价全民健身相关对象以及重点介绍项目的实施计划情况。评价对象包含项目执行单位、组织方式、项目名称和评价时点。三是项目预算。内容包括项目预算金额、资金来源、预算项目构成情况及预算标准。四是项目绩效目标。绩效目标分为总目标和子阶段目标，主要是项目的预期成果、影响等。项目绩效目标可从项目申报、审批等文件中获知。五是项目组织及管理。主要介绍大众体育及体育产业项目主管部门、项目执行单位、项目实施和配合单位的名称、分工、职权等。

（二）具体工作和分析评估阶段

基础数据与资料的收集：这一步主要是收集与“十五分钟健身圈”项目相关的资料以及回收此前发放的调查问卷等。访谈：访谈也是绩效评价全民健身公共服务体系工作中被采用较多的一种调查方法，访谈有利于评价人员更具体、更深入地了解项目各方面情况，如项目具体落实情况、财务分配情况、计划完成情况、项目运行情况以及存在的某些执行效果、相关参与者及利益群体观点及意见等。现场核查：评价工作小组前往项目实施地点，通过深入核查了解项目实际执行情况。现场核查的目的一是获取反映大众体育相关项目实际的情况资料，二是对项目初期及前期掌握的信息进行核验。

相关数据与资料的审查。相关数据与资料收集完以后，某些数据资料不能直接用于分析评价，要通过审核剔除掉无效证据，形成大众体育项目基础数据表。主要从完整性、真实性、准确性这三方面进行考核。综合分析：采用定性与定量相结合的方法，从大众体育健身项目决策、项目管理、项目绩效这三个维度。结合关键评价问题综合分析项目实施情况，主要关键评价问题如下：(1)项目决策；(2)项目申请、设立；(3)项目所确定的绩效目标是否依据充分，是否符合具体实际情况；(4)绩效目标设定的绩效指标是否具体、有效，可衡量；(5)项目预算资金分配是否符合相关标准，是否结合大众体育及健身活动参与群体的实际需求情况。在项目管理方面需要具体关注三个方面：(1)项目资金到位情况；(2)项目预算资金是否按照计划执行；(3)项目实施单位整体管理制度是否健全有效，项目实施是否符合相关管理规定。最后，在项目具体绩效方面还要考察三个方面：(1)相关大众体育项目是否达到预期的计划和目标；(2)大众体育项目的经济效益、社会效益、社会评价如何；(3)大众体育健身项目直接参与群体的满意度。

最后一项工作是“十五分钟健身圈”等大众体育项目的评价指标计量以及综合评估，这一步需要完成的工作有：(1)计量项目评估指标，获得项目的评分结果；(2)综合评估，形成主要结论，对于项目相关的工作从初期到项目最后完成情况进行具体书面总结；(3)发现问题与评价建议，项目评价工作小组总结在评价过程中出现的问题，并形成相关意见，问题的提出应遵循关键性和重要性的原则，建议的提出要有针对性、具体性、可实施性，要能从根本上解决有关问题。

(三)报告阶段及归档阶段

报告阶段：在本阶段评价工作中，各评价小组应根据“十五分钟健身圈”项目各环节评价结果，在数据分析基础上撰写综合评价报告。评价工作小组将项目初评报告发送给相关委托单位，并根据委托单位提出的相关意见对初评报告进行修改和补充，形成绩效评价报告送审稿。报告评审会由委托单位组织、专家和被评价单位参与，项目评价工作小组根据评审会意见对报告进行修改，通过终审后提交正式评价报告。

归档阶段：“十五分钟健身圈”项目评价小组应对项目评价工作资料进行整理，完善社会评价及绩效工作底稿并移交评价相关管理部门进行归档。项目归档资料主要包括：签订的相关协议和合同、社会评价绩效管理工作计划、项目具体工作实施方案、相关专家评审意见以及实践对象的反馈意见等书面材料；项目基础数据报告及相关证明材料；工作原稿件以及其他相关归档保管的资料等。

总结：在“十五分钟健身圈”项目落实和实践全过程中，评价工作小组应对各个阶段和过程的工作情况进行归纳总结，好的经验方法应继续保持、发扬、推广，存在的问题应及时更正，并总结归纳出更加富有成效的工作方法，以提高工作效率。与此同时，评估报告应当包括“十五分钟健身圈”项目的评价依据、评价对象、评价时间、评价过程、项目总体结论、存在的问题和解决意见；相关文件资料还应包括城市社区“十五分钟健身圈”建设评价表、参与及受众群体满意率问卷调查表等资料。

第三节　评价结果及改进

随着全国各地纷纷开展城市社区“十五分钟健身圈"建设，我国全民健身快速发展，极大地丰富了群众的业余文化生活，体育健身成为大众向往与追求的健康生活方式。从政府供给角度来看，城市社区“十五分钟健身圈“建设属公共体育范畴，是一项功在当代、利在千秋的公益事业，其建设质量的好坏不仅关系到政府公共服务供给能力是否高效，也关系到全民健身领域治理是否科学。本书旨在提升城市社区“十五分钟健身圈“建设质量，通过评价的结果反馈与持续改进，优化健身资源合理布局，助推全民健身事业健康可持续发展。

一、评价结果

随着经济的迅速发展，体育相关产业项目不断增多，给整个体育行业带来了千载难逢的机会，但是随之而来的类似项目评估也越发的艰难，相关大众体育建设项目规模的不断扩大以及建设数量的不断增加、项目建设质量愈发提升，导致大众体育健身类项目建设的难度加大，若评估工作没有落实好，那么在相关项目建设的后期就会因为种种问题影响到工程的完成，造成工程项目资金的浪费，未达到项目预期的效果，使整体项目推广工作效率低下。

所以，通过对项目评估工作进行及时有效的把控和研究，能有效提高项目投资决策水平，提升大众体育健身项目社会效益以及能够解决工程项目本身所存在的问题，为实现我国体育相关产业项目建设的进一步发展打下良好的基础。参照山东省地方标准关于城市社区“十五分钟健身圈”建设规范的要求，以及根据第三方提供专业性的评估报告和科学的评估结论，具有相关资质的评估机构或对“十五分钟健身圈”项目及时地进行评估，评估的范围包括体育场地设施配置、场地设施管理、社区体育服务及建设标准等指标，具体指标内容见山东省地方标准相关建设规范的要求。

一方面，应根据对城市社区“十五分钟健身圈”项目建设情况进行评分，如优秀、良好、合格、不合格评定分数可分别设置为90—100分，80—89分，70—79分，70分以下，同时要求评分在80分以上为达到评价要求，评价得分不达标的，评价小组将评价结果上报体育行政管理部门。另一方面，要全面推进大众体育项目的决策、执行、管理、服务、结果公开，面对项目实施过程中存在的相关问题，要及时严格地落实整改工作，各项目相关参与单位及部门应明确责任分工，确保问题及时整改到位，切实把项目公开工作各项要求落到实处，并向城市社区及时通报结果并提出改进意见和建议。

二、持续改进

任何建设都有一定的时效性，全民健身服务类项目也是如此，当项目建设的主体不能满足目前的社会、经济发展和人民的需求时，就应该加以改进。社会体育项目亦是如此。通过收集项目评价结果，确认不合格信息的来源，对不合格的原因进行分析，并采取相应的改进措施，直至达到预期结果。同时，通过对不合格项目的定期或不定期的自我评价和第三方评价，对不合格项目进行分析，并提出相应的改善和防范措施。此外，应跟踪和评估改进过程的有效性。

（一）持续改进的目的和意义

持续改进的目的：对“十五分钟健身圈”等类似的大众体育类项目的持续改进，是为了保证项目实施和运行的质量以及对项目运行质量、项目管理体系运行的有效性，不断满足社会体育参与群体的要求。本程序对持续改进的各项活动实施切实有效的管理。

适用范围：本程序适用于大众体育类项目质量管理覆盖产品所涉及持续改进的各个方面，如项目实施方针、项目目标的实施，结果的审核、数据分析、管理评审、预防措施及质量改进等活动的管理，以保证大众体育类项目质量管理体系的有效性。

持续改进的意义：一方面，持续改进能够使群众体育参与项目保持长久性、适应性，使此类项目带来积极、长久的社会效益。持续改进活动尊重项目参与人员的积极性与创造性，使大众体育类项目更具创新性，增强项目实施人员和参与对象的主人翁感。持续改进活动也可以依靠工作小组的集体努力，发扬团队协作精神，有利于社会体育类项目的顺利建设。同时改进的思想与方法对建设群体、参与群体以及对群众体育类项目的所有活动领域具有普遍的意义。另一方面，持续改进还可以运用小投入或不投入获得项目及为相关工程提高质量，达到降低低成本、提高效率的效果。持续改进也可以借助或者借鉴于高科技技术，主要靠调整项目实施和运行中的某些关键因素而达到目的。对于社会体育健身类项目来说，持续改进能达到不断消除各种实施过程中的弊端，某些弊端会阻碍项目持续运行。改进活动也能够把项目实施和运行过程中的最大潜能挖掘出来，不断提高"十五分钟健身圈"等项目给社会和参与群体带来的积极成效。

（二）持续改进的对象

第一，大众体育健身类项目也是体育类项目的组成部分，它有其自身的特点和优势。所以针对其大众体育类项目的特点，在项目普及的过程中需要及时发现问题并进行切实有效的改进。确定项目持续改进的对象是第一步。一般来说，对于项目本身改进，不仅是指通过项目质量的管理与控制所带来的项目效果质量的提高，而且，面对群众体育类项目，一个好的、有效的质量控制系统，还可以更好地提高项目参与过程的效果和项目可见成果的质量。第二，项目改进也是项目目标控制和项目运行保障工作共同作用的结果。在大众体育健身活动广泛开展的背景下，要及时根据体育项目的参与目标群体的年龄阶段、地理区域以及项目普及的种类进行有效划分，确定需要改进的对象，对于发现的问题及时进行反馈，运用 PDCA 等技术方法进行改进，所以对项目本身的改进是一种技术改进，这种改进可能会使项目的质量得以提高，也可能使项目的实施成本下降，甚至可以在原有项目的基础上进行高质量的创新。

对项目实施过程的改进：大众体育类项目的实施过程是整个项目建成过

程中最重要的阶段，也是为了解决项目运行过程中出现的问题，对项目的整个过程和各个方面实施有效的管理，进而提升全民健身服务类项目质量。例如，在项目运行和实施的过程中，要根据不同的性别、年龄、体质、职业的特点，推广普及且适宜目标群体的体育健身项目。同时，对体育产业资金来源积极地进行多层次、多渠道的融合，有了全民体育健身类项目资金的稳定保证，才能使体育场地设施建设更加合理，体育健身环境得到明显的改善，为大众参与者参加社会体育活动提供稳定的物质基础。所以，对项目实施过程的改进，是对项目实施方案、实施环节及实施过程中各种项目建设等多方面的改进，这种改进可以更好地为项目服务，在提高项目运行和实施效果的同时也可能使项目建设成本下降，还可能提高实施过程的有效性，使得群众参与全民健身的积极性得到有效提升。

对管理过程的改进：项目的过程管理是一个综合的全面过程的管理，对于全民健身类体育项目来说，管理过程涉及项目的质量、进度、效果、评价等方面。因此，对管理过程的改进，是大众体育类项目建设中质量改进重要的方面。它包括对质量方针、质量计划、组织架构、管理制度、管理方法等方面的改进，这种改进涉及与大众体育类项目实施的有关的多方主体的参与和协作，这种改进有利于大众体育类项目的顺利普及和增强项目的综合管理能力，从而使项目建设质量得以提高，提高质量管理的效率，增加管理组织的活力。对项目管理过程的改进能收到事半功倍的成效。

(三)持续改进的方法

PDCA 循环是能使任何一项活动有效进行的一种合乎逻辑的工作程序，特别是在质量管理中得到了广泛的应用。P、D、C、A 四个英文字母所代表的解释如下：P(Plan)——计划。D(DO)——执行。C(Check)——检查。A(Action)——处理。PDCA 循环又叫“戴明环”，是美国质量管理专家戴明博士提出的，它是全面质量管理所应遵循的科学程序。这个过程就是按照 PDCA 循环，不停顿地周而复始地运转。持续改进也叫 PDCA。PDCA 循环分为“四阶段、八步骤”。

1.P 阶段

包括方针和目标的确定以及活动计划的制定；即根据社会体育项目的要求和组织的方针，为提供结果建立必要的目标和过程。由于社会体育项目主要是以社会成员在闲暇时间开展的身体运动，以提高社会成员的健康水平，增强人民体质，促进社会体育健康、协调发展。所以，在"十五分钟健身圈"等项目开展落实的过程中，要对项目内容及时进行计划，以保证大众体育类运动能按项目计划循序渐进地展开。例如：不仅要根据体育运动项目的内容多样性与社会结合的适应性、参与群体的个体差异性、运动项目开展时间的阶段性实施计划，也要结合社会体育领域内相关的法律、法规的条款，编制切实有效的项目实施计划。并在计划落实、实施的同时，及时发现问题，及时根据发现的具体情况调整项目计划。为保证大众体育健身类活动健康、顺利的落实。具体分为以下四个步骤：步骤一，选择课题。在前期对大众体育活动参与的相关调查的基础上，结合当前后疫情时代背景的影响下，群众对大众体育的参与项目、参与方式、参与时间和对运动项目的选择理念上发生了重大变化，不管是休闲游戏类项目、休闲竞赛类运动还是养身保健类项目，参与群体的需求在根据参与者自身和项目自身的特点进行划分，增强体质、增进健康、养成良好的运动健身习惯也作为主线贯穿其中。步骤二：设定目标。明确了研究大众活动的主题后，需要设定一个活动目标，也就是规定参与体育活动所要做到的内容和达到的标准，目的是确保项目实施的完整性。步骤三：确定最佳方案。全民健身类活动也需要创新并与时俱进，创新可以包括对社会体育活动的类别、内容、大众参与方式等方面的革新。目的是从多种方案中筛选出所需要的最佳方案，提高相关运动健身项目与社会参与群体的契合度，达到项目预期的社会效益。步骤四：制定对策。有了好的方案，更要重视其中的细节，需要将方案步骤具体化并制定相应的对策，明确回答方案中的"5W1H"即：为什么制定该措施（Why）？达到什么目标（What）？在何处执行（Where）？由谁负责完成（Who）？什么时间完成（When）？如何完成（How）？

2.D 阶段

在此阶段要按照预定的计划，在项目实施的基础上，努力实现预期目标的过程。首先，在落实"十五分钟健身圈"项目的同时，要加强对全民健身活动的宣传，积极地进行项目的推广，树立正确的体育价值观，增强全民健身意识，转变观念，使参与群众更加积极地参加体育健身活动。其次，要建立健全有效的项目管理体制，使大众参与体育健身活动可以更加合理、有效地进行，也要结合相关社会体育活动项目参与人群不同的年龄、性别、职业、自身体质的特点，推广易于普及的大众体育健身活动。同时，在大众体育活动广泛开展的形势下，体育场地设施的建设也要同步进行，增加相关体育设施的数量，提高体育设施的质量，对于老旧体育设施及时进行替换、更新。使全民健身公共服务体系形成有机的整体。为大众体育运动的开展提供足够的硬件设施，为“十五分钟健身圈”活动的推广、落实打下坚实的物质基础。

3.C 阶段

检查效果，就是要总结执行计划的结果，分清哪些对了，哪些错了，明确效果，找出问题，即确认实施方案是否达到了目标。在“十五分钟健身圈”活动落实、执行的过程中也同样要遵循以上方法。例如，在效果检查中，可以运用社会调查，发放相关内容问卷的方法，掌握包括参与社会体育活动主要群体的需求、兴趣和主要关注点，了解相关项目在实施和执行的过程中所发挥的作用，受众群体的反应和与社会结合面的广延性。对于方案是否有效、目标是否完成，在进行效果检查后才能得出结论。事后对采集到的证据进行总结分析，把执行情况同目标计划值进行比较，看是否达到了预期的目标。如果与预期目标相差甚远，应该确认是否严格按照计划实施对策，如果是，就意味着项目的实际效果与项目目标值有较大差距，那就要重新对项目方案进行修订、确认。

4.A 阶段

本阶段工作的主要内容是根据检查结果对发现的问题采取相应的对策。经过在前期的“十五分钟健身圈”项目中，通过效果检查发现的问题要及时进行总结、分析、处理。对于大众体育类项目来说，城乡体育发展不均衡、社会体育指导员数量存在缺口、社会体育基础设施配备不完备、社会体育公共服务体系不完善等都是眼前急需解决的问题。对于以上存在的多种问题，首先，要加强大众体育项目相关决策部门、实施部门、执行部门之间的纵向联系，在汇总多方意见的基础上达成共识，在与社会体育相关的制度、体系、管理方面提出切实有效的解决办法和措施，对已被证明的有效的措施进行标准化，作为工作标准，以便以后执行和推广。其次，社会体育参与群体对项目的反应和社会对社会体育带来的反馈中所发现的问题，从社会体育的目的角度来说，“十五分钟健身圈”活动的推广和落实，也是把以满足群众的需要、经济建设的需要、社会发展的需要为出发点，运用动态处理的方法来解决，例如可以借助宣传鼓励法、社会问卷调查法、竞赛评比法、案例引导法来发现和解决问题。最后，进行问题总结。对于解决方案效果不明显的或者实施过程中出现的新问题进行总结，为开展新一轮的持续改进循环提供依据。社会体育类项目从提议到落实是一项涉及多种因素的系统工程，为了保持其体系健康、高效运行，就必须通过系统高效的方法进行管理，做好计划的组织和控制工作，联系多方相关参与主体，为全民体育健身类活动的普及和开展创造良好的氛围和环境。

参考文献

1.戴俭慧:《国外体育指导员资格认证制度的启示》,《体育学刊》2008 年第 5 期。

2.范成文、金育强、钟丽萍等:《发达国家老年人体育服务社会支持体系及对我国的启示》,《体育科学》2019 年第 4 期。

3.顾一铭:《体育强市背景下张家港体育健身圈建设模式研究》,广西师范大学硕士学位论文,2021 年。

4.江瑞:《我国体育社会组织的概念内涵与价值作用》,《文艺生活》2019 年第 10 期。

5.李国、孙庆祝:《新世纪以来我国体育场地发展变化的实证研究——基于第 5 次与第 6 次全国体育场地普查数据的统计分析》,《西安体育学院学报》2016 年第 2 期。

6.李佳:《浅析国民体质下降原因》,《高考》2017 年第 6 期。

7.李留东、田林等:《美、德、英三国体育公共服务建设经验及启示》,《天津体育学院学报》2019 年第 6 期。

8.李罗季:《英国社区体育实施全民健身的经验及启示》,《体育文化导刊》2017 年第 5 期。

9.李振彪:《二战以来德国体育的发展》,《天津体育学院学报》1995 年第 1 期。

10.林显鹏、刘云发:《国外社区体育中心的建设与经营管理研究——兼论我国体育场馆建设与发展思路》,《体育科学》2005 年第 12 期。

11.刘文臣:《对国外群众体育发展的研究探索》,《哈尔滨体育学院学报》2006年第3期。

12.彭大松:《群众体育发展的机遇抑或挑战:基于我国人口结构转变的一项探索》,《武汉体育学院学报》2011年第2期。

13.彭国强、舒盛芳:《德国体育战略演进的历程、特征与启示》,《上海体育学院学报》2017年第5期。

14.任波、黄海燕、戴俊等:《新时代我国体育产业结构性矛盾与优化路径》,《体育文化导刊》2019年第7期。

15.唐胜英、Elizabeth Pike:《英国大众体育场地设施的供给、管理与使用》,《体育与科学》2015年第2期。

16.王存良:《美国体育公共服务中社区体育志愿者的管理模式》,《武汉体育学院学报》2016年第8期。

17.王英峰:《英国体育管理及体育政策的演进研究》,《天津体育学院学报》2011年第3期。

18.王占坤、彭艳芳、许昌、高继祥:《英国体育公共服务治理经验及启示》,《首都体育学院学报》2020年第1期。

19.徐志军:《发达国家休闲体育政策环境发展特征、经验及启示》,《上海体育学院学报》2021年第12期。

20.许晶、王正然:《美国大众体育健身服务业发展研究及其启示》,《南京体育学院学报》(社会科学版)2010年第5期。

21.杨鸣、冯晓露等:《英国大众体育发展战略的实现路径——基于英格兰体育理事会的实践》,《武汉体育学院学报》2018年第6期。

22.张大为、刘兵、郑旗:《奥运遗产视角下英国体育志愿者培养计划的实践经验与启示》,《体育学刊》2020年第5期。

23.张小沛、戴健、张瑞林:《社区体育公共服务精细化治理:科学内涵、创新动力与现实路向》,《体育学刊》2021年第5期。

24.钟建明:《日本体育指导员管理制度研究》,《体育文化导刊》2013年第5期。

25.朱晓东:《上海30min体育生活圈建设评价指标体系研究》,《首都体育学院学报》2016年第5期。

26.山东省统计局国家统计局山东调查总队:《2021 年山东省国民经济和社会发展统计公报》,《大众日报》2022 年 3 月 1 日。

27.山东省统计局国家统计局山东调查总队:《2020 年山东省国民经济和社会发展统计公报》,《大众日报》2021 年 2 月 28 日。

28.张小可:《〈2021 年大众健身行为与消费研究报告〉发布大众体育消费意愿进一步加强》,《中国体育报》2021 年 5 月 19 日。

29.《中共中央办公厅　国务院办公厅印发〈关于构建更高水平的全民健身公共服务体系的意见〉》,2022 年 3 月 23 日,http://www.gov.cn/gongbao/content/2022/content_5683839.htm。

30.《国务院关于印发全民健身计划(2016—2020 年)的通知》,2016 年 6 月 15 日,http://www.gov.cn/zhengce/content/2016-06/23/content_5084564.htm。

31.国家体育总局:《2021 年全国体育场地统计调查数据》,2022 年 4 月 29 日,https://www.sport.gov.cn/n315/n329/c24251191/content.html。

32.江小涓:《数字时代中国体育产业发展展望》,2021 年 1 月 4 日,https://baijiahao.baidu.com/s? id=1687922637823022288&wfr=spider&for=pc。

33.魏红梅:《健身行业深度报告:健身需求有望上升产业链发展可期》,2021 年 7 月 31 日,https://baijiahao.baidu.com/s? id=1706763593798650544&wfr=spider&for=pc。

34.孙肖娜:《2020 年济南城乡居民体育消费调查报告发布》,2021 年 11 月 11 日,http://ty.shandong.gov.cn/tycy/cyxx/202111/t20211111_3770977.html。

35.于晓波:《山东省体育消费调查报告出炉》,2021 年 2 月 28 日,https://baijiahao.baidu.com/s? id=1709227438407006301&wfr=spider&for=pc。

后　记

2014年，为适应国民经济发展和国民对美好生活的向往，国家将全民健身上升为国家战略，相继提出健康中国战略和体育强国的战略目标，提出构建城市社区“十五分钟健身圈”设想，“十五分钟健身圈”的建设规划由此成为全国各地各级政府全面推行的重要体育民生工程。

山东省各地政府在建设符合当地特色的体育公共服务体系方面进行了大量的探索，取得了较大成绩，但还没有形成层次分明、城乡多元互补的休闲体育互动环境，体育产业发展不够充分，难以满足大众不断增长的休闲体育需求，体育产业对经济增长的拉动作用也不明显，亟须更新发展方式。正是在这样的背景下，项目组经过历时一年的实地调研，系统掌握了山东省大众化体育健身设施的规划布局，了解“十五分钟健身圈”能否引导和保障居民积极参与体育健身，有效实施、服务于全体大众；掌握公共体育服务质量能否推进全民健身工作的有效开展和重点建设。研究从供给和需求两侧入手，充分利用全民“健身＋”“互联网＋”，从组织方式、活动方式、服务模式、实施效果评估和满意度调查等方面提出了具体要求，构建起科学健身、健康管理、人才培养、决策服务、知识宣教五位一体的全民健身服务体系，从建设示范、管理示范、考核示范等维度对其进行项目推广，旨在通过完善山东省城区“十五分钟健身圈”建设，加快山东省群众体育发展和健康中国建设步伐，增进民生福祉，提高人民生活品质，加快建设体育强国，以中国式现代化全面推进中华民族伟大复兴。

本书通过对研究背景、目的、意义与价值的阐述，运用圈层结构、互动论、冲突论等科学理论，借鉴先进地区和发达国家发展国民体育的经验，结合山东省各地的具体情况和建设体育民生工程的具体实践，对山东省城市社区“十五分钟健身圈”建设标准进行研究，形成了具体的建设指标体系标准，方便各地进行具体建设和评估，有效帮助山东省各地方政府扫除体育民生工程建设过程中的理论和实践障碍，保障山东省体育民生工程更好地落实。由于编者水平有限，书中难免存在疏漏和不当之处，敬请专家学者和广大读者批评指正。

编 者

2023 年 3 月